ମୋ ଜୀବନ ପଛେ ନର୍କେ ପଡ଼ିଥାଉ
ଓ ଅନ୍ୟାନ୍ୟ ଭଜନ
ଭୀମ ଭୋଇ

ମୋ ଜୀବନ ପଛେ ନର୍କେ ପଡ଼ିଥାଉ

ଓ ଅନ୍ୟାନ୍ୟ ଭଜନ

ଭୀମ ଭୋଇ

ସଂକଳନକାରୀ
ପ୍ରଶାନ୍ତ କୁମାର ଭୂୟାଁ

BLACK EAGLE BOOKS
2020

BLACK EAGLE BOOKS

USA address:
7464 Wisdom Lane
Dublin, OH 43016

India address:
E/312, Trident Galaxy, Kalinga Nagar,
Bhubaneswar-751003, Odisha, India

E-mail: info@blackeaglebooks.org
Website: www.blackeaglebooks.org

First International Edition Published by
BLACK EAGLE BOOKS, 2020

MO JEEBANA PACCHE NARKE PADITHAU O ANYANYA BHAJANA
by **BHIMA BHOI**
Compiled and Edited by **Prasanta Kumar Bhunya**

Copyright © **Prasant Kumar Bhuyan**
Copyright of preface © **Manoj Kumar Mohapatra**

All rights reserved. No part of this publication may be reproduced, stored in a retrieval system, or transmitted, in any form or by any means, electronic, mechanical, photocopying, recording or otherwise without the prior permission of the publisher.

Cover & Interior Design: Ezy's Publication

ISBN- 978-1-64560-120-3 (Paperback)

Printed in United States of America

ସୁଧୀ ସୁହୃଦ୍ ସମଗ୍ର !

ଆଲୋକ ଓ ଅନ୍ଧକାରର ଅବିଭକ୍ତ ଆକଳ୍ପ ସନ୍ଧିସ୍ଥଳରୁ; ଜ୍ଞାନଜ୍ୟୋତିର ଦିବ୍ୟ ପ୍ରକାଶିତ ଆଭାରେ ସମ୍ମୋହିତ ହୋଇ; ଏକାନ୍ନବାସ ଚିନ୍ତନ ସହ ଆଜି ଏହି ଅମୂଲ୍ୟନିଧିକୁ ଆପଣଙ୍କ ହାତରେ ଟେକି ଦେଲା ବେଳେ ଦୁଇପଦ କହିବି। ଗୋଟିଏ ବିନ୍ଦୁ ଜଳରେ ଘଟ ପରିପୂର୍ଣ୍ଣ ହୁଏ ନାହିଁ; ଗୋଟିଏ ଦୀପରେ ସାରା ସଂସାରର ଅନ୍ଧକାର ଦୂର ହୁଏ ନାହିଁ; ସେହିପରି ଦୁଇପଦ କଥାରେ ହିଁ ଅବବୋଧର ଅଧିଗମ ହୁଏ ନାହିଁ। ଏଥିପାଇଁ ଜ୍ଞାନର ଦୀପରେ ଜୀବନର ଅଭିଳାପକୁ ବୁଝିବାକୁ ହୁଏ। ସାରା ସଂସାର ଜ୍ଞାନୀ, ଗୁଣୀ, ଅଜ୍ଞାନ ପ୍ରଭୃତିଙ୍କୁ ନେଇ ଗଢ଼ି ଉଠିଥିବା ଏକାନ୍ନବର୍ତ୍ତୀ ପରିବାର। ଆମ ସମାଜ ଏଇ ବିଶାଳ ସଂସାରର ଗୋଟିଏ ମାନବିକ ଅନୁଷ୍ଠାନ। ଏକ ସାତ୍ତ୍ୱିକ ବିଚାରବୋଧ ଆଉ ଚେତନାବୋଧର ସମାହାର ହିଁ ଏହାକୁ ଏକ ଉତ୍ତମ ପରମ୍ପରା ପ୍ରଦାନ କରିପାରେ। ସମାଜର ପ୍ରତ୍ୟେକ ବ୍ୟକ୍ତିବିଶେଷ ଶିକ୍ଷିତ ହେବାକୁ ପଡ଼ିବ ବୌଦ୍ଧିକ ସ୍ତରରେ। କେବଳ ଚାରିକୋଣିଆ ପ୍ରମାଣପତ୍ର ଏଥିପାଇଁ ଯଥେଷ୍ଟ ନୁହେଁ। ଏଥିପାଇଁ ଏକମାତ୍ର ଭାବନା ଅକ୍ତିଆର କରିବାକୁ ପଡ଼ିବ ଆଉ ଏହାକୁ ଜୀବନର ପ୍ରତ୍ୟେକ ମାର୍ଗରେ ପ୍ରୟୋଗ କରିବାକୁ ପଡ଼ିବ; ଏହା ହେଲା ସେହି 'ଅହଂ ବ୍ରହ୍ମାସ୍ମି' ଭାବ। ବିଶ୍ୱଭାତୃତ୍ୱଭାବ ଓ ମାନବିତକତାର ଅବବୋଧ। ଯୁଗେଯୁଗେ ଝଙ୍କୃତ ହେଉଥିବା ସେହି ଆପ୍ତବାକ୍ୟ ହିଁ ସଂସାରର ସାର। ସେହି ପରମବ୍ରହ୍ମଙ୍କ ଉପଲବ୍ଧିର ମହାବାକ୍ୟ।

ଅହଂ ବ୍ରହ୍ମାସ୍ମି- ମୁଁ ବ୍ରହ୍ମ
ତତ୍ତ୍ୱମସି - ତୁମେ ବ୍ରହ୍ମ
ସର୍ବ ଖଲ୍ୱିଦଂ ବ୍ରହ୍ମ - ସମସ୍ତ ବ୍ରହ୍ମ

ମନୁଷ୍ୟର ଦିବ୍ୟାଶା ଆଉ ବାସ୍ତବବାଦର ସ୍ୱପ୍ନ ହିଁ ତାକୁ ଏକ ଶ୍ରେଷ୍ଠଜୀବ କରି ଗଢ଼ି ତୋଳେ। ମନୁଷ୍ୟର ଜୀବନଯାପନର ଗତିପଥ ସମାଜର ମାପକରେ ବହୁକାଳରୁ ନିର୍ଦ୍ଧାରିତ ହୋଇଆସିଛି। କେତେଜଣ ଏଇ ଚିରାଚରିତ ଗତିପଥକୁ ଆପଣେଇ ପାରନ୍ତି ନାହିଁ। ସମାଜରେ ବିଦ୍ରୋହ ଉଠେ। କୁସଂସ୍କାର ଚିହିଁକି ପଡ଼େ। ଇତିହାସ ବହି ପୁଣି

ପଛକୁ ଲେଉଟେ। ବିବର୍ତ୍ତନବାଦର ସୂତ୍ରପାତ ହୁଏ। ସେଇଥିରୁ ଉତୁରି ଆସନ୍ତି ବୁଦ୍ଧ, ଯୀଶୁ, ସକ୍ରେଟିସ୍, ହିଟ୍ଲର୍, ମହାତ୍ମା, ସଦାମ୍, ଓସାମା, ଟେରେସା, ପ୍ରଭୃତି। ସମାଜର ନିର୍ଦ୍ଧାରିତ ପଥରୁ କେବଳ ନିଜକୁ ନୁହଁ ସମଗ୍ର ମାନବଜାତିକୁ କୋଳେଇ ନେବାର ଭାବନାରେ ଯେଉଁମାନେ ଅଡ଼େଇ ଯାଆନ୍ତି ସେମାନେ ଦିବ୍ୟାତ୍ମା ହୋଇଯାଆନ୍ତି। ଯେଉଁମାନେ ଏଇ ନିର୍ଦ୍ଧାରିତ ପଥକୁ ଠେଲିଦେଇ ନିଜକୁ ଶ୍ରେଷ୍ଠ ଆଉ ଶକ୍ତିମାନ ରୂପେ ପ୍ରତିଷ୍ଠା କରନ୍ତି ସେମାନେ ସଇତାନ ହୁଅନ୍ତି।

ସମଗ୍ର ଜୀବଜଗତ ପଞ୍ଚ ମହାଭୂତରୁ ସୃଷ୍ଟି ହୋଇ ସେଇଥିରେ ହିଁ ବିଲୟ ହୁଅନ୍ତି। ବିଲୟର ପୂର୍ବକ୍ଷଣରେ ଦେଇଯାଆନ୍ତି ନିଜର ଜ୍ଞାନ ଅଥବା ଅଜ୍ଞାନର ଶକ୍ତି ତରଙ୍ଗ। ଏହାକୁ ଅନୁସରି କିଏ ଚିନ୍ତାଚୈତନ୍ୟର ସହ ପ୍ରେରିତ ହୋଇ ମହାମାର୍ଗରେ ହଜିଯାଏ ଆଉ କିଏ ଏହି ମହାମାର୍ଗର ବିପରୀତାଭିମୁଖୀ ହୁଏ। ଏଇ ଦୁନିଆଁ ମନୁଷ୍ୟର ଆଶା ଓ ନିରାଶାର ଚରାଭୂଇଁ। ମନୁଷ୍ୟର ପ୍ରକୃତ ସ୍ଥିତି ହେଉଛି ତାର ଆତ୍ମା ଯାହାକୁ ଅବିନଶ୍ୱର ଆଉ ସମସ୍ତ ଇନ୍ଦ୍ରିୟସତ୍ତାରୁ ବିମୁକ୍ତ। କିନ୍ତୁ ଆମର ଲାଳସା, କାମନା ଆଉ ଅହଂ ଆମର ଶରୀରକୁ ତଥା ସମସ୍ତ ଜୀବତତ୍ତ୍ୱକୁ ବିନଷ୍ଟ କରିଥାଏ। ଏହି ତତ୍ତ୍ୱକୁ ବୁଝିବାକୁ ହେଲେ, ବୁଝିବାକୁ ହେବ ମନୁଷ୍ୟ ଶରୀରର ଏକକ ପ୍ରତ୍ୟେକ କୋଷର କଥା। ଏହାର ସର୍ଜନା ଆଉ ବିଲୟର କଥା।

ଜ୍ଞାନବିଜ୍ଞାନରେ ନିଜକୁ ଆତ୍ମନିବିଷ୍ଟ କରିବା ହେଉଛି ଅଜ୍ଞାନ ଅନ୍ଧକାରକୁ ଏଡ଼େଇଦେବାର ଏକ ପ୍ରୟାସ। ଜ୍ଞାନ ଦୀପର ପ୍ରଜ୍ଜ୍ୱଳିତ ଶିଖା ସବୁ ଉଦ୍‌ଭାସିତ କରନ୍ତି ନଶ୍ୱର ଏଇ ଶରୀରକୁ। ଅଜ୍ଞାନ ଅନ୍ଧକାରର ଅଙ୍ଗକ୍ଷୟ ହୁଏ। ଜୀବର ମାୟା ଓ ମୋହ ଲୁଚକାଳି ଖେଳନ୍ତି ଆଲୁଅର ଏଇ ମହାଯାତ୍ରା ସହ ସେମାନଙ୍କର ପରାଭବ ନେଇ। ଏଇ ଲୁଚକାଳି ଖେଳ ଭିତରେ ହିଁ ସାରା ଜୀବନର ସାରାଂଶ। ଗୋଲାର୍ଦ୍ଧରୁ ଗୋଲାର୍ଦ୍ଧ ଏଇ ଆଲୁଅ ଆଉ ଅନ୍ଧାରର ଲୁଚକାଳି ହିଁ ଚାଲିଛି ଯୁଗଯୁଗ ଧରି। ଏଇୟା ହିଁ ଚାଲିଛି ଜୀବନଚକ୍ରରେ ଆମର। ଅବିଶ୍ୱାସ ହେଲେ ମଧ୍ୟ ଏହା ଅବଶ୍ୟ ସତ ଯେ ଅନ୍ଧକାରର ଅସ୍ତିତ୍ୱ ଆଉ ଅବସ୍ଥିତି ସର୍ବଦା ଆଲୋକ ଠାରୁ ଅଧିକ। ଏହା ଦର୍ଶାଇଥାଏ ଯେ ସତ୍ୟ ଠାରୁ ମିଥ୍ୟା, ପୁଣ୍ୟ ଠାରୁ ପାପ, ନ୍ୟାୟ ଠାରୁ ଅନ୍ୟାୟ, ସୁଖ ଠାରୁ ଦୁଃଖ, ପ୍ରଭୃତି ହିଁ ଅଧିକ ଥାଏ। ଏହାକୁ ଆମେ ପରିମାଣ ଗୁଣରେ ତଉଲିବା ଅଥବା ପରିଣାମ ବୋଧରେ ଏହାର ଇୟତ୍ତା ନେବା ତାହା ଆଲୋଚନା ସାପେକ୍ଷ।

ଈଶ୍ୱର ଆଉ ଈଶ୍ୱରଜନିତ ବିଶ୍ୱାସ ଏକମୁହାଁ ଗଳି। ଅୟୁତଙ୍କୁ ଏହା ଅନ୍ଧଗଳିର ଭ୍ରମ ଦେଖାଏ ଆଉ କ୍ୱଚିତ ଏହାର ଶେଷମୁହଁ ଦେଖନ୍ତି। ଏଣୁଈଶ୍ୱର ଆଉ ଏହାର ନାମରେ ଯେଉଁ ବ୍ୟାପାର ହୁଏ ତାହା ଅତି ଜଘନ୍ୟ ଆଉ ବେଳେବେଳେ ବର୍ବରୋଚିତ।

ଈଶ୍ୱରୀୟ କଥା ହେଉଛି 'କ୍ଷୀର' ପ୍ରାୟେକ। କିଏ ମନ୍ଥାମନ୍ଥି କରି ଚହ୍ଲା ପାଏ ତ କିଏ ଲହୁଣୀ; କିଏ ତାକୁ ବସାଇ ଦହି ପାଏ ତ କିଏ ଛେନା; କିଏ ଘାଣ୍ଟି ଚକୁଟି ଘିଅ ପାଏ ତ କିଏ କଣ...! ଯିଏ ନପାରେ ସେ କ୍ଷୀର ସେଇମିତି ଗନ୍ଧେଇ ଯାଏ। ସେହିପରି ଧର୍ମର ବୁଝାମଣା ହୁଏ। ଯିଏ ବୁଝିପାରିଲା ସିଏ ଦିବ୍ୟତ୍ୱ ପ୍ରାପ୍ତ ହୁଏ। ଯଦି ନ ହେଲା ତେବେ ଆରମ୍ଭ ହୁଏ ଅବିଶ୍ୱାସ, ଧର୍ମଯୁଦ୍ଧ, ରକ୍ତପାତ, ଶୋଷଣ, ପ୍ରଭୃତି।

ଦିବ୍ୟ ଏ ପ୍ରକୃତି ଯେହ୍ନେ ଦିବ୍ୟଶକ୍ତି
ଯତନେ ରଖିଲେ ଯାଇ,
ଜୀବ ଜନ୍ତୁ ସର୍ବେ ଆନନ୍ଦ ଲଭିବେ
ବିପର୍ଯ୍ୟୟ ଯିବ ଧୋଇ
ଶୁଣ ସୁଜନେ
ଧରଣୀ ମା'କୁ ଆଦରି ହୋଇ।

ଈଶ୍ୱର ନୁହଇ ଯେ ଅନ୍ଧବିଶ୍ୱାସ
ନଥାଏ ବଳି କଳିରେ,
ବିଶ୍ୱାସ ଯେ ଦେବ ସତ୍ୟ ଏକା ଭାବ
'ଅହଂ ବ୍ରହ୍ମାସ୍ମି' ଅର୍ଥରେ
ଶୁଣ ସୁଜନେ
ଦେଖ ଈଶ୍ୱର ସର୍ବ ଘଟରେ।

ଈଶ୍ୱରଙ୍କ ପୁନଃପୁନଃ ଅବତରଣ ହେଉ ବା ଜ୍ଞାନୀଗୁଣୀଙ୍କ ହଜାର ହଜାର ପୃଷ୍ଠାର ଜ୍ଞାନତତ୍ତ୍ୱ ହେଉ; ବହୁ ସମାଜ ସଂସ୍କାରକଙ୍କ ଦିବ୍ୟ ଅମୃତୋପମ ବାର୍ତ୍ତା ହେଉ ବା ବୈଜ୍ଞାନିକଙ୍କ ପ୍ରମାଣିତ ତଥ୍ୟ ହେଉ; ଏହା ଯେ ଏ ପର୍ଯ୍ୟନ୍ତ ସମାଜକୁ ମାତ୍ରାଧିକ ଗୁଣାତ୍ମକ ଜୀବନଧାରା ଦେଇ ପାରିନାହିଁ ଏହା କହିଲେ ଅତ୍ୟୁକ୍ତି ହେବ ନାହିଁ। ଆମ ସମାଜରେ ସମସ୍ୟାକୁ କେହି ନିମନ୍ତ୍ରଣ ଦେଇ ତ ଡାକେ ନାହିଁ ବରଂ ତାକୁ ସମସ୍ୟା ମାଗଣାରେ ମିଳେ। ମୁଁ ମୋର ଅଭିଜ୍ଞତା ନେଇ ଏତିକି ବୁଝିଛି ଯେ ପ୍ରତ୍ୟେକ ସାମାଜିକ ପ୍ରାଣୀ ଏକ ସ୍ୱୟଂକ୍ରିୟ ସଂଘର୍ଷକୁ ନେଇ ଅହରହ ଯୁଝିବାରେ ଲାଗିଛି। କେତେବେଳେ ଏହି ସମସ୍ୟା ଅର୍ଥର ତ କେତେବେଳେ ଅନର୍ଥର। ଏହି ସମସ୍ୟାରେ ଯୁଝୁଥିବା ମଣିଷ ତା ଚାରିପଟେ ସଦାବେଳେ ଏଇ ଅନ୍ଧାର, ମିଥ୍ୟା, ପାପ, ଅନ୍ୟାୟ, ଦୁଃଖ, ପ୍ରଭୃତିଙ୍କୁ ହିଁ ଦେଖି ଆସିଛି।

ମଣିଷ ଦୁନିଆର ବାହ୍ୟାଡ଼ମ୍ବରରେ ନିଜକୁ ଏତେ ହଜେଇ ଦେଇଛି ଯେ ସେ

ତାର ନିଜର ଅନ୍ତଃକରଣର ଚୈତନ୍ୟକୁ ସୁଖ-ଶାନ୍ତି ଆଉ ସମୃଦ୍ଧି ଦିଗରେ ନେଇ ପାରୁନାହିଁ। ତା ପାଇଁ ସତ, ପୁଣ୍ୟ, ନ୍ୟାୟ, ସୁଖ ସବୁ କ୍ଷଣିକ ନହେଲେ ଅମିଳକ। ଏଇଥିପାଇଁ ସେ ବେଳେବେଳେ ନିଜକୁ ଅସହାୟ ମନେକରେ। ଈଶ୍ୱର ଓହ୍ଲାଇ ଆସନ୍ତି ତାକୁ ବିଶ୍ୱାସ ଦେବାକୁ ଯେ ସେ ଏକୁଟିଆ ନୁହଁ। ହେଲେ ଏଇ ବିସ୍ତୀର୍ଣ୍ଣ ଅନ୍ଧକାରରୁ ସେ ଆସି ପାରେନି ଏଇ ଟିକକ ଆଲୋକକୁ ହାତେଇବା ପାଇଁ। ସେ ଦେଖେ, ହେଲେ ତାର ଭୟ ହୁଏ ଯେ ଯଦି ଏଇ ଆଲୋକକୁ ସେ ଧରେ ହୁଏତ ଏଇ ଆଲୁଅରେ ସେ ଜଳି ଯାଇପାରେ। ଯୋଜନବ୍ୟାପୀ ଅନ୍ଧକାରରେ ଆବୋରି ହୋଇ ବସିଥିବା ଏଇ ସମାଜକୁ ଏଇ ଟିକକ ଆଲୋକ ଆଲୋକିତ କରିପାରେନା। ଆଲୋକ ଧିରେ ଧିରେ ତାର ଅବଗୁଣର ମନ-ପ୍ରାଣ-ଆତ୍ମାରୁ ଅପସରି ଯାଏ। ପୁନଶ୍ଚ ସେଇ ଅନ୍ଧକାର ଘେରିଯାଏ। ଚାରିଆଡ଼େ ଅନ୍ଧକାର ଆଉ ଅନ୍ଧକାର। ସେ ଏହି ଅନ୍ଧକାରକୁ ହୁଏତ ଭୟ କରେ ହେଲେ ତା ଅଜାଣତରେ ତାର ଜୀବନର ଏଇ ନିଷିଦ୍ଧ ଫଳଟି କୁ ସେ ଆଦରି ନିଏ। ଏଇ ଅନ୍ଧକାରରେ ତାର ଓଖ, ଅଘ,ଅଣକ ବା ଅଣାଚାର ସବୁକୁ ଲୁଚାଏ। ସେଥିରେ ସେ ପାଏ ସୁରକ୍ଷିତ ରହିବାର ଉପଚାର। ସେଥିରେ ସେ ତୃପ୍ତି ହୁଏ। ଆଲୋକ, ଜ୍ଞାନ, ମୋକ୍ଷ ସବୁ କ୍ଳାନ୍ତ ହୋଇଯାନ୍ତି। ସେମାନେ କେଉଁ ଯୁଗାନ୍ତରୁ ଏଇମିତି ମଣିଷ ଜାତିକୁ ଉଦ୍ଧାର କରିବାର ଆଉ ଦିବ୍ୟତ୍ୱ ଦେବାର ଅହରହ ପ୍ରୟାସ କରୁଛନ୍ତି ତାର ଇୟତ୍ତା ନାହିଁ।

ଦେବତା ସବୁ କାଠ ପଥର ହେଲେଣି, ଜ୍ଞାନଗ୍ରନ୍ଥ ସବୁ ଉଇ ଖାଇଲେଣି, ଧର୍ମ ସଂସ୍କାରକ ସବୁ କେଉଁଆଡ଼େ ନିଜର ବାଟ କାଢ଼ିଲେଣି ତାହାର ହିସାବ ନାହିଁ। ଏହି ସଂଶୟ ଓ ଅନ୍ଧତାମିସ୍ରରୁ ସମାଜକୁ ଉଦ୍‌ବୁଦ୍ଧ କରିବା ପାଇଁ ସାଧାରଣ ଜନସମାଜରେ ଅଜଣା ଓ ଅଶୁଣା ଗାଁ ଗହଳିରେ ଜନ୍ମ ନିଅନ୍ତି ଯୁଗସ୍ରଷ୍ଟା ସନ୍ଥ। ସେହିଭଳି ଜଣେ ଦିବ୍ୟଦ୍ରଷ୍ଟା ବ୍ରହ୍ମଚେତନାରେ ଜୁଡୁବୁଡୁ ହୋଇ ରହିଥିବା ଆତ୍ମନ୍ ହେଉଛନ୍ତି ସନ୍ଥକବି ଭୀମଭୋଇ।

ମହିମା ଧର୍ମର ଭକ୍ତ ଶିରୋମଣି ଭୀମଭୋଇ ଥିଲେ ଜଣେ ସମାଜ ସଂସ୍କାରକ। ଭକ୍ତିମାର୍ଗରୁ ବିଚ୍ୟୁତ ନହୋଇ ମଧ୍ୟ ସେ ସମାଜର କଳିକଲୁଷକୁ ମୂଳୋତ୍ପାଟନ କରିବାର ବଦ୍ଧ ପରିକର ଥିଲେ। ବହୁ ଶାସ୍ତ୍ରଦର୍ଶୀ ଭୀମଭୋଇ; ଅଚ୍ୟୁତାନନ୍ଦ, ଜଗନ୍ନାଥ ଦାସ ପ୍ରଭୃତିଙ୍କ ପରି ଅଦ୍ୱୈତଦର୍ଶନ, ପିଣ୍ଡବ୍ରହ୍ମାଣ୍ଡ ତତ୍ତ୍ୱ ଓ ଶୂନ୍ୟବାଦକୁ ମୁକ୍ତକଣ୍ଠରେ ନିଜ ଭଜନାବଳୀରେ ଗାଇ ତାର ପ୍ରାଧାନ୍ୟ ବିସ୍ତାର କରିଛନ୍ତି। ଚିତ୍ତ, ଆତ୍ମା, କର୍ମ, ବାକ୍, ଆଚାର, ବିଚାର ପ୍ରଭୃତିର ଶୁଦ୍ଧତାରେ ମହନୀୟ ଏହି ଯୁଗପୁରୁଷ ମହିମା ଧର୍ମକୁ ସମାଜର ସମସ୍ତ ବର୍ଗଙ୍କ ମନ ହୃଦ ଆତ୍ମାରେ ଖଞ୍ଜଣୀଟିଏ ଧରି ଥାପି ଚାଲିଥିଲେ

ଆଜୀବନ। ଆଚରଣରେ ମହାନ, ଉଚ୍ଚାରଣରେ ଗରୀୟାନ ତଥା ମହିମା ଧର୍ମର କଥା ସବୁକୁ ଲୋକଭାଷା ଓ ଲୋକଚଳଣୀର ସରଳତାରେ ଆଞ୍ଚଳିକ ଗାଉଁଲୀ ଖାଣ୍ଟି ଓଡ଼ିଆ ଶବ୍ଦ ସହ ବର୍ଣ୍ଣନା କରିଛନ୍ତି। କୌଣସି ଆଡ଼ମ୍ବର ନାହିଁ, ନାହିଁ କିଛି ଅଳଙ୍କରଣ। କେବଳ ପ୍ରତୀକତା; ଛଅରୁ ଆଠ ପଦରେ ବ୍ରହ୍ମସ୍ୱରୁପଙ୍କ କଥା, ନିର୍ବେଦର ସାରତତ୍ତ୍ୱ।

କସ୍ମିନ୍ କାଳେ ଏହି ବ୍ରହ୍ମଦର୍ଶୀଙ୍କୁ ଦୃଷ୍ଟିବାଧିତ ଥିଲେ ବୋଲି ଉଚ୍ଚାରଣ କରିବାରେ ସଂଶୟ ହୁଏ। ବିଶ୍ୱବ୍ରହ୍ମାଣ୍ଡର ଜ୍ଞାନ ବାଣ୍ଟୁଥିବା ଏହି ସନ୍ଥ କିପରି ଅବା ନିରକ୍ଷର ହୋଇପାରନ୍ତି ! ଅନେକ ଭାଷାରେ ପଟୁତା ଥିବା ଏହି ସନ୍ଥ ଭକ୍ତି ଆନ୍ଦୋଳନର ଏକ ଅନନ୍ୟ ଅଧ୍ୟାୟକୁ ସ୍ୱର୍ଣ୍ଣାକ୍ଷରରେ ଲେଖି ଯାଇଛନ୍ତି। ବିଶ୍ୱଭାତୃତ୍ୱ, ମାନବବାଦ ଓ ବ୍ରହ୍ମଚେତନାରେ ଉଦ୍‌ବୁଦ୍ଧ ଏହି ସନ୍ଥ ଏଣୁ ତ ଉର୍ଦ୍ଧ୍ୱବାହୁ ହୋଇ ସେହି ଅମରତ୍ୱର ଚେତନାବାଣୀ ଉଚ୍ଚାରି ଯାଇଛନ୍ତି।

ପ୍ରାଣୀଙ୍କ ଆରତ ଦୁଃଖ ଅପ୍ରମିତ
ଦେଖୁ ଦେଖୁ କେବା ସହୁ
ମୋ ଜୀବନ ପଛେ ନର୍କେ ପଡ଼ିଥାଉ
ଜଗତ ଉଦ୍ଧାର ହେଉ।

ଭୀମଭୋଇ ଏକାଧାରରେ ଜଣେ ସନ୍ଥ, ଧର୍ମସଂସ୍କାରକ, ସମାଜସଂସ୍କାରକ, ସଙ୍ଗୀତଜ୍ଞ ତଥା ଆହୁରି ଅନେକ ମହତ ଗୁଣର ଅଧିକାରୀ ଥିଲେ। ଏହି ଧାରାରେ ଲେଖି ଚାଲିଲେ ଗ୍ରନ୍ଥଟିଏ ହେବ ପାଠକେ। ଅନୋଲୋଚିତ ଆଉ ଅଜଣା ଅନେକ ମହତ୍ତ୍ୱର ପ୍ରସଙ୍ଗ ଆଗକୁ ଆସିବ। ଏଣୁ ଆସନ୍ତୁ ଭୀମଭୋଇଙ୍କ ଭଜନ ସଂଗ୍ରହରୁ ଉପହୃତ ଆଞ୍ଜୁଳାଏ ଅମୃତ ଆପଣମାନଙ୍କ ପାଇଁ ସମର୍ପଣ।

ସୁଧୀବୃନ୍ଦ; ସନ୍ଥକବିଙ୍କ ମହନୀୟତା ଓ ଦିବ୍ୟବାଣୀରେ ହିଁ ଆମ୍ଭେ ଯୁଗେଯୁଗେ ଆଲୋକ ଆଉ ଆନନ୍ଦର ସତ୍ତାକୁ ଉପଲବ୍ଧି କରୁ। ନହେଲେ ପ୍ରାୟାଧିକ ଜନମାନସରେ ସେଇ ଅନ୍ଧକାର ହିଁ ଘର କରି ରହିଥାଏ। ସେହି ଅନ୍ଧକାରରୁ ସେମାନଙ୍କୁ ଆଲୋକର ମହୋତ୍ସବକୁ ନେବା ପାଇଁ ଓ ସେମାନଙ୍କୁ ନ୍ୟାଯ୍ୟ ପ୍ରାପ୍ୟ ଦେବା ପାଇଁ ଆଉ ଜନମାନସକୁ ଜୀବନର ଆଲୋକ ଆଡ଼କୁ, ମନର ଶାନ୍ତି ନିମନ୍ତେ, ପ୍ରାଣର ସନ୍ତୋଷ ନିମନ୍ତେ ନେଇ ଆସିବା ପାଇଁ ଏହି ଭଳି ଦିବ୍ୟପୁରୁଷମାନେ ଅବତରି ଆସନ୍ତି। ସମାଜର ଦଳିତ ଓ ନିଷ୍ପେସିତବର୍ଗଙ୍କୁ ଏହି ବିଶ୍ୱାସରେ ଉଦ୍‌ବୁଦ୍ଧ କରନ୍ତି ଯେ ସେମାନେ ମଧ୍ୟ ଅମୃତର ସନ୍ତାନ। ସେମାନଙ୍କ ହୃଦୟର ପ୍ରତିକୋଣରେ ପ୍ରେମ-ସ୍ନେହ-ଶାନ୍ତିର ଝଙ୍କାର ତୋଳି ଦିଅନ୍ତି ଏହି ମହାପୁରୁଷ ସଭିଏଁ। ବିଶ୍ୱପ୍ରାଣରେ ଅମୃତ ସଞ୍ଚାର ହୁଏ ତେବେ

ଯାଇ ହୁଏ ଏଇ ସଂସାର ଅମୃତମୟ। ସେହି ଅମୃତମୟ ଆଲୋକର ମହୋତ୍ସବରୁ ଆଞ୍ଜୁଳାଏ ଆପଣମାନଙ୍କ ପାଇଁ ଅର୍ପଣ।

ଓଁ

ଅସତୋ ମା ସଦ୍‌ଗମୟ।

ତମସୋ ମା ଜ୍ୟୋତିର୍ଗମୟ।

ମୃତ୍ୟୋର୍ମା ଅମୃତଂ ଗମୟ।

ଓଁ

ଶାନ୍ତିଃ ଶାନ୍ତିଃ ଶାନ୍ତିଃ।।

-ପ୍ରଭୂ

କୃତଜ୍ଞତାଜ୍ଞାପନ

ଆପଣ ସନ୍ଥକବି ଭୀମଭୋଇଙ୍କ ଏହି ଅମୃତୋପମ ଭଜନ ସଙ୍କଳନଟି ପଢ଼ିବା ପୂର୍ବରୁ; ଏହି ପୁସ୍ତକଟି ଆପଣଙ୍କ ନିକଟରେ ପହଞ୍ଚାଇବା ନିମନ୍ତେ ଯେଉଁମାନେ ପ୍ରତ୍ୟକ୍ଷ ଅବା ପରୋକ୍ଷରେ ମୋତେ ସହାୟ ଆଉ ପ୍ରୋତ୍ସାହନ ଦେଇଛନ୍ତି, ସେମାନଙ୍କୁ କୃତାଞ୍ଜଳିପୁଟରେ ମୋର ଶ୍ରଦ୍ଧା ଅର୍ଘ୍ୟ। ଏହା ଏକ ଦିବ୍ୟ ଅନୁଭବ ଓ ଅଭିଜ୍ଞତା ନିଶ୍ଚୟ। ସେହି ସୁଧୀ ସୁହୃଦ ସମଗ୍ର ହେଲେ- ଏହି ପୁସ୍ତକର ମାଙ୍ଗଳିକଠାରୁ ପ୍ରକାଶନ ଯାଏଁ ମୋତେ ପ୍ରୋତ୍ସାହନ ଦେଇଥିବା ଭାଇ ଧୀରେନ୍ଦ୍ର କର। ପ୍ରାରମ୍ଭିକ ପର୍ଯ୍ୟାୟରେ ଲିପି ମୁଦ୍ରଣରେ ସହାୟତା କରିଥିବା ନନା ହରେକୃଷ୍ଣ ସାହୁ। ଏହି ପୁସ୍ତକ ନିମନ୍ତେ ମୁଖବନ୍ଧ ଲେଖିବାକୁ ସହମତି ଦେଇଥିବା ଭାଇ ମନୋଜ କୁମାର ମହାପାତ୍ର। ପୁସ୍ତକର ପ୍ରଚ୍ଛଦ ଓ ଅଳଙ୍କରଣ ତଥା ସାମଗ୍ରିକ ମୁଦ୍ରଣର ଦାୟିତ୍ୱ ନେଇଥିବା ଭାଇ ଅଶୋକ ପରିଡ଼ା। ଏହାକୁ ନିଜ ପ୍ରକାଶନ ସଂସ୍ଥା 'ବ୍ଲାକ୍ ଇଗଲ୍ ବୁକ୍ସ' ଦ୍ୱାରା ଲୋକାର୍ପଣ କରିବାକୁ ଆଗଭର ହୋଇଥିବା ଭାଇ ସତ୍ୟ ପଟ୍ଟନାୟକ। ସମସ୍ତ ସଙ୍କଳିତ ଭଜନ ସମସ୍ତ ଅନେକ ପୁସ୍ତକ, ଅନ୍ତର୍ଜାଲୀୟ ମଞ୍ଚ, ଭାଇ-ବନ୍ଧୁ-କୁଟୁମ୍ବ ପ୍ରଭୃତିଙ୍କଠାରୁ ସଂଗୃହୀତ ହୋଇଛି; ଏଣୁ ସର୍ବୋପରି ସେମାନଙ୍କ ନିକଟରେ ଏହି ଅକିଞ୍ଚନ କୃତଜ୍ଞ। ଶାସ୍ତ୍ରରେ ଲେଖା ଅଛି ଯେ,

'କାବ୍ୟଶାସ୍ତ୍ରବିନୋଦେନ କାଳୋ ଗଚ୍ଛତି ଧୀମତାମ୍'

ଏଣୁ ଯୁଗସ୍ରଷ୍ଟା ଭୀମଭୋଇଙ୍କ ଏହି ସଙ୍କଳନକୁ ସମଗ୍ର ବିଶ୍ୱର ଓଡ଼ିଆ ଭାଇ ଓ ଭଉଣୀମାନଙ୍କ ନିକଟରେ ପହଞ୍ଚାଇବାର ଏହି ଅତୁଟ ପ୍ରୟାସକୁ ଆପଣମାନେ ହିଁ ଆଗେଇ ନେବେ। ଆପଣ ପାଠକଗଣ ହିଁ ସର୍ବସ୍ୱ; ଆମ୍ଭେ ନିମିତ୍ତ ମାତ୍ର।

ଅଲମତି ବିସ୍ତରେଣ

-ପ୍ରଭୂ

ମୁଖବନ୍ଧ

ସୁଧୀ ପାଠକେ,

କେଉଁ ଆବହମାନ କାଳରୁ ପ୍ରକୃତିର ବିଚିତ୍ର ଲୀଳା ଓ ବିସ୍ମୟକାରୀ ଦୃଶ୍ୟରେ ଆଚମ୍ବିତ ମଣିଷ, କୌଣସି ଅଦୃଶ୍ୟ ଶକ୍ତି ଏହାର କାରଣ ହୋଇଥାଇପାରେ ଭାବି ନିରବଚ୍ଛିନ୍ନ ଅନୁସନ୍ଧାନ ଚଳାଇ ଆସିଛି। ଏହି ଅନୁସନ୍ଧାନର ଆରମ୍ଭ କେବେ ହେଲା ତାହା ନିର୍ଣ୍ଣୟ କରିବା ଅତ୍ୟନ୍ତ ଦୁରୂହ, ମାତ୍ର ଏ ଅନୁସନ୍ଧାନର ପ୍ରାରୂପ ଦୁଇ ପ୍ରକାର। ପଦାର୍ଥକୁ ଭାଙ୍ଗି ଏହାର ମୂଳତତ୍ତ୍ୱରପ୍ରକୃତି ସନ୍ଧାନ କରିବା, ଏହାର ବ୍ୟବହାର ଓ ପ୍ରକୃତିକୁ ଜାଣି, ଏହାର ଗୁଣ ନିର୍ଦ୍ଧାରଣ କରିବା ଓ ଗୁଣର ଭିନ୍ନ ଭିନ୍ନ ଅବସ୍ଥା ଅନୁଯାୟୀ ଏହାର ସ୍ୱରୂପ ପରିବର୍ତ୍ତନର ନିୟମକୁ ଜାଣିବା, ଆଦିକୁ ଆମେ 'ବିଜ୍ଞାନ' ବୋଲି କହିଥାଉ।

ଅନୁସନ୍ଧାନର ଦ୍ୱିତୀୟ ପ୍ରାରୂପ ହେଉଛି, ବ୍ୟକ୍ତି ନିଜ ଭିତରେ ଆତ୍ମମଗ୍ନ ହୋଇ ଅନ୍ତଃସ୍ଥଳରେ ଏହାର କାରଣ ଖୋଜିବା ଓ ନିଜ ସହ ଏହାର ସଂପୃକ୍ତିକୁ ଚିହ୍ନଟ କରିବା ନିମନ୍ତେ ସମସ୍ତ ବିଷୟକୁ ସଂଯୋଜିତ କରି, ଏହାର ବିରାଟ ଓ ବିଶାଳ ଅବସ୍ଥିତିକୁ ଠାବ କରିବା। ଏହାକୁ ଆମେ 'ଯୋଗ' ବୋଲି କହିଥାଉ। ଅବବୋଧରକଥା ହେଉଛି ଯେ, ପଦାର୍ଥକୁ ଭାଙ୍ଗି ଭାଙ୍ଗି ବୈଜ୍ଞାନିକ ଯେଉଁ ସତ୍ୟର ସନ୍ଧାନ ପାଇଥାଏ; ବିଷୟକୁ ଯୋଡ଼ି ଯୋଡ଼ି, ଅନ୍ତଃ ପ୍ରକୃତି ଓ ବାହ୍ୟ ପ୍ରକୃତି ଭିତରେ ଥିବା ସାମଞ୍ଜସ୍ୟକୁ ଚିହ୍ନଟ କରି; ଯୋଗୀଟିଏ ସେଇ ସତ୍ୟର ଅନୁଭବ କରିପାରିଥାଏ। ଜଣକର ଯାତ୍ରା ପରିଧିରୁ କେନ୍ଦ୍ରକୁ। ଅନ୍ୟଜଣଙ୍କର ଯାତ୍ରା କେନ୍ଦ୍ରରୁ ପରିଧିକୁ। ଯାତ୍ରାର ଭିନ୍ନତା ଯୋଗୁଁ ବକ୍ତବ୍ୟର ଢଙ୍ଗ ମଧ୍ୟ ଭିନ୍ନ ଭିନ୍ନ ହୋଇଥାଏ। ବୈଜ୍ଞାନିକର ଭାଷା ଗଣିତ ଭଳି;ଯୁକ୍ତି ଓ ପ୍ରାମାଣିକତାରେ ପରିପୂର୍ଣ୍ଣ। ଯୋଗୀର ଭାଷା ସାଙ୍କେତିକ, କାବ୍ୟିକ କିମ୍ବା ରହସ୍ୟାତ୍ମକ। ବିଜ୍ଞାନୀ ପ୍ରକାରାନ୍ତରେ ଯୋଗୀଟିଏ। ତା'ର ଗବେଷଣା ଓ ଅନୁସନ୍ଧାନର ପ୍ରବାହ କୌଣସି ଯୋଗ ସାଧନା ଠାରୁ କମ ନୁହେଁ। ସେଇ ଭଳି

ଯୋଗୀ ପ୍ରକାରାନ୍ତରେ ବୈଜ୍ଞାନିକ ଅଟେ। ଚେତନା ବିଜ୍ଞାନର ମର୍ମଜ୍ଞ ହୋଇଥିବାରୁ ଓ ସେଇ ଅନୁଭବ ଲଭିବାକୁ ଅନେକ ବୈଜ୍ଞାନିକ ବିଧିର ପ୍ରୟୋଗ କରୁଥିବା ହେତୁ ଆମେ ତା'କୁ ବୈଜ୍ଞାନିକ କହିପାରିବା। ଚେତନା, ପଦାର୍ଥର ସକ୍ରିୟ, ଜାଗ୍ରତ ଓ ସୂକ୍ଷ୍ମ ଅବସ୍ଥାର ନାମ ଅଟେ। ପଦାର୍ଥ, ଚେତନାର ନିଷ୍କ୍ରିୟ, ସୁପ୍ତ ଓ ସ୍ଥୁଳ ଅବସ୍ଥାର ନାମ ଅଟେ। ପଦାର୍ଥର ନିୟମକୁ ବିଜ୍ଞାନ କୁହା ଯାଉଥିବା ବେଳେ, ଚେତନାର ବିଜ୍ଞାନକୁ ଆଧ୍ୟାତ୍ମ କୁହା ଯାଇଥାଏ।

ମନୁଷ୍ୟର ଯେଉଁ ଆଚାର, ବିଚାର, କର୍ମ, ଅଧ୍ୟବସାୟ ଏବଂ ପ୍ରୟାସ ତାହାର ଶରୀର, ମନ ଓ ଭାବନାକୁ ସନ୍ତୁଳିତ କରି; ଚେତନାକୁ ଊର୍ଦ୍ଧ୍ୱଗାମୀ କରାଇ, ଏକ ଅବ୍ୟକ୍ତ ଆନନ୍ଦ ଆଡ଼କୁ ଉନ୍ମୁଖ କରାଇଥାଏ, ତାହାକୁ ଆମେ ଆଧ୍ୟାତ୍ମ ବୋଲି କହିଥାଉ। ଆତ୍ମା କିମ୍ବା ଚେତନାର ଶାନ୍ତ ଏବଂ ନିର୍ଦ୍ୱନ୍ଦ୍ୱ ଅବସ୍ଥା ପ୍ରାପ୍ତି ହେତୁ, ଶରୀର, ମନ ଓ ଭାବନାକୁ ପରିଷ୍କୃତ କରୁଥିବା ସମସ୍ତ କୃତ୍ୟକୁ ଆମେ ଆଧ୍ୟାତ୍ମର ଅନ୍ତର୍ଭୁକ୍ତ କରିପାରିବା। ସାହିତ୍ୟ, କଳା ଅଥବା ଅନ୍ୟ ଯେ କୌଣସି ବିଭାବ ହେଉ ନାଁ କାହିଁକି, ବ୍ୟକ୍ତି ଓ ପ୍ରକୃତିର କଲ୍ୟାଣ ହେତୁ ରଚିତ ତଥା ସୌନ୍ଦର୍ଯ୍ୟାନୁଭୂତି ବର୍ଣ୍ଣିତ ଦିବ୍ୟତାପୂର୍ଣ୍ଣ ରଚନାର ଆଦର ସବୁ ଯୁଗରେ ଦେଖିବାକୁ ମିଳିଥାଏ। ସାହିତ୍ୟ, ମନୁଷ୍ୟ ଆତ୍ମାର ପ୍ରଗାଢ଼ ଅନୁଭୂତି ଓ ସୌନ୍ଦର୍ଯ୍ୟର ଅଭିବ୍ୟକ୍ତି ଅଟେ। ଯେଉଁ ସାହିତ୍ୟରେ ଆଧ୍ୟାତ୍ମର ସମସ୍ତ ବିଷୟ, ଯାହା ବ୍ୟକ୍ତିର ବ୍ୟକ୍ତିତ୍ୱକୁ ଉଚ୍ଚ, ପ୍ରଭାବଶାଳୀ, ସଂସ୍କାରବାନ ଓ ଆନନ୍ଦ ପ୍ରଦାନରେ ସହଯୋଗୀ ହେବା ସହିତ ଚେତନାର ଉଚ୍ଚତମ ସ୍ଥିତିକୁ ନେଇଯାଇ ପାରିବାରେ ସକ୍ଷମ ହୋଇଥାଏ, ତାହା ଆଧ୍ୟାତ୍ମିକ ସାହିତ୍ୟ ଭାବରେ ପରିଚିତ ହୁଏ ଓ ତାହା ହିଁ କାଳକ୍ରମେ ଶାସ୍ତ୍ରରେ ପରିଣତ ହୋଇଯାଏ। ପରମଜ୍ଞାନର ଅଧିକାରୀ ବା ବୁଦ୍ଧତ୍ୱପ୍ରାପ୍ତ ବ୍ୟକ୍ତି, ଅବ୍ୟକ୍ତ ବ୍ରହ୍ମାନନ୍ଦକୁ ଓ ଏହାର ପ୍ରାପ୍ତିର ରହସ୍ୟକୁ ବ୍ୟକ୍ତ କରିବାକୁ ଯାଇ ଯେଉଁ ସାହିତ୍ୟ ସୃଜନ କରନ୍ତି; ତାହା ଆଧ୍ୟାତ୍ମିକ ସାହିତ୍ୟ ବୋଲାଏ। ଚେତନାର ପରିଶୁଦ୍ଧତା ପାଇଁ, ପ୍ରେମ ଓ ସୌନ୍ଦର୍ଯ୍ୟର ଅଭିବ୍ୟକ୍ତି ପାଇଁ; ଅନେକ ସାରସ୍ୱତ ସ୍ରଷ୍ଟାଙ୍କ ଅମର ଲେଖନୀରୁ ଆଧ୍ୟାତ୍ମ ବହୁଧା କଳାତ୍ମକ ରୂପ ନେଇଛି। ଏଇଥିପାଇଁ ସାହିତ୍ୟ ଓ ଆଧ୍ୟାତ୍ମ ପରସ୍ପରର ପରିପୂରକ। ସାହିତ୍ୟ ଅଧ୍ୟୟନ କରି ଯେଉଁ ରସ ଆସ୍ୱାଦନ କରାଯାଇଥାଏ, ଆଧ୍ୟାତ୍ମିକ ଅନୁଭବର ଆସ୍ୱାଦନ ମଧ୍ୟ ଏକାଭଳି। ସେଥିପାଇଁ ତ କୁହାଯାଏ, ରସାନନ୍ଦ ବ୍ରହ୍ମାନନ୍ଦ ସହୋଦର। ଯେଉଁ ସ୍ରଷ୍ଟାଙ୍କ ସୃଷ୍ଟିରେ ଆଧ୍ୟାତ୍ମିକ ଦିବ୍ୟତା ଭରା ଉପାଦାନ ଯେତେ ଅଧିକ, ତାଙ୍କ ସାହିତ୍ୟ ସେତିକି ଲୋକପ୍ରିୟ,ଶାଶ୍ୱତ ଓ କାଳଜୟୀ ଅଟେ। ସେହି ସାହିତ୍ୟର ମହତ୍ତ୍ୱ ସର୍ବଦା ସବୁ ସ୍ଥାନରେ ଅନୁଭୂତ ହେଉଥାଏ। ଏହି ପରିପ୍ରେକ୍ଷୀରେ ଆମ ଓଡ଼ିଶାମାଟିର ସନ୍ଥକବି ଭୀମଭୋଇଙ୍କ କାଳଜୟୀ ଭଜନ

ଗୁଡ଼ିକ ଶତାବ୍ଦୀରୁ ଊର୍ଦ୍ଧ୍ୱକାଳ ଧରି ବିଶ୍ୱ ଜନମାନସରେ ବେଶ ଆଦର ଓ ସ୍ୱୀକୃତି ଲାଭ କରିପାରିଛି। ଆଜି ମଧ୍ୟ ଓଡ଼ିଶାର ଜନପଦଠାରୁ ଆରମ୍ଭକରି ବିଶ୍ୱ ମହାନଗରର ଉଚ୍ଚାଙ୍ଗ ସାହିତ୍ୟସଭା ପର୍ଯ୍ୟନ୍ତ ସବୁଠି ଭୀମଭୋଇଙ୍କ ଲୋକପ୍ରିୟ ଭଜନ ଗୁଡିକ ଅତ୍ୟନ୍ତ ଶ୍ରଦ୍ଧାର ସହିତ ଗାନ କରାଯାଉଥିବା ଦେଖିବାକୁ ମିଳେ।

ଅଧ୍ୟାତ୍ମର ଶୀର୍ଷତମ ଅନୁଭବ ହେଉଛି ପରମଜ୍ଞାନ ଲାଭ କରିବା, ଯଦିଓ ଏଇଠି ଆଧ୍ୟାତ୍ମିକ ଯାତ୍ରାର ପରିସମାପ୍ତି ଘଟେ ନାହିଁ। ଏ ଅବାରିତ ଯାତ୍ରାର ଅନ୍ତଃ ହିଁ ନାହିଁ। ପରମଜ୍ଞାନ ଲାଭକରିଥିବା ସବୁବ୍ୟକ୍ତିଙ୍କ ଅନୁଭବ ଏକାପରି। ଆଜିପର୍ଯ୍ୟନ୍ତ ଯେତେବ୍ୟକ୍ତି ପରମଜ୍ଞାନର ଅଧିକାରୀ ହୋଇଛନ୍ତି, ସମସ୍ତେ ନିଜ ଭିତରେ ଯାତ୍ରା କରି ସେହି ପରମ ତତ୍ତ୍ୱକୁ ପାଇ ପାରିଛନ୍ତି। ବ୍ରହ୍ମଅନୁଭୁତି ବା ବୁଦ୍ଧତ୍ୱ ପ୍ରାପ୍ତି ପାଇଁ ନିଜ ଭିତରେ ଯାତ୍ରା କରିବା ବ୍ୟତୀତ ଅନ୍ୟ କୌଣସି ପନ୍ଥା ନାହିଁ।

କେବଳ ଶାସ୍ତ୍ର ଅଧ୍ୟୟନ କରି ଜଣେ ପରମ ଜ୍ଞାନ ହାସଲ କରିପାରିବ ନାହିଁ। ପରମ ଜ୍ଞାନ ହାସଲ କରିବାକୁ, ଚାରିଟି ସ୍ତର ଦେଇ ଯିବାକୁ ପଡିବ।

ପ୍ରଥମେ ସ୍ୱାଧ୍ୟାୟ। ସ୍ୱୟଂ ବା ନିଜର ଅଧ୍ୟୟନ। ମୁଁ କିଏ ? ମୁଁ ଏହି ଦୁନିଆରେ କାହିଁକି ଜନ୍ମ ହେଲି ? ମୁଁ କେଉଁଠାରୁ ଆସିଲି ଏବଂ ମୁଁ ପୁଣି କେଉଁଠାକୁ ଯିବି। ଯେପର୍ଯ୍ୟନ୍ତ ମୁଁ ଏହି ଦୁନିଆରେ ରହିଛି, ମୁଁ କ'ଣ କରିବି ? କେଉଁ ଜୀବନ ଅର୍ଥପୂର୍ଣ୍ଣ, କେଉଁ ଜୀବନ ସୁଖଦ। କେଉଁ ଜୀବନ ଆନନ୍ଦଦାୟୀ ଏବଂ କେଉଁ ବିଷୟ ଆମକୁ ଦୁଃଖ ଆଡକୁ ନେଇଥାଏ। ଆମର ଜୀବନର ଅଭିଜ୍ଞତା ଆଧାରରେ ଯଦି ଆମେ ଏଇ ସବୁକୁ ଜାଣିପାରିବା, ତେବେ ଆମେ ଏହାକୁ କହିପାରିବା - ସ୍ୱାଧ୍ୟାୟ। ପରମଜ୍ଞାନର ଅଧିକାରୀ ହୋଇଥିବା ସନ୍ଥଙ୍କ ରଚିତ ଶାସ୍ତ୍ର, ଏ ଦିଗରେ ସହାୟତା ପ୍ରଦାନ କରିଥାଏ। ଶାସ୍ତ୍ରରେ ଉଲ୍ଲେଖ କରାଯାଇଥିବା ସତ୍ୟ ଏବଂ ଆମର ବ୍ୟକ୍ତିଗତ ଅଭିଜ୍ଞତା, ଉଭୟକୁ ମିଶାଇ ଆମେ ଆତ୍ମ-ଅଧ୍ୟୟନ କରିପାରିବା। ଆତ୍ମଜ୍ଞାନର ମାର୍ଗରେ ଏହା ହେଉଛି ପ୍ରଥମ ପାହାଚ।

ଦ୍ୱିତୀୟ ପାହାଚ ସତସଙ୍ଗ। ସତସଙ୍ଗର ଅର୍ଥ ହେଉଛି ଆଧ୍ୟାତ୍ମିକ ପୀପାସା ଥାଇ, ପରମଜ୍ଞାନ ପାଇବାକୁ ଇଚ୍ଛା କରୁଥିବା କିଛି ସମଧର୍ମା ବ୍ୟକ୍ତିବିଶେଷଙ୍କ ସହିତ କୌଣସି ପରମଜ୍ଞାନୀଙ୍କ ଗହଣରେ ବସିବା ଉଠିବା। ସେମାନଙ୍କ ସହିତ ସହଭାଗୀ ହେବା ଏବଂ ପରମଜ୍ଞାନ ଲାଭର ପଥରେ ଥିବା ଅଭିଜ୍ଞତା ଏବଂ ପ୍ରତିବନ୍ଧକ ବିଷୟରେ ଆଲୋଚନା କରିବା, ଏହାକୁ ଅତିକ୍ରମ କରିବାକୁ ହେଉଥିବା ପ୍ରୟାସ ନିମନ୍ତେ ସମୟ ସମୟରେ ସେହିମାନଙ୍କଠାରୁ ପ୍ରେରଣା ଓ ଉତ୍ସାହ ଲାଭ କରିବା। ଆଧ୍ୟାତ୍ମିକ ଯାତ୍ରାରେ ସତସଙ୍ଗର ଅନେକ ମହତ୍ତ୍ୱ ରହିଅଛି। ଯାତ୍ରାର ମାର୍ଗ ଭିନ୍ନ ହୋଇପାରେ, ମାତ୍ର ଲକ୍ଷ୍ୟ

ଏକ। ଏକା ଲକ୍ଷ୍ୟନେଇ ଅଗ୍ରସର ସହଯାତ୍ରୀ ପରସ୍ପରର ସହଯୋଗୀ ହୁଅନ୍ତି, ଯଦିଓ ଲକ୍ଷ୍ୟପ୍ରାପ୍ତି ବା ବ୍ରହ୍ମଅନୁଭବ, ବ୍ୟକ୍ତିଗତ ଅଟେ।

ତୃତୀୟ ପାହାଚ ହେଉଛି, ସତଗୁରୁଙ୍କ ଚରଣଆଶ୍ରିତ ହେବା ବା କୌଣସି ବୁଦ୍ଧପୁରୁଷଙ୍କ ପ୍ରତ୍ୟକ୍ଷ ମାର୍ଗଦର୍ଶନରେ ଆଧ୍ୟାତ୍ମିକ ସାଧନା କରିବା। ଜୀବନର ଅସରନ୍ତି ଘଟଣା କ୍ରମେ କେବେ କୌଣସି ବୁଦ୍ଧପୁରୁଷଙ୍କ ବଚନ ହୃଦୟବୀଣାକୁ ଝଙ୍କୃତ କଲେ, କିମ୍ବା ସତସଙ୍ଗରେ ଭାଗ ନେଉ ନେଉ ହଠାତ ତାଙ୍କ ସହିତ ଏକାତ୍ମ ହେବାର ଅନୁଭବ ହେଲେ, ସେହି ମହାନ ବ୍ୟକ୍ତିଙ୍କ ପ୍ରତି ହୃଦୟରେ ଶ୍ରଦ୍ଧା ଜନ୍ମେ। ଶ୍ରଦ୍ଧା କାଳାନ୍ତରରେ ଭକ୍ତିରେ ପରିଣତ ହୁଏ। ସାଂସାରିକ ଝଡ଼ ଝଞ୍ଜାରୁ ନିଷ୍କୃତି ଓ ଶାନ୍ତିର ଆକାଂକ୍ଷା ନେଇ ସାମାନ୍ୟ ବ୍ୟକ୍ତିଟିଏ ସଦଗୁରୁଙ୍କ ଶରଣାପନ୍ନ ହୋଇ ଶିଷ୍ୟ ବା ସାଧକରେ ପରିଣତ ହୋଇଯାଏ। ଗୁରୁଙ୍କ ପ୍ରତ୍ୟକ୍ଷ ମାର୍ଗଦର୍ଶନରେ, କଠୋର ସାଧନା କରି, ସେ ଦିନେ ହୃଦୟଙ୍ଗମ କରେ ଯେ, ଏହି ସମଗ୍ର ବ୍ରହ୍ମାଣ୍ଡ ଗୋଟିଏ ଅସୀମ ଶକ୍ତି ଦ୍ୱାରା ସୃଷ୍ଟି ହୋଇଛି। ଏହି ଅନନ୍ତ, ଅସୀମ ଶକ୍ତି ଚାରିଆଡେ ବ୍ୟାପି ରହିଛି। ଏହି ଅବିଭକ୍ତ ଶକ୍ତିକୁ କେହି ଦେଖିପାରିବେ ନାହିଁ; କିନ୍ତୁ ଏହାର ସ୍ଥିତି ସବୁଆଡେ ଅଛି। ସମଗ୍ର ବିଶ୍ୱ ବ୍ରହ୍ମାଣ୍ଡକୁ ଏହି ଦିବ୍ୟ ଶକ୍ତି ଘେରି ରହିଛି। ସେ ଅଦୃଶ୍ୟ। ସେ ଅବିଭକ୍ତ। ସେ ହିଁ ସବୁର ମୂଳ। ସେ ହିଁ ଆତ୍ମା, ପରମାତ୍ମା। ଉପନିଷଦର ଋଷି ଏହି ଶକ୍ତିକୁ ବ୍ରହ୍ମ ବୋଲି କୁହନ୍ତି। ଆମର ପ୍ରାଚୀନ ଶାସ୍ତ୍ରରେ, ତା'କୁ ନିରାକାର କୁହାଯାଏ। ଏହି ଆକାରହୀନ ଶକ୍ତିର ଅସ୍ତିତ୍ୱ ସର୍ବତ୍ର ରହିଛି, ଆମ ଭିତରେ ବି ରହିଛି। ଆମେ ଏହାକୁ ଅନୁଭବ କରିପାରିବା। ଏହି ବ୍ରହ୍ମାଣ୍ଡୀୟ ଚେତନା, ଉର୍ଜା ବା ଶକ୍ତି ବ୍ୟତୀତ ଅନ୍ୟ କିଛି ନୁହେଁ।

ଚତୁର୍ଥ ପାହାଚ ହେଉଛି ସ୍ୱାନୁଭବ। ଆପଣା ଭିତରେ ବିଦ୍ୟମାନ ଚେତନା, ବ୍ରହ୍ମାଣ୍ଡୀୟ ଚେତନା ସହିତ ଐକ୍ୟ ସ୍ଥାପନ କରି, ତା ସହିତ ଏକାକାର ହୋଇଯିବା ର ଅଭିଜ୍ଞତା ହିଁ ସ୍ୱାନୁଭୂ। ଚେତନାର ଗୁଣ ହେଉଛି ଜାଣିବା। ଆମ ସମସ୍ତଙ୍କ ଭିତରେ ଥାଇ ଯିଏ ସବୁ ଜାଣି ପାରେ, ସେଇ ହେଉଛି ଜ୍ଞାତା। ଯାହା କିଛି ଜାଣିବା ଯୋଗ୍ୟ ରହିଛି ତାହା ହେଉଛି ଜ୍ଞେୟ ତଥା ଯେଉଁ ବିଷୟ ଆମର ଜ୍ଞାତ ହୋଇ ସାରିଛି ତାହା ହେଉଛି ଜ୍ଞାନ। ଜ୍ଞାତା, ଜ୍ଞାନ ଏବଂ ଜ୍ଞେୟ- ଏ ସବୁ ଯେବେ ପରସ୍ପର ଏକ ବିନ୍ଦୁରେ ମିଳିତ ଓ ସମାହିତ ହୋଇଥାନ୍ତି, ସେତିକି ବେଳେ ବ୍ୟକ୍ତିର ଆତ୍ମଜ୍ଞାନ ଘଟିତ ହୁଏ। ସାଧନାର ଅଭ୍ୟାସ କ୍ରମେ ଦିନେ ବ୍ୟକ୍ତି ଜାଣେ ଯେ, ସେ ଏ ବିରାଟ ବ୍ରହ୍ମାଣ୍ଡୀୟ ଚେତନାର ଅଂଶ ବିଶେଷ। ସ୍ୱଚେତନାର ଅନ୍ତିମ ପ୍ରସ୍ଫୁଟନର ଫଳ ସ୍ୱରୂପ ଏହି ଅନିର୍ବଚନୀୟ ଅନୁଭବ ଓ ମହାସାଗରୀୟ ଅବବୋଧ ସ୍ପଷ୍ଟ ହେଲାପରେ ବ୍ୟକ୍ତି, ପରମଜ୍ଞାନକୁ ଉପଲବ୍ଧ ହୁଏ। ସାଧକ ବ୍ୟକ୍ତିର ବୁଦ୍ଧତ୍ୱ ପ୍ରାପ୍ତି ହୁଏ। ପିଣ୍ଡ ବ୍ରହ୍ମାଣ୍ଡ ଏକ

ହୁଏ । ଏହା ହିଁ ଜୀବନର ସର୍ବୋଚ୍ଚ ଅନୁଭୂତି, ସର୍ବୋଚ୍ଚ ପ୍ରାପ୍ତି । ହେଲେ ସେଇ ବିରାଟର କୌଣସି ସୀମା ନାହିଁ । ତାହା ଅସୀମ । ମଣିଷର ଜୀବନ ଅତି କ୍ଷୁଦ୍ର । ପରମଜ୍ଞାନର ଅଧିକାରୀ ହେଲାପରେ ବି ସେ ଅସୀମ, ବିରାଟତ୍ୱକୁ ଆକଳନ କରିବା ମନୁଷ୍ୟ ପକ୍ଷେ ଅସମ୍ଭବ । ଏଣୁ ସବୁ ବୁଦ୍ଧପୁରୁଷ କହି ଯାଇଛନ୍ତି, "ଚରୈବେତି, ଚରୈବେତି" ।

ସମ୍ପୂର୍ଣ୍ଣ ଜାଗ୍ରତ ଅବସ୍ଥାରେ ସ୍ଥିର ଶରୀର, ଶାନ୍ତ ମନ ଓ ଭାବଶୂନ୍ୟ ହୋଇ, ଯଦି ସାଧକଟିଏ ବନ୍ଦ ଆଖି ଭିତରେ ନିରନ୍ତର ଦୀର୍ଘକାଳ ଧରି ଦେଖିବାର ଅଭ୍ୟାସ ଜାରି ରଖେ, ତେବେ ତା ମୁଦ୍ରିତ ଚକ୍ଷୁ ଭିତରେ ଦୃଶ୍ୟମାନ ଅନ୍ଧକାର କ୍ରମଶଃ ଘନଘୋର ଅନ୍ଧାର ରାତିର ବିରାଟ ଆକାଶ ଭଳି ଦୃଶ୍ୟ ହୁଏ । ଏହା ହିଁ ଆତ୍ମା ବା ଚେତନାର ସ୍ୱରୂପ, ଯାହାର କୌଣସି ଆକାର ନାହିଁ, ରୂପ ନାହିଁ, ରଙ୍ଗ ନାହିଁ । ଏହି ନିରାକାର, ଅରୂପ, ନିରଞ୍ଜନ ଚୈତନ୍ୟକୁ ନିରନ୍ତର ଦର୍ଶନ କରୁକରୁ କେତେବେଳେ ବ୍ୟକ୍ତି ମନଶୂନ୍ୟ ହୋଇଯାଏ ବା ନିର୍ବିଚାର ଅବସ୍ଥାରେ ଉପନୀତ ହୋଇଯାଏ, ତାହା ସିଏ ନିଜେ ବି ଜାଣି ପାରେ ନାହିଁ । ଏହି ଅବସ୍ଥାକୁ ଶାସ୍ତ୍ରରେ ଧ୍ୟାନ ବୋଲି କୁହା ଯାଇଛି । ଧ୍ୟାନ କୌଣସି କୃତ୍ୟ ନୁହେଁ । ଏହା ଏକ ସ୍ଥିତି ଅଟେ । ସମସ୍ତ କୃତ୍ୟକୁ ପରିତ୍ୟାଗ କରି ଅକ୍ରିୟାରେ ପହଂଚି ପାରିଲେ ଏହା ଉପଲବ୍ଧ ହୋଇଥାଏ । ଯେତେବେଳେ ଶରୀର ନିଶ୍ଚଳ, ମନ ଶାନ୍ତ ଓ ଭାବନା ସ୍ଥିର ହୋଇଯାଏ ଓ ଚେତନା ତାର ନିର୍ମଳ ଓ ଶୁଦ୍ଧତମ ଅବସ୍ଥାରେ ଉପନୀତ ହୁଏ, ସେଇ ଅବସ୍ଥାକୁ ଧ୍ୟାନ କୁହାଯାଏ । ଧ୍ୟାନକୁ ଉପଲବ୍ଧ ହୋଇଥିବା ବ୍ୟକ୍ତି ଏକ ଅଫୁରନ୍ତ ଆନନ୍ଦ ଅନୁଭବ କରିଥାଏ; ଆଉ ଏହି ଆନନ୍ଦ ତାହା ପାଇଁ ଏତେ ମୂଲ୍ୟବାନ ମନେ ହୋଇଥାଏ ଯେ ତା' ଆଗରେ ସମସ୍ତ ସାଂସାରିକ ବିଷୟ ବସ୍ତୁ ତୁଚ୍ଛ ମନେ ହୁଏ । ସବୁ କିଛିର ବିନିମୟରେ ସିଏ ଚେତନାର ଶାନ୍ତ ନିର୍ମଳ ସ୍ଥିତିକୁ ବାରମ୍ବାର ପାଇବାକୁ ଇଚ୍ଛା ପ୍ରକାଶ କରେ । ସେହି ଅବସ୍ଥାକୁ ନେଇଯିବାର ମାର୍ଗ ପ୍ରଦର୍ଶିତ କରିଥିବାରୁ ସଦଗୁରୁଙ୍କ ପ୍ରତି ଭକ୍ତିରେ ସମର୍ପିତ ହୋଇଯାଏ । ଆଧ୍ୟାତ୍ମିକ ମାର୍ଗରେ ଏହା ହେଉଛି ପ୍ରଥମ ଓ ମହତ୍ତ୍ୱପୂର୍ଣ୍ଣ ଅନୁଭବ । ଏ ଅନୁଭବକୁ ଶବ୍ଦରେ ବ୍ୟକ୍ତ କରାଯାଇ ପାରିବ ନାହିଁ । ତେଣୁ ଯେତେ ଢଙ୍ଗରେ ଯେତେ ବାଗରେ ସନ୍ଥ, ମୁନି ଋଷିମାନେ ଏହାକୁ କହିବାକୁ ଚେଷ୍ଟା କରିଥିଲେ ମଧ୍ୟ ତାହା ପାଠକ ପାଇଁ ଅବୋଧ ରହିଯାଏ । କେବଳ ଜୀବନ୍ତ ସଦଗୁରୁଙ୍କ ସାନିଧ୍ୟରେ ରହି ଯୋଗ ସାଧନା କଲେ ହିଁ ଏ ଦିବ୍ୟ ଅନୁଭବ ଲାଭ କରିହୁଏ । ସେଇଥିପାଇଁ ତ ସବୁ ସନ୍ଥମାନେ କାଳେ କାଳେ ସଦଗୁରୁଙ୍କ ଚରଣଆଶ୍ରିତ ହେବାକୁ ମୁକ୍ତ କଣ୍ଠରେ ବାରମ୍ବାର ଘୋଷଣା କରିଛନ୍ତି । ଭୀମଭୋଇ ଏଥିରୁ ବ୍ୟତିକ୍ରମ ହେବେ କିପରି !

କେବଳ ଭୀମଭୋଇ କାହିଁକି, ସେଇ ରୂପରେଖ ନଥିବା ନିରାକାର ବ୍ରହ୍ମର

ବର୍ଣ୍ଣନା କରିବାକୁ ଯାଇ ବୈଦିକ କାଳରୁ ଏ ଯାବତ କେତେ ମୁନି ଋଷି, କେତେ ସାଧୁସନ୍ଥ ନିରନ୍ତର ପ୍ରୟାସ ଚଳାଇ ଆସିଛନ୍ତି।ସର୍ବଜନ ବୋଧ ହେଲାଭଳି ସ୍ପଷ୍ଟ ଲୌକିକ ଚିତ୍ର ତୋଳିବା ନିମନ୍ତେ କେତେ ଶାସ୍ତ୍ର ରଚନା କରା ଯାଇଛି। ମାତ୍ର ଲେଖା ସରିନାହିଁ। ଏହି ଅଲେଖ ନିରଞ୍ଜନ ଆମର ଚେତନା ବା ଆତ୍ମା ବ୍ୟତୀତ ଭିନ୍ନ କିଛି ନୁହେଁ, ଏବଂ ଏହି ଆତ୍ମା ? ପରମାତ୍ମାଙ୍କର ଏକ ଅଂଶ ଅଟେ।ଯେତେବେଳେ ଜଣେ ସାଧକ ଧ୍ୟାନ ଏବଂ ସମାଧିରେ ଗଭୀର ଭାବରେ ବୁଡ଼ିଯାଏ, ସେତେବେଳେ ସେ ନିଜ ଭିତରେ ଅନୁଭବ କରେ ଯେ, ତା ନିଜ ଭିତରେ ଥିବା ଆତ୍ମା ବା ଚେତନା, ସେହି ପରମ ଚୈତନ୍ୟର ଅଂଶ ଅଟେ। ତା'ପରେ ବ୍ୟକ୍ତି ଜାଣେ, ଯେ ଏହି ଦୁନିଆରେ ସୃଷ୍ଟି ହୋଇଥିବା ସବୁକିଛି ତା ନିଜର ବିସ୍ତାର ଅଟେ। ଏ ସମଗ୍ର ସୃଷ୍ଟି, ପରସ୍ପର ସହିତ ସଂଯୁକ୍ତ। କାରଣ ସବୁକିଛି ସେଇ ନିରାକାର ବ୍ରହ୍ମର ଉପାଦାନରେ ଗଠିତଏବଂ ଦିନେ ସବୁକିଛି ସେଇ ଶୂନ୍ୟବ୍ରହ୍ମରେ ମିଶ୍ରିତ ହେବ। ତେଣୁ, ସାଧକ ହୃଦୟରେ ସଂସାରର ସମସ୍ତ ପ୍ରାଣୀ ପ୍ରତି ସମ୍ବେଦନଶୀଳତା ତୀବ୍ର ହୁଏ। ସେ ଅନ୍ୟମାନଙ୍କ ଠାରୁ ନିଜକୁ ପୃଥକ କରିପାରେ ନାହିଁ; ବରଂ ସମସ୍ତେ ସମାନ, ଏଇ ଆତ୍ମଉପଲବ୍ଧି ପ୍ରଗାଢ଼ ହୁଏ। ସେଥିପାଇଁ ସମସ୍ତଙ୍କର ଦୁଃଖ ଏବଂ ଯନ୍ତ୍ରଣାକୁ ନିଜ ଯନ୍ତ୍ରଣା ଭାବରେ ବିବେଚନା କରି ସମସ୍ତେ ସେହି ଯନ୍ତ୍ରଣାରୁ ମୁକ୍ତ ହୁଅନ୍ତୁ, ପରମାତ୍ମାଙ୍କ ନିକଟରେ ଏଭଳି ମାଗୁଣି କରିଥାଏ। ଭୀମଭୋଇଙ୍କର ଅଧିକାଂଶ ଭଜନ ଏଇ ଦିବ୍ୟ ଅନୁଭବର ପରିଣତି; ଏହା ନିଃସନ୍ଦେହ।

ଯେତେବେଳେ ବ୍ୟକ୍ତି ଗଭୀର ସାଧନାରେ ମଗ୍ନ ହୁଏସେତେବେଳେ ତା'ର ଶୁଦ୍ଧ ଶାନ୍ତ ଚେତନା ଏ ବିଶ୍ୱ ବ୍ରହ୍ମାଣ୍ଡ ସହିତ ଏକାକାର ହୋଇଯାଏ। ସେହି ଏକୀକୃତ ଅଭିଜ୍ଞତା ହେତୁ, ସେ ଜାଣେ, ଯେ ସମଗ୍ର ବିଶ୍ୱରେ ଯେତେ ସବୁ ଜୀବଜନ୍ତୁ, ସମସ୍ତ ପ୍ରାଣୀ ଓ ଉଦ୍ଭିଦ ଜଗତ, ବ୍ରହ୍ମାଣ୍ଡର ସେଇ ମୌଳିକ ଶକ୍ତି ବ୍ରହ୍ମଉର୍ଜା ଦ୍ୱାରା ଏକ ହିଁ ତତ୍ତ୍ୱରୁ ଗଠିତ, ଯେଉଁଠାରୁ ସେ ସ୍ୱୟଂ ଉତ୍ପନ୍ନ ହୋଇଛି। ତା ହୃଦୟରେ ସମଗ୍ର ସଂସାରର ଜୀବଜଗତ ପ୍ରତି ତୀବ୍ର ସମ୍ବେଦନଶୀଳତା ସୃଷ୍ଟି ହୁଏ। ସେ ସମସ୍ତଙ୍କ ସୁଖ ଦୁଃଖ ଅନୁଭବ କରିବାକୁ ସକ୍ଷମ ହୁଏ। ଅହେତୁକ ସ୍ନେହ ଓ ପ୍ରେମରେ ଆପ୍ଲୁତ ହୃଦୟ ତା'ର ଅନ୍ୟ ଜୀବମାନଙ୍କର ଯନ୍ତ୍ରଣା ଏବଂ ନିର୍ଯାତନାକୁ ସହ୍ୟ କରି ପାରେ ନାହିଁ। ତା ପ୍ରାଣ ଅନ୍ୟମାନଙ୍କ ପାଇଁ କାନ୍ଦି ଉଠେ। ଅନ୍ୟମାନଙ୍କ ଦୁଃଖ ଦେଖି ତା ମନରେ ଗଭୀର ସମବେଦନା ସୃଷ୍ଟି ହୁଏ। ଏହି ସମ୍ବେଦନାରୁ ତା ହୃଦୟରେ ଯେଉଁ କରୁଣା ଜାତ ହୁଏ। ସେଇଥିରୁ କ୍ରମଶଃ ବିଦ୍ରୋହ ଉତ୍ପନ୍ନ ହୋଇଥାଏ। ସନ୍ଥଟିଏର ହୃଦୟରେ ଥିବା ସମସ୍ତଙ୍କ ପ୍ରତି ଅନାବିଳ ପ୍ରେମ ହିଁ, ତାକୁ ପ୍ରଚଳିତ ବ୍ୟବସ୍ଥା ବିରୋଧରେ ବିଦ୍ରୋହୀ କରାଏ।

ଅଜ୍ଞାନତା ହେତୁ ସାଂସାରିକ ଯନ୍ତ୍ରଣାରେ ଜର୍ଜରିତ ନିରୀହ ମଣିଷଙ୍କ ପାଇଁ, ପ୍ରାଣ ତା'ର ହାହାକାର କରି ଉଠେ। ସେଇ ନିରୀହ ମଣିଷଙ୍କୁ ଦିଗଦର୍ଶନ ଦେବାକୁ ଯାଇ ସେ ପ୍ରେମ ଓ କରୁଣାର ଗୀତ ଗାଇଯାଏ। ଉନବିଂଶ ଶତାବ୍ଦୀର ଶେଷ ଭାଗରେ ଜନ୍ମିଥିବା ଓଡ଼ିଶା ପ୍ରଦେଶର ଭୀମଭୋଇ ହେଉଛନ୍ତି ସେଇ ପ୍ରେମ ଓ କରୁଣାର ଗୀତ ଗାଇଥିବା ଏକ ଅଦ୍ୱିତୀୟ କବି, ଯାହାଙ୍କ ଲେଖନୀ ମୁନରୁ ଆଧ୍ୟାତ୍ମର ବୟକ୍ତିକ ଅନୁଭବ ସହ ପ୍ରେମ, କରୁଣା ଓ ବିଦ୍ରୋହର ସମାନ୍ତରାଳ ସ୍ୱର ଏକ ସଙ୍ଗରେ ସ୍ୱତଃ ଝରିପଡ଼ିଥିବାର ଆମେ ଦେଖିବାକୁ ପାଉ।

ଶାସ୍ତ୍ର ବର୍ଣ୍ଣିତ କର୍ମକାଣ୍ଡ ବା ଉପାସନା ପଦ୍ଧତିର ପ୍ରପଞ୍ଚରେ ନପଡ଼ି, ସ୍ୱଚେତନାର ନିରନ୍ତର ନିରୀକ୍ଷଣ କରି, ବ୍ରହ୍ମାଣ୍ଡୀୟ ଚେତନା ସହିତ ଐକ୍ୟ ସ୍ଥାପନ କଲେ ଆତ୍ମଜ୍ଞାନ ଉଦୟ ହୋଇଥାଏ; ଏକଥା ଭୀମଭୋଇ ବାରମ୍ବାର ତାଙ୍କ ଭଜନଗୁଡ଼ିକ ମାଧ୍ୟମରେ ତତ୍କାଳୀନ ଓଡ଼ିଶାର ସାଧାରଣ ଜନତାଙ୍କୁ ସଚେତନ କରିବାକୁ ଚେଷ୍ଟାକରିଛନ୍ତି। ନିଜସ୍ୱ ଅନୁଭୂତିରୁ ଓ ସାଧନାର ଅଭିଜ୍ଞତାରୁ ସେ ଜାଣିଛନ୍ତି ଯେ, ବ୍ୟକ୍ତି ଚେତନା ସମଗ୍ର ବିଶ୍ୱରେ ଥିବା ସାମୁହିକ ଚେତନାର ଅଂଶ ଓ ସାମୁହିକ ଚେତନା ଅସୀମ ବ୍ରହ୍ମାଣ୍ଡୀୟ ଚେତନା ଅନ୍ତର୍ଭୁକ୍ତ ଅଟେ। ଏହି ବ୍ରହ୍ମାଣ୍ଡୀୟ ଚେତନା ବା ପରମ ଚୈତନ୍ୟକୁ ପରମାତ୍ମା ଭାବରେ ବର୍ଣ୍ଣନା କରାଯାଇଛି। ପରମାତ୍ମା କୌଣସି ବ୍ୟକ୍ତି ନୁହେଁ। ବ୍ୟକ୍ତିର ବୁଦ୍ଧି ଓ ସାମର୍ଥ୍ୟ ଠାରୁ ଏହା ଏତେ ବିରାଟ ଓ ଅସୀମ ଯେ, ତାହାର କୌଣସି ତୁଳନା କରି ହେବ ନାହିଁ। ଏଣୁ ଯୁଗେ ଯୁଗେ ସନ୍ଥ ଓ ସଂବୁଦ୍ଧ ପୁରୁଷମାନେ ଜୀବାତ୍ମା ବା ବ୍ୟକ୍ତି ଚେତନାକୁ ବିନ୍ଦୁ ଓ ପରମାତ୍ମା କିମ୍ବା ପରମଚୈତନ୍ୟକୁ ମହାସିନ୍ଧୁ ଭାବେ ସାଙ୍କେତିକ ଭାବରେ ବ୍ୟକ୍ତ କରିଛନ୍ତି। ଭୀମଭୋଇ ଏହାକୁ ପିଣ୍ଡ ଓ ବ୍ରହ୍ମାଣ୍ଡ ବୋଲି କୁହନ୍ତି। ସେହି ବ୍ରହ୍ମାଣ୍ଡୀୟ ଚେତନାର ବିରାଟ ଓ ବିଶାଳତାକୁ ଆଙ୍କିବାକୁ ଯାଇ ସେ କହିଛନ୍ତି-

ଶୂନ୍ୟବ୍ରହ୍ମକୁ ହେ ଦେଖିବ ଯେମନ୍ତେ ଜ୍ଞାନ ଡୋଳେ।
କଳ୍ପନାକୁ କାଟି ଜନ୍ମ ମୃତ୍ୟୁ ମେଣ୍ଟି ଏକୈଶ ପୁରକୁ ଜିଣିଗଲେ ॥

ଅନନ୍ତ ବାସୁକି ଅଷ୍ଟକୁଳାନାଗ ସପତ ସିନ୍ଧୁକୁ ଡେଇଁ ଗଲେ
ଚଉଦ ବ୍ରହ୍ମାଣ୍ଡ ପୃଥୀ ନବଖଣ୍ଡ ଅନୁଭବ ସୂତ୍ରେ ବୁଝିଥିଲେ ॥

ତିନି ସତାଇଶ ଏକୈଶ ଭୁବନ ଯେ ଜିଣି ପାରିବ ଏକାବେଳେ
କାଳିବାସୀ ନୋହେ ଏକ ବ୍ରହ୍ମପାଦ ସ୍ୱଦେହରେ ମିଳେ ତତକାଳେ ॥

ଦାରୁପ୍ରତିମା ମୂର୍ତ୍ତି ଦେବୀ ଦେବତା ସବୁଠାରୁ ଚିତ୍ତ ଛାଡିଦେଲେ
ମନ୍ତ୍ର ଯନ୍ତ୍ର ତନ୍ତ୍ର ଚାରିବେଦ ସବୁ ଏମାନଙ୍କୁ ଏଡି ଚାଲିଗଲେ ॥

ନବଲକ୍ଷ ତାରା ବିରାଟ ସୁରାଟ ମହାରାଟ ସବୁ ପଛ କଲେ
ପୃଥ୍ୱୀ ଆପ ତେଜ ବାୟୁ ଯେ ଆକାଶ ଏମାନଙ୍କୁ ଟିକେ ନ ଚାହିଁଲେ ॥

ନିରନ୍ତର ସାଧନା ବା ନିରବିଚ୍ଛିନ୍ନ ଅଭ୍ୟାସ କ୍ରମେ ବିଚାରଶୂନ୍ୟ ଅଥଚ ବୋଧପୂର୍ଣ୍ଣ ସ୍ଥିତିରେ, ଏହି ବ୍ୟକ୍ତିଚେତନା, ବ୍ରହ୍ମାଣ୍ଡୀୟ ଚେତନା ସହ ଏକିଭୁତ ହୁଏ।ଏଠାରେ କହିବା ବାହୁଲ୍ୟଯେ କେଉଁ ଏକ ଶୁଭଘଡ଼ିରେ ସାଧକ ବ୍ୟକ୍ତିଟି, ସ୍ୱୟଂ ବ୍ରହ୍ମାଣ୍ଡୀୟ ଚେତନାର ଏକ ଅଂଶ-ଏହି ବୋଧଟି ତା ଭିତରେ ଉଦୟ ହୋଇଥାଏ। ବିନ୍ଦୁଟି ସିନ୍ଧୁରେ ମିଳିତ ହୋଇଯାଏ। ବ୍ୟକ୍ତିର ପରମଜ୍ଞାନ ଉଦୟ ହୁଏ। ତା'ର ବୋଧଶକ୍ତି ଆହୁରି ଅଧିକ ସ୍ୱଷ୍ଟ ଓ ପ୍ରଗାଢ଼ ହୁଏ। ସେ ଜାଣେ ଯେ ଏ ବିଶାଳ ସଂସାରରେ ତାହାର ଅସ୍ତିତ୍ୱ କ୍ଷୁଦ୍ରାତିକ୍ଷୁଦ୍ର ଅଟେ। ସେ ଆଉ ମଧ ଜାଣେ ଯେ ଜନ୍ମ ଓ ମୃତ୍ୟୁ, ଦୁଇଟି ଘଟଣା ବ୍ୟତୀତ ଅନ୍ୟ କିଛି ନୁହେଁ। ଅଦୃଶ୍ୟ ଚେତନା, ସାକାର ରୂପ ନେଇ ପ୍ରକଟ ହୁଏ, ଏହାର ନାମ, ଜନ୍ମ। ସାକାର ରୂପ, ଏକ ନିଶ୍ଚିତ ଅବଧି ପରେ ପୁଣି ନିରାକାର ହୋଇଯାଏ। ଏହାର ନାମ ମୃତ୍ୟୁ। ପ୍ରତ୍ୟେକ ପ୍ରାଣୀଙ୍କ ପାଇଁ ଏହା ଅକାଟ୍ୟ ସତ୍ୟ। ଏ ଦୁଇ ଘଟଣାର ମଧକାଳକୁ ଆମେ ଜୀବନ ବୋଲି କହିଥାଉ, ଯେଉଁଥିରେ ଶରୀର, ମନ ଓ ଭାବନାର ଦ୍ୱନ୍ଦାତ୍ମକ ପରିସ୍ଥିତିଗୁଡ଼ିକରୁ ମୁକୁଳିବା ପାଇଁ ମଣିଷ ଆଜୀବନ ସଂଘର୍ଷ ଜାରି ରଖେ। ଆଉ ଏ ସଂଘର୍ଷର ପରିଣାମ ସ୍ୱରୂପ ଯାବତୀୟ ପୀଡ଼ା, ଦୁଃଖ ଯନ୍ତଣା ଓ କଷ୍ଟ ଭୋଗିବାକୁ ପଡିଥାଏ। ଗଭୀର ପଙ୍କ କାଦୁଅରେ ପଡ଼ିଯାଇଥିବା ଅସହାୟ ନିରୀହ ପ୍ରାଣୀଟିଏ ସେଥିରୁ ମୁକ୍ତିପାଇବାକୁ ଚେଷ୍ଟା କରି, ଯେପରି ଅଧିକରୁ ଅଧିକ ସେଇ ପଙ୍କରେ ବୁଡ଼ି ଯାଉଥାଏ, ସଂସାରରେ ଥିବା ଅଜ୍ଞାନୀ ମଣିଷ ଠିକ ସେଇ ଦୁର୍ଦ୍ଦଶା ଭୋଗ କରିଥାଏ। ସବୁ କାଳରେ, ସବୁ ମଣିଷ ସମାଜରେ ଏ ପ୍ରକ୍ରିୟା ଅହରହ ଚାଲିଥାଏ।

ଏଇ ସବୁରୁ ମୁକ୍ତି ପାଇବାକୁ ହେଲେ ନିଜର ଆତ୍ମସ୍ୱରୂପକୁ ଚିହ୍ନିବା, ନିତାନ୍ତ ଆବଶ୍ୟକ। ଅର୍ଥାତ ବ୍ୟକ୍ତି ଆପଣା ଆଭ୍ୟନ୍ତରରେ ଥିବା ଚେତନା ଅଥବା ଆତ୍ମା ସହିତ ପରିଚିତ ହେବା ଆବଶ୍ୟକ। ଏଥିପାଇଁ ଅହଙ୍କାର ଶୂନ୍ୟ ହୋଇ ସେଇ ବିରାଟ ଓ ବ୍ୟାପକ ବ୍ରହ୍ମାଣ୍ଡୀୟ ଚେତନା ଆଗରେ ନିଜକୁ ସମର୍ପି ଦେବାକୁ ସନ୍ଥମାନେ ସର୍ବଦା ଆଗ୍ରହ କରିଛନ୍ତି। ହେଲେ ଏ ବ୍ରହ୍ମାଣ୍ଡୀୟ ଚେତନା ବା ପରମ ଚୈତନ୍ୟର ପରିଚୟ ଦେବ କିଏ ? ତାହାକୁ ପାଇବାର ମାର୍ଗ କ'ଣ ? କାହା ଆଗରେ ବ୍ୟକ୍ତି ନିଜକୁ ସମର୍ପି

ଦେବ ? ଏ ଗୂଢ଼ଜ୍ଞାନ ବତାଇବ କିଏ ? ଏଇଠି ପରମ ଜ୍ଞାନୀ ବା ସଂବୁଦ୍ଧ ସଦଗୁରୁଙ୍କ ଆବଶ୍ୟକତା ଅନୁଭୂତ ହୁଏ, ଯିଏ ପରମସତ୍ୟକୁ କେବଳ ନିଜେ ଉପଲବ୍ଧ ହୋଇନଥାନ୍ତି, ବରଂ ଅନ୍ୟମାନଙ୍କୁ ଏଇ ପରମଜ୍ଞାନ ଦେବାକୁ ଅକୁଣ୍ଠିତ ଭାବରେ ଆଗେଇ ଆସନ୍ତି। ଜନକଲ୍ୟାଣ ନିମନ୍ତେ ସାଧକ ବା ଶିଷ୍ୟମାନଙ୍କୁ ଜ୍ଞାନ ପ୍ରଦାନ କରି ସାଧନାର ସମୁଚିତ ମାର୍ଗ ବତାଇ ଦିଅନ୍ତି। ସଦଗୁରୁ ମହିମା ଗୋସାଇଁଙ୍କ କୃପାରୁ ଭୀମ ଭୋଇଙ୍କ ଜ୍ଞାନ ଉଦୟ ହୋଇଥିଲା, ଏକଥା ତାଙ୍କର ଅଧିକାଂଶ ଭଜନରୁ ଆମେ ଲକ୍ଷ୍ୟ କରିଥାଉ। ପରମଜ୍ଞାନର ପ୍ରାପ୍ତି ପାଇଁ ତେଣୁ ସଦଗୁରୁଙ୍କ ଭୂମିକା ଅତ୍ୟନ୍ତ ଅପରିହାର୍ଯ୍ୟ, ଏକଥା ନିଃସନ୍ଦେହରେ କୁହାଯାଇପାରେ। ସନ୍ଥ କବି ଭୀମଭୋଇ, ଏଣୁ ବାରମ୍ବାର ମୁକ୍ତ କଣ୍ଠରେ, ତାଙ୍କର ଭଜନ ଗୁଡ଼ିକରେ ଗୁରୁଙ୍କ ମହିମା ଗାନ କରି ଯାଇଛନ୍ତି।

ନିଜସ୍ୱ ଅନୁଭୁତିରୁ ସଦ୍ ଗୁରୁ ସାଧକକୁ ଆତ୍ମସଚେତନ ହେବାର ମାର୍ଗ ବତାଇ ଦିଅନ୍ତି। ଶରୀର ମନ ଓ ଭାବନାକୁ ସ୍ଥିର କରିବାର ବିଧି ବିଧାନ ବତାଇବାକୁ ଯାଇ-ଶ୍ୱାସ ପ୍ରଶ୍ୱାସର ଗତି, ଇଡ଼ା ପିଙ୍ଗଳା ଓ ସୁଷୁମ୍ନାନାଡ଼ିର ବାୟୁ ଚଳାଚଳର ନିୟନ୍ତ୍ରଣ ବିଧି ତଥା ଶୂନ୍ୟ, ନିରାକାର, ଅଣାକାର ବା ଅରୂପର ପରିଚୟ କରାନ୍ତି। ତା' ମଧ୍ୟରେ ନିନାଦିତ ଅନାହତ ନାଦ ବା ଓଁକାରର ପରିଚୟ କରାନ୍ତି। ତନ୍ମଧ୍ୟରେ ପ୍ରକଟିତ ଦିବ୍ୟ ଅଖଣ୍ଡ ଜ୍ୟୋତିର ଦର୍ଶନ କରାଇ ଦିଅନ୍ତି। ନିଜ ଭିତରେ ସାଧକ ସେଇ ଚେତନା ରୂପୀ ଶୂନ୍ୟବ୍ରହ୍ମର ସନ୍ଧାନ ପାଏ। ତାହା ହିଁ ତା' ଜୀବନର କେନ୍ଦ୍ରୀୟ ସତ୍ତା ଓ ସମଗ୍ର ବ୍ରହ୍ମାଣ୍ଡରେ ଏଇ ଚେତନା ଅଦୃଶ୍ୟ ଭାବରେ ପରିବ୍ୟାପ୍ତ, ଏ କଥା ସେ ଉପଲବ୍ଧି କରିପାରେ।

ଏହି ବିରାଟ, ଅନନ୍ତ, ଅସୀମ ବ୍ରହ୍ମାଣ୍ଡୀୟ ଚେତନାର ଭିନ୍ନ ଭିନ୍ନ ଆୟାମ ରହିଛି। କେବେ ଏହା ଦିବ୍ୟଶବ୍ଦ ରୂପରେ ତ ପୁଣି କେବେ ଦିବ୍ୟଜ୍ୟୋତି ଭାବରେ ପ୍ରକଟ ହୁଏ। ଗଭୀର ସମାଧିସ୍ଥ ଅବସ୍ଥାରେ ସାଧକ ନିଜ ଆଭ୍ୟନ୍ତରରେ ଅଖଣ୍ଡଜ୍ୟୋତି ଦର୍ଶନ କରିଥାଏ। ପୁଣି ଏଇ ଚେତନା ଅଜର, ଅମର। ଏହାର ଅମୃତ ତତ୍ତ୍ୱକୁ ସାଧକ ନିଜ ଭିତରେ ଉପଲବ୍ଧି କରିପାରେ। ସେ ଜାଣେ ଦିନେ ହୁଏତ ଏ ଶରୀର ମାଟିରେ ମିଶିଯିବ, କିନ୍ତୁ ଚେତନାର କେବେ ମୃତ୍ୟୁ ନାହିଁ। ଭିନ୍ନଭିନ୍ନ ସମୟରେ ସାଧକ ସେଇ ଚେତନ ବ୍ରହ୍ମସ୍ୱରୂପକୁ ଭିନ୍ନଭିନ୍ନ ଭାବରେ ଅନୁଭବ କରିଥାଏ। ବ୍ରହ୍ମାଣ୍ଡୀୟ ଚେତନାର ସେଇ ଦିବ୍ୟତା ଆଗରେ ସଂସାରର ଅଳୀକ ବିଷୟ ସବୁ ତୁଚ୍ଛ ମନେ ହୁଏ। ସେଇ ବିରାଟ ବ୍ରହ୍ମାଣ୍ଡୀୟ ଚେତନା ବା ପରମ ଚୈତନ୍ୟକୁ ଭୀମଭୋଇ ଅଣାକାର ବୋଲି ନାମିତ କରିଛନ୍ତି। ବେଦ ଆଦି ଶାସ୍ତ୍ରର ବହୁ ଊର୍ଦ୍ଧ୍ୱରେ ଏହା ନିର୍ବେଦ, ଶୂନ୍ୟ ମଣ୍ଡଳ, ଅବନା ମଣ୍ଡଳ, ନିରାକାର, ଠୁଳ,ଶୂନ୍ୟ ଆଦି ନାମରେ ସନ୍ଥକବିଙ୍କ ଦ୍ୱାରା, ପ୍ରାୟ ସମସ୍ତ ଭଜନ ଗୁଡ଼ିକରେ ଅଭିବ୍ୟକ୍ତ ହୋଇଅଛି।

ମହାଶୂନ୍ୟରେ ବ୍ୟାପ୍ତ ଏଇ ବ୍ରହ୍ମାଣ୍ଡୀୟ ଚେତନା, ଏକ ଦିବ୍ୟଧ୍ୱନି ରୂପରେ ନିନାଦିତ ହେଉଅଛି। ଏ ଦିବ୍ୟଧ୍ୱନି ସେଇ ଚେତନାର ଏକ ଗୁଣ ବା ଆୟାମ। ଯେହେତୁ ଏଇ ବ୍ରହ୍ମାଣ୍ଡୀୟ ଚେତନାରୁ ଆମ ସମସ୍ତଙ୍କର ସୃଷ୍ଟି, ତେଣୁ ଆମରି ଚେତନା ମଧ୍ୟ ଆମଭିତରେ ଶବ୍ଦରୂପରେ ନିତ୍ୟ ଧ୍ୱନିତ ହେଉଅଛି। ଏଇ ଦିବ୍ୟଧ୍ୱନିକୁ ସବୁ କାଳର ସନ୍ଥମାନେ ଭିନ୍ନ ଭିନ୍ନ ନାମରେ ନାମିତ କରିଛନ୍ତି। ବେଦ ଓ ଉପନିଷଦରେ ଏହା ଅନାହତ ନାଦ ରୂପେ ବ୍ୟାଖ୍ୟା କରାଯାଇଛି। ଶ୍ରୀମଦ ଭଗବତ ଗୀତାରେ କୃଷ୍ଣ ଏହାକୁ ପବିତ୍ର ଓଁକାର ବୋଲି କହୁଥିବା ବେଳେ, ପତଞ୍ଜଳି ଏହାକୁ ପ୍ରଣବ ଧ୍ୱନି ବୋଲି କହିଛନ୍ତି। ମଧ୍ୟ ଯୁଗୀୟ ଭାରତୀୟ ସନ୍ଥମାନେ ଏହାକୁ ଶବଦ, ରାମ, ନାମ, ହରି ଆଦି ନାମରେ ନାମିତ କରିଛନ୍ତି। କବୀର ଏହାକୁ ଶବଦ ବୋଲି କହୁଛନ୍ତି। ମୀରାବାଇ ଏହାକୁ ରାମରତନ ଧନ ବୋଲି କହିଛନ୍ତି।

ଆଧ୍ୟାତ୍ମିକ ଯାତ୍ରାରେ ଓଁକାର ଜ୍ଞାନ ଏକ ମହତ୍ୱପୂର୍ଣ୍ଣ ଉପଲବ୍ଧି। ଓଁକାର ଶ୍ରବଣ ନକରିବା ପର୍ଯ୍ୟନ୍ତ ସାଧନାରେ ଗଭୀରତା ଆସିନଥାଏ। ଯେଉଁ ଦିନ ସାଧକ ଓଁକାର ଶ୍ରବଣ କରିବାରେ ସମର୍ଥ ହୁଏ, ସେଇଦିନ ଠାରୁ ତାହାର ଯାତ୍ରାର ବେଗ ତୀବ୍ର ହୋଇଥାଏ। ଏଇ ଓଁକାର ଧ୍ୱନିର ସ୍ରୋତ ଆମ ନିଜ ଭିତରେ ହିଁ ରହିଛି। ଏହାକୁ ବାହାରେ ଖୋଜିଲେ ମିଳିବ ନାହିଁ। ବାହାରର ସମସ୍ତ ଧ୍ୱନି ଆହତ ଧ୍ୱନି ଅଟେ, ଅର୍ଥାତ ଦୁଇଟି ବସ୍ତୁର ଘର୍ଷଣରୁ ସୃଷ୍ଟି ହୁଏ। ଏପରିକି ଆମ ମୁହଁରୁ ଉଚ୍ଚାରିତ ଧ୍ୱନି ବା ଶବ୍ଦ ମଧ୍ୟ ଆମ ସ୍ୱରଯନ୍ତ୍ର ଓ ବାୟୁର ଘର୍ଷଣରୁ ସୃଷ୍ଟି ହୋଇଥାଏ। ବାହ୍ୟ ସଂସାରର ସମସ୍ତ ଧ୍ୱନି ଦୁଇଟି ବସ୍ତୁର ଆହତରୁ ନିର୍ମିତ ହୁଏ, ମାତ୍ର ଓଁକାର ଧ୍ୱନି ଆମ ଆତ୍ମାର ବା ଚେତନାର ଧ୍ୱନି ଅଟେ। ଏହା ମଧ୍ୟ ବିରାଟ ବ୍ରହ୍ମାଣ୍ଡୀୟ ଚେତନାର ଧ୍ୱନି ଅଟେ, ଯାହା ଅନାହତ। ନିତାନ୍ତ ଏକୁଟିଆ ଅବସ୍ଥାରେ ଆମ ଚେତନା ଯେତେବେଳେ ପଞ୍ଚଇନ୍ଦ୍ରିୟ ଦ୍ୱାରା ବାହାରକୁ ପ୍ରଧାବିତ ନହୋଇ, ନିଜ ଉପରକୁ ଲେଉଟିଥାଏ ଅର୍ଥାତ ବ୍ୟକ୍ତି ଯେତେବେଳେ ଆତ୍ମମଗ୍ନ ହୁଏ, ତେବେ ନିଜ ଭିତରେ ସେ ଏହି ଦିବ୍ୟ ଧ୍ୱନି ନିନାଦିତ ହେଉଥିବାର ଜାଣିପାରେ, ଅନୁଭବ କରିପାରେ। ଏହି ଧ୍ୱନିନିରବଚ୍ଛିନ୍ନ ଭାବରେ ଅହରହ ଚାଲୁଥାଏ। ଏହା ହିଁ ଆମ ଆତ୍ମାର ଧ୍ୱନି ଅଟେ। ଆମ ଚେତନାର ଏକ ଗୁଣ। ଏହାହିଁ ସାଙ୍କେତିକ ରୂପରେ କୃଷ୍ଣଙ୍କ ବଂଶୀ। ଯେଉଁଦିନ ବ୍ୟକ୍ତି ଆତ୍ମଚେତନାର ଏଇ ଗୁଣ ସହ ପରିଚିତ ହୁଏ, ସେଦିନ ତା ଜୀବନର ରୂପରେଖ ସମ୍ପୂର୍ଣ୍ଣ ବଦଳି ଯାଏ। ଏ ମଧୁର ଧ୍ୱନିକୁ ଶୁଣିଶୁଣି ସାଧକ ନିର୍ବିଚାର, ଅମନୀୟ ଦଶାକୁ ଉପଲବ୍ଧ କରିଥାଏ। ନିର୍ବିଚାର ଅବସ୍ଥାରେ ଯେତେବେଳେ ସେ ଏହି ଓଁକାର ଧ୍ୱନି ସହିତ ଏକାକାର ହୋଇଯାଏ, ସେଇ ଅବସ୍ଥାକୁ ଆମେ ସମାଧି ବୋଲି କହୁ।

ଯୋଗର ଅଷ୍ଟମ ତଥା ଅନ୍ତିମ ଅଙ୍ଗ ହେଉଛି ସମାଧି। ଜଣେ ସମାଧିସ୍ଥ ହୋଇ ପାରିଲେ ଆତ୍ମପରିଚୟ ଲାଭ କରିପାରେ। ମୁଁ କିଏ ?ଏ ପ୍ରଶ୍ନର ଉତ୍ତର ମିଳେ। ମୁଁ ନିରାକାର ଚୈତନ୍ୟ-ଆତ୍ମା, ଏ ବୋଧ ଆସେ। ଏଣୁ ସବୁ କାଳରେ, ଯୋଗ ବିଜ୍ଞାନର ଭିନ୍ନ ଭିନ୍ନ ଗ୍ରନ୍ଥରେ, ଏଇ ଦିବ୍ୟ ଧ୍ୱନି ସମ୍ପର୍କରେ, ଓଁକାର ବା ରାମନାମର ବ୍ୟାଖ୍ୟା ଓ ମହିମା, ସବୁ ମୁନି, ଋଷି, ସନ୍ଥ ଓ ସିଦ୍ଧମାନେ ମୁକ୍ତ କଣ୍ଠରେ ଘୋଷଣା କରିଛନ୍ତି। ଭାରତରେ ଉତ୍ପନ୍ନ ହୋଇଥିବା ଚାରି ମୁଖ୍ୟ ସମ୍ପ୍ରଦାୟ ରହିଛି। ସନାତନ, ବୁଦ୍ଧ, ଜୈନ ଓ ଶିଖ। ଏମାନଙ୍କ ମଧ୍ୟରେ ଆଚାର ଓ ବିଚାରଗତ ଅନେକ ପାର୍ଥକ୍ୟ ଓ ବିଭେଦ ରହିଛି। ମାତ୍ର ଗୋଟିଏ ବିଷୟରେ କୌଣସି ବିଭେଦ ନାହିଁ। ତାହା ହେଉଛି ଓଁକାର। ଭାରତ ବାହାରେ ବି ଉତ୍ପନ୍ନ ହୋଇଥିବା ସଂପ୍ରଦାୟମାନଙ୍କରେ ଏହି ଦିବ୍ୟ ଧ୍ୱନି ସମ୍ପର୍କରେ ବ୍ୟଖ୍ୟା କରାଯାଇଛି। ବାଇବେଲରେ ଏହା The Wordଭାବରେ ବର୍ଣ୍ଣିତ। ପାର୍ଶୀ ଧର୍ମରେ ଏହାକୁ ଆହୁରି ମାଜଦା ବୋଲି କୁହନ୍ତି। ଇସଲାମ୍‌ରେ ଏହା ବାଙ୍ଗେ ଆସମାନି ଭାବରେ ଉଲ୍ଲେଖ କରାଯାଇଛି, ଯାହାର ଅର୍ଥ ହେଲା ଆକାଶର ଧ୍ୱନି।

ବସ୍ତୁତଃ ଓଁକାର ହିଁ ଆଧ୍ୟାତ୍ମର ମୂଳକଥା। ଜଣେ ଯେତେ କର୍ମକାଣ୍ଡ କରିଥାଉ, ଆଚାର ବିଚାର ଓ ଜୀବନଚର୍ଯ୍ୟା ମଧ୍ୟରେ ଈଶ୍ୱର ଉପାସନାର ଯେତେ ଉପାୟ ଆୟୋଜନ କରୁପଛେ, ଯେ ପର୍ଯ୍ୟନ୍ତ ଓଁକାର ଜ୍ଞାନ ହୋଇନାହିଁ, ବ୍ୟକ୍ତି ନିଜ ଭିତରେ ସେଇ ଦିବ୍ୟ ଧ୍ୱନିକୁ ଶୁଣିବାରେ ଯେ ପର୍ଯ୍ୟନ୍ତ ସକ୍ଷମ ହୋଇନାହିଁ, ସେ ପର୍ଯ୍ୟନ୍ତ ତାର ଆତ୍ମଜ୍ଞାନ ଘଟିତ ହେବା ଦୁରୁହ। ଏଣୁ ଭୀମଭୋଇ ମଧ୍ୟ ତାଙ୍କ ଭଜନ ଗୁଡ଼ିକରେ ସେଇ ଓଁକାର, ଶବଦ ବିଷୟରେ ବାରମ୍ବାର ଉଲ୍ଲେଖ କରିଛନ୍ତି। ଓଁକାର ଶ୍ରବଣ କରି କରି ବ୍ୟକ୍ତିକୁ ସମାଧିସ୍ଥ ହେବାକୁ ଓ ଆଧ୍ୟାତ୍ମିକ ଜ୍ଞାନଉପଲବ୍ଧି କରିବାକୁ ପ୍ରବର୍ତ୍ତାଇଛନ୍ତି। ବ୍ୟକ୍ତି ସମାଧିସ୍ଥ ହେଲେଯାଇ କାମ, କ୍ରୋଧ, ଲୋଭ, ମୋହ, ଈର୍ଷା, ଦ୍ୱେଷ ଆଦି ଷଟ୍ ବିକାରରୁ ମୁକ୍ତ ହୋଇ ପାରିବ। ଷଟ୍ ବିକାରରୁ ମୁକ୍ତ ହେଲେ, ସେ ସମସ୍ତ ପୁରୁଷାର୍ଥ କରିପାରିବ ଓ ନିଜ ଜୀବନର ସାର୍ଥକତା ପ୍ରତିପାଦିତ କରିପାରିବ। ଆତ୍ମା ବା ଚେତନା ପରମଚୈତନ୍ୟ ସହ ଏକ ହୋଇପାରିଲେ ବ୍ୟକ୍ତି ଜୀବନର ସମସ୍ତ ଦୁଃଖ ଯନ୍ତ୍ରଣା କ୍ଳେଶ କଷ୍ଟ ସ୍ୱତଃ ଦୁରେଇ ଯିବ। ସଂଶୟ ଓ ଦ୍ୱନ୍ଦ୍ୱରୁ ମୁକ୍ତ ହୋଇ ବ୍ୟକ୍ତି ଆନନ୍ଦକୁ ଉପଲବ୍ଧହୋଇ ପାରିବ, ଆଉ ଏଇ ଆନନ୍ଦ ଦିନେ ତାକୁ ପରମାନନ୍ଦ ଆଡକୁ ମୁହାଁଇ ନେବ। ବ୍ୟକ୍ତି ଭିତରେ ଦିବ୍ୟତ୍ୱ କିମ୍ବା ଦେବତ୍ୱର ଆବିର୍ଭାବ ହେବ। ସେଇଥିପାଇଁ ସାଧନାର ମୂଳବିନ୍ଦୁ ଭାବରେ ଓଁକାରକୁ ଏତେ ମହତ୍ତ୍ୱ ପ୍ରଦାନ କରା ଯାଇଛି। ଭୀମଭୋଇ ସଦଗୁରୁଙ୍କ ଆଶୀର୍ବାଦରୁ ଏହି ଓଁକାର ଜ୍ଞାନ ଲାଭ କରିବା ପରେ ସାଧନାରେ ବ୍ରତୀ

ହୋଇ ଯେଉଁ ସବୁ ଆଧ୍ୟାତ୍ମିକ ଉପଲବ୍ଧି କରିଛନ୍ତି, ତାହାକୁ ଭଜନ ଆକାରରେ ବ୍ୟକ୍ତ କରିଯାଇଛନ୍ତି କେବଳ। ସେ ଏହି ଓଁକାର ର ମହିମା ଗାନ କରିବାକୁ ଯାଇ ଲେଖିଛନ୍ତି,

ନିରତେ ଭଜ ତରିବ ଭବସାଗରୁ
ନାମବହି ଆସୁଛି ଅଣ ଅକ୍ଷରୁ
ସୁଖଭୋଗ ତେଜ୍ୟା କରି
ଭୂମି ଆସନେ ବିହରି
ଜନ୍ମ ମୃତ୍ୟୁକୁ ନିବାର ଏହି ଅଙ୍ଗରୁ।

ସତ୍ୟ ଧର୍ମକୁ ଚାହିଁ
ନାମଶବଦଆକାରେ କମ୍ପୁଅଛି ମହୀ
ଅଣ ରୂପ ହୋଇଥିଲେ ମହା ଶୁନ୍ୟେ ରହି,
ଅବତାର କଲେ ଦେହୀ,
ଭକ୍ତବୃନ୍ଦ ରବିତଳେ ଛନ୍ତି ଜନ୍ମ ହୋଇ ଯେ।

ଅନାଦି ମଣ୍ଡଳରୁ ସର୍ବେ ସଂଚରି
ରୂପ ଅରୂପନାମ ବ୍ରହ୍ମକୁ ଧରି

ନିଗମରୁ ଜନ୍ମିଲା ସ୍ୱାହା ଶବଦ ଘାତ,
ଶବ୍ଦରୁ ଜନ୍ମିଲା ଓଁକାର ସାରସ୍ୱତ,
ଓଁକାରୁରା ରା କାର, ଜନ୍ମିଲା ଆଦିଶକ୍ତି,
ରା ରା କାର ରୁରାମ-ନାମପଦ ଉଦିତ
ଉଜାଣି ଠୁଳ ଶୁନ୍ୟ ପରେ ବିହରି ॥

ମହିମା ଦେଖ ଯାର ନାହିଁ ରୂପରେଖ।
ନିଶବ୍ଦ ଘରୁଶବଦଜଡ଼ା କହେ ଚାରି ବେଦ
ଶୁଦ୍ର ହୋଇ ବ୍ରହ୍ମପଦ ପ୍ରକାଶ ହେଉଛି ମୁଖ

ଇତ୍ୟାଦି ଇତ୍ୟାଦି ବ୍ରହ୍ମାଣ୍ଡୀୟ ଚେତନାର ଆଉ ଏକ ଗୁଣ ବା ଆୟାମ ହେଉଛି, ଆଲୋକ ବା ଜ୍ୟୋତି। ଯେପରି ଅନାହତ ନାଦ ଓଁକାର ଏକ ଧ୍ୱନି ରହିତ ଧ୍ୱନି

ଅଟେ, ସେଇଭଳି ଅନ୍ତରାକାଶରେ ଝଟକୁ ଥିବା ଦିବ୍ୟଆଲୋକ ବା ଦିବ୍ୟଜ୍ୟୋତି ଆଲୋକ ରହିତ ଆଲୋକ ଅଟେ। ଗଭୀର ସମାଧିରେ ସାଧକ, ନିଜର ମୁଦ୍ରିତ ଚକ୍ଷୁ ଭିତରେ ଦୁଇ ଭ୍ରୂକୁଟୀର ମଧ୍ୟ ସ୍ଥାନରେ ଏକ ଅଖଣ୍ଡ ଜ୍ୟୋତି ନିରବଚ୍ଛିନ୍ନ ଭାବେ ପ୍ରଜ୍ୱଳିତ ହେଉଥିବାର ଲକ୍ଷ୍ୟ କରିଥାଏ। ସାଧକ ବ୍ରହ୍ମରନ୍ଧ୍ରର ଠିକ୍ ତଳେ ଏଇ ନିର୍ବିରୋଧ ଦୀପଶିଖାର ଦର୍ଶନ କରିବା ମାତ୍ରେ;ସିଏ ଶାନ୍ତ, ନିର୍ମଳ ଚିତ୍ତ ହୋଇ ପାରିଥାଏ। ଏହି ଦୀପଶିଖା ଅନ୍ୟ କିଛି ନୁହେଁ, ଏହା ତା'ର ଆତ୍ମା ବା ଚେତନା। ପ୍ରାଚୀନ କାଳରୁ ହିନ୍ଦୁ ଏହାକୁ ପ୍ରତୀକାତ୍ମକ ଭାବରେ ନିଜ କପାଳରେ ଦୁଇ ଭ୍ରୂକୁଟୀର ମଧ୍ୟସ୍ଥାନରେ ଚନ୍ଦନ କିମ୍ବା କୁଙ୍କୁମରେ ଚିତ୍ରିତ କରି ଆସୁଛନ୍ତି। ନିଜ ଭିତରେ ଜ୍ୟୋତିବିନ୍ଦୁ ଦର୍ଶନ କରିବା ପରେ ସାଧକ ମହାଶୂନ୍ୟରେ ବିଦ୍ୟମାନ ଗ୍ରହ ନକ୍ଷତ୍ର ଉଲ୍କାପିଣ୍ଡ ଆଦି ଜ୍ୟୋତିଷ୍କ ଭଳି ମହାଶୂନ୍ୟର ଦୃଶ୍ୟକୁ ନିଜ ଭିତରେ ଦେଖିବାରେ ସମର୍ଥ ହୋଇଥାଏ। କେବଳ ସେତିକି ନୁହେଁ, ଏ ମର୍ତ୍ତ୍ୟ ଲୋକରେ ସମ୍ଭବ ନଥିବା ଏଭଳି ଅନେକ ଅଲୌକିକ ଦୃଶ୍ୟ ଦେଖିବାରେ ସିଏ ସମର୍ଥ ହୁଏ, ଯାହା କେବଳ ସିଏ ନିଜସ୍ୱ ଅଭିଜ୍ଞତାରୁ ହିଁ ବୁଝିପାରେ, କିନ୍ତୁ କାହାକୁ ବୁଝାଇ ପାରିବନାହିଁ। ଏହାକୁ ବୁଝାଇବାକୁ ଯାଇ କେତେ ମୁନି, ଋଷି, ସିଦ୍ଧ ଓ ଯୋଗୀ ଅନେକ ପ୍ରୟାସ କରି ଯାଇଛନ୍ତି। ସନ୍ଥ କବି ଭୀମ ଭୋଇ ମଧ୍ୟ ତାଙ୍କର ଅନେକ ପଦରେ ସେଇ ଅଲୌକିକ ଦୃଶ୍ୟ ତୋଳିବାକୁ ଅନେକ ଚେଷ୍ଟା କରିଛନ୍ତି।

ଇସ୍‌ଲାମରେ ଏହି ଦିବ୍ୟ ଜ୍ୟୋତିକୁ ଆଲ୍ଲାଙ୍କ ନୁର୍ ବୋଲି କୁହାଯାଏ। ଅନ୍ତରାକାଶରେ ଏହି ଜ୍ୟୋତିରୁ ହିଁ ଓଁକାର ଧ୍ୱନି ନିର୍ଗତ ହେଉଥାଏ। ଏଇ ଶୀତଳ ଜ୍ୟୋତି ଗାଢ଼ବାଇଗଣୀ ବା କୃଷ୍ଣବର୍ଣ୍ଣର କିନ୍ତୁ ଏହାର କୌଣସି ନିର୍ଦ୍ଦିଷ୍ଟ ଆକାର ନଥାଏ। ଏହା ଅତ୍ୟନ୍ତ ଶୀତଳ ଓ ଶାନ୍ତି ପ୍ରଦାନକାରୀ। ସନାତନ ପରମ୍ପରାରେ ପ୍ରତୀକାତ୍ମକ ଭାବେ ଏହା ଅଖଣ୍ଡ ଜ୍ୟୋତି ଭାବରେ ବ୍ୟକ୍ତ ହୋଇଛି। ଖ୍ରୀଷ୍ଟ ସମ୍ପ୍ରଦାୟରେ ଏହାକୁ ପ୍ରତୀକାତ୍ମକ ଭାବେ ମହମବତୀ ପ୍ରଜ୍ୱଳନ ବା ପରମାତ୍ମାଙ୍କ ଆଲୋକ ଭାବରେ ଦର୍ଶା ଯାଇଥିବା, ମନେ କରାଯାଏ। ପାର୍ଶୀ ଧର୍ମରେ ଏହି ଅନଳ ଶିଖା ତାଙ୍କ ଉପାସନା ପଦ୍ଧତିର ପ୍ରତୀକ ଅଟେ। ମହିମା ଗାଦିରେ ଅବସ୍ଥାପିତ ଅଖଣ୍ଡ ଧୂନି ଏହି ଦିବ୍ୟ ଜ୍ୟୋତିର ପ୍ରତୀକ ବୋଲି ମନେ କରାଯାଏ। ଏହି ଦିବ୍ୟ ଆଲୋକ ଓ ଦିବ୍ୟନାଦର ସ୍ରୋତ ଏକ। ତାହାର କୌଣସି ରୂପରେଖ ନାହିଁ। ଏଣୁ ଭୀମ ଗାଇଛନ୍ତି-

ରୂପରେଖ ନାହିଁ ହେ ଶୁନ୍ୟଦେହୀ
ଅଛ ବିଜେ ହୋଇ।

ଜାଗିଛନ୍ତି ବ୍ରହ୍ମ ଅଛି ଅଲେଖ କୁଣ୍ଡେ
ଧାପ ଦେଉଛନ୍ତି ଏକୋଇଶ ବ୍ରହ୍ମାଣ୍ଡେ

କାଷ୍ଠ ପାଉଁଶ ନାହିଁ ଧୂମ ଧୂଆଁ ନଦିଶଇ
ଗୁଡ଼ ଘୃତ ନାହିଁ ହୁତାଶନ ପ୍ରଚଣ୍ଡେ
ସାବଧାନ ହେଲେ ଯାଇ ହସ୍ତମାରି ଦେବ କହି
ଲଲାଟ ପଟରେ ଲେଖା ହୋଇଛି ମୁଣ୍ଡେ ।

ଚେତନାର ଅନ୍ୟ ଏକ ଆୟାମ ବା ଗୁଣ ହେଉଛି, ଆନନ୍ଦ । କାମ, କ୍ରୋଧ ଆଦି ବିକାର ଗୁଡ଼ିକ ଯେତେବେଳେ ଚେତନାକୁ ଆଚ୍ଛାଦିତ କରି ନଥାଏ, ଚେତନା ତାର ଶୁଦ୍ଧ ଓ ନିର୍ମଳ ରୂପରେ ବିଦ୍ୟମାନ ହୁଏ ସେତେବେଳେ ଅକାରଣ ଆନନ୍ଦ ଘଟିତ ହୋଇଥାଏ । ଏହି କାରଣରୁ ସରଳ ନିଷ୍ପାପ ଶିଶୁଟିଏ ଫୁଲଟିଏ ଦେଖି ବା ପ୍ରଜାପତି ପଛରେ ଆନନ୍ଦରେ ଦୌଡୁଥାଏ । ପ୍ରକୃତିର ନୈସର୍ଗିକ ରୂପ ଦେଖିଲେ ସେଇଥି ପାଇଁ ଆମେ ଆନନ୍ଦ ଅନୁଭବ କରୁ । କିଛି ନକରି ମଧ୍ୟ ବ୍ୟକ୍ତି ନିଜ ଭିତରେ ଆନନ୍ଦ ଅନୁଭବ କରିପାରେ । ନିର୍ବିଚାର, ମୌନ ଅବସ୍ଥାରେ ବ୍ୟକ୍ତି ଆନନ୍ଦିତ ଓ ପୁଲକିତ ହୋଇପାରେ । ସୁଖ ଓ ଦୁଃଖ ଏ ଦୁଇ ଭାବଦଶାରୁ ମୁକ୍ତ ହୋଇ ଏକ ନିର୍ଦ୍ୱନ୍ଦ ଅବସ୍ଥାରେ ପହଞ୍ଚି ପାରିଲେ, ବ୍ୟକ୍ତି ଆନନ୍ଦିତ ହୋଇଥାଏ । ସୁଖ ଏକ ଉତ୍ତେଜନା, ଏହା ସକାରାତ୍ମକ ଉତ୍ତେଜନା । ଦୁଃଖ ଏକ ଉତ୍ତେଜନା, ଏହା ନକରାତ୍ମକ ଉତ୍ତେଜନା । ଏ ଦୁଇ ଉତ୍ତେଜନାର ଊର୍ଦ୍ଧ୍ୱରେ ଏକ ନିରୁତ୍ତେଜିତ ଅବସ୍ଥା ହେଉଛି, ଆନନ୍ଦ । ଯେତେବେଳେ ଚେତନା ନିର୍ମଳ, ନିର୍ଦ୍ୱନ୍ଦ ସ୍ଥିତିରେ ଉପନୀତ ହୁଏ, ସେତେବେଳେ ତାର ଅସଲ ସ୍ୱଭାବ ଆନନ୍ଦ ପ୍ରକଟିତ ହୋଇଥାଏ । ଏଣୁ ସତ୍ୟଦ୍ରଷ୍ଟା ମୁନି ଋଷିମାନେ ଚେତନାର ଏଇ ନିର୍ମଳ ଶୁଦ୍ଧ ସ୍ୱରୂପକୁ ଲାଭ କରିବା ପାଇଁ ଯୋଗର ଭିନ୍ନ ଭିନ୍ନ ମାର୍ଗ ବତାଇଛନ୍ତି । ଆଧୁନିକ ମନୋବୈଜ୍ଞାନିକମାନେ ମଧ୍ୟ ନାନା ଉପାୟମାନ କହିଛନ୍ତି । ତେବେ ଧ୍ୟାନ ହିଁ ଏକମାତ୍ର ବୈଜ୍ଞାନିକ ସାଧନ, ଯାହା ଦ୍ୱାରା ବ୍ୟକ୍ତି ଚେତନାର ଏହି ନିର୍ମଳ ଅବସ୍ଥାରେ ଉପନୀତ ହୋଇପାରେ, ଯେଉଁଠି ଚେତନା ଅନ୍ତରତମ ଅବସ୍ଥାର ଆନନ୍ଦ ରୂପେ ପ୍ରକଟ ହୁଏ ।

ଆପଣା ଭିତରେ ଲୁକ୍କାୟିତ ଏହି ଅମୂଲ୍ୟ ରତ୍ନକୁ ଥରେ ପାଇଗଲେ, ବ୍ୟକ୍ତିର ସାଂସାରିକ ଅଳିକ ବସ୍ତୁ ପ୍ରତି ମୋହ ରହେ ନାହିଁ । କେବଳ ଜୀବନ ଧାରଣ ପାଇଁ ଆବଶ୍ୟକ ବସ୍ତୁ ବ୍ୟତିରେକ ଅନ୍ୟ ସବୁକୁ ସିଏ ତୁଚ୍ଛ ଜ୍ଞାନ କରିଥାଏ । ଅଥଚ ଏହି ରହସ୍ୟକୁ ଜାଣି ନଥିବା ଅଜ୍ଞାନ ମଣିଷ, ଏହି ଆନନ୍ଦକୁ ପାଇବାପାଇଁ ଧନ ପଦ,

ପ୍ରତିଷ୍ଠା, ଶକ୍ତି ଓ ସୁନାମ ପଛରେ ଦଉଡ଼ି ଦଉଡ଼ି ତାର ଜୀବନକୁ ନିଃଶେଷ କରିଦିଏ ସିନା, କେଉଁଠି ବି ଆନନ୍ଦ ପାଇପାରେନା। ସମସ୍ତ ଦୌଡ଼କୁ ପରିତ୍ୟାଗ କରି, ସ୍ଥିର ଓ ନିର୍ବିଚାର ହୋଇପାରିଲେ, ବ୍ୟକ୍ତି ନିଜ ଭିତରେ ଏହି ଆନନ୍ଦକୁ ଉପଲବ୍ଧ ହୋଇପାରେ। ଦେବଦେବ ମହାଦେବଙ୍କ ସମାଧିସ୍ଥ ମୂର୍ତ୍ତି, ମହାବୀର ଜୈନ ଓ ଗୌତମବୁଦ୍ଧଙ୍କର ଧ୍ୟାନମଗ୍ନ ପ୍ରତିମା ନିର୍ମାଣ ପଶ୍ଚାତରେ ଏହି ଉଦ୍ଦେଶ୍ୟ ନିହିତ। ଏମାନଙ୍କ ପ୍ରତିମାସ୍ଥିତ ମୁଖମଣ୍ଡଳରେ ଯେଉଁ ଗଭୀର ପ୍ରଶାନ୍ତି ଓ ଆନନ୍ଦର ଝଲକ ମିଳେ, ତାହା ଅନନ୍ୟ। ହିନ୍ଦୁ ପରମ୍ପରାରେ ପ୍ରଚଳିତ ସମସ୍ତ ଦେବଦେବୀ, ଇଷ୍ଟ ପୁରୁଷଙ୍କ ପ୍ରତିମାରେ ଏହି ଆନନ୍ଦ ପ୍ରକଟିତ।

ମନୁଷ୍ୟ ଜୀବନର ସର୍ବୋତ୍ତମ ଉପଲବ୍ଧି ହେଉଛି ପରମାନନ୍ଦ। ଅର୍ଥାତ ନିରବଚ୍ଛିନ୍ନ ଓ ଦୀର୍ଘସ୍ଥାୟୀ ଆନନ୍ଦ। ବ୍ୟକ୍ତି ଯେତିକି ସଜାଗ ଓ ସଚେତନ ରହିଥାଏ, ସେତିକି ଅଧିକ ଆନନ୍ଦର ଅଧିକାରୀ ହୋଇପାରେ। ଲକ୍ଷ୍ୟ ଭେଦ କରିବା, ବିପଦଶଙ୍କୁଳ ସ୍ଥାନକୁ ଅତିକ୍ରମ କରିବା, ବାଦ୍ୟଯନ୍ତ୍ରରେ କିମ୍ବା ସଙ୍ଗୀତର ତାଳ ଲୟ ସୃଷ୍ଟି କରିବା କିମ୍ବା ଯେ କୌଣସି କଳା କୌଶଳ ପ୍ରଦର୍ଶନ କରିବା ଆଦି କାର୍ଯ୍ୟ ଅଧିକ ସଜାଗତା ବା ସଚେତନତାର ଅପେକ୍ଷା ରଖେ। ମଣିଷ ଏସବୁଥିରେ ଆଗ୍ରହ ଏଇଥିପାଇଁ ନିଏ ଯେ, ସେ ସେଥିରେ ଅଧିକରୁ ଅଧିକ ସଚେତନ ହଉଥାଏ। ଆଉ ଏହି ସଜାଗତା ତାକୁ ଆନନ୍ଦ ପ୍ରଦାନ କରେ। ଧ୍ୟାନ ଓ ସମାଧିରେ ବ୍ୟକ୍ତି ଅତ୍ୟଧିକ ଜାଗ୍ରତ ଓ ସଚେତନ ରହିଥାଏ। ଏଣୁ ସାଧନାରେ ଏହାର ମହତ୍ତ୍ୱ ପ୍ରତିପାଦିତ କରିବାକୁ ଯାଇ ସବୁ ସମୟରେ, ରହସ୍ୟଦର୍ଶୀ ସଂବୁଦ୍ଧ ସଦ୍‌ଗୁରୁ ମାନେ ବ୍ୟକ୍ତିକୁ ଧ୍ୟାନସ୍ଥ ହେବାକୁ ଆହ୍ୱାନ କରିଛନ୍ତି, ଯଦିଓ ସମସ୍ତଙ୍କର ଧ୍ୟାନସ୍ଥ ହେବାର ବିଧି ଅଲଗା ଅଲଗା। ସନାତନ ପରମ୍ପରାରେ କୀର୍ତ୍ତନ ଏକ ସଫଳ ଓ ସାମୁହିକ ଧ୍ୟାନ ବିଦ୍ଧି ଅଟେ। ମନ୍ଦିର କିମ୍ବା ଗୀର୍ଜା ଘରେ ବ୍ୟବହୃତ ବୃହତ ଘଣ୍ଟା, ବ୍ୟକ୍ତିକୁ ସାମୁହିକ ଧ୍ୟାନରେ ନେଇ ଯିବାର ଏକ ଉପକରଣ ଭାବରେ ଦୀର୍ଘକାଳରୁ ବ୍ୟବହୃତ ହୋଇ ଆସୁଅଛି। ଇସଲାମରେ ଦିନକୁ ପାଞ୍ଚଥର ନମାଜ ପଢ଼ିବାର ନିୟମ, ବ୍ୟକ୍ତିକୁ ପାଞ୍ଚଥର ସଜାଗ ଓ ସଚେତନ କରାଇବାର ପ୍ରୟାସ ବୋଲି ମନେ ହୁଏ। ଅଲେଖ ମହିମା ଧର୍ମରେ ସହଜ ସରଳ ଭାବରେ ଖଞ୍ଜଣିର ତାଳେ ତାଳେ ଭଜନ, କୀର୍ତ୍ତନ କରିବା ଏହି ପ୍ରୟାସର ସଠିକ ସୂତ୍ର ବୋଲି ମନେ କରାଯାଏ।

ଚେତନାର ଆଉ ଏକ ଗୁଣ ବା ଆୟାମ ହେଉଛି, ପ୍ରେମ। ପ୍ରେମର ସ୍ୱରୂପ ସ୍ଥଳ ବିଶେଷରେ ଭିନ୍ନ ଭିନ୍ନ। ସମ୍ବେଦନା, ସହୃଦୟତା, ପ୍ରୀତି, ସ୍ନେହ, ଏ ସବୁ ପ୍ରେମର ପର୍ଯ୍ୟାୟବାଚୀ ଶବ୍ଦ। କନିଷ୍ଠମାନଙ୍କ ପ୍ରତି ହୃଦୟର ଭାବନାତ୍ମକ ସମ୍ବନ୍ଧକୁ -

ସ୍ନେହ, ସମାସ୍କନ୍ଧମାନଙ୍କ ପ୍ରତି ଥିବା ସମ୍ବେଦନାକୁ- ପ୍ରେମ, ଜ୍ୟେଷ୍ଠମାନଙ୍କ ପ୍ରତି ଥିବା ଏଇ ସମ୍ବନ୍ଧକୁ ଆମେ ଶ୍ରଦ୍ଧା ବା ସମ୍ମାନ ଭାବରେ ଜାଣିଥାଉ। ମଣିଷ ହୃଦୟରେ ଥିବା ସହୃଦୟତା ସମୟକ୍ରମେ ବିସ୍ତାରିତ ହୋଇଥାଏ। ସମୂହ ବା ସଂସାରର ସମସ୍ତ ପ୍ରାଣୀ, ଜୀବଜଗତଠାରୁ ଆରମ୍ଭ କରି ସମଗ୍ର ବିଶ୍ୱ ବ୍ରହ୍ମାଣ୍ଡ ପ୍ରତି ଏହି ଏକାତ୍ମ ଭାବ ଉତ୍ପନ୍ନ ହେଲେ, ଏହାକୁ ଆମେ ଭକ୍ତି ବୋଲି କହୁ। ଭକ୍ତିର ଅର୍ଥ ହେଲା, ନିଜ ଠାରୁ ବିଶାଳ ଓ ବିରାଟ ଶକ୍ତି ସମ୍ମୁଖରେ ନିଜକୁ ସମର୍ପିତ କରିଦେବା। ପ୍ରେମ ହିଁ ସମୟ କ୍ରମେ ଭକ୍ତିରେ ପରିଣତ ହୁଏ। ବ୍ୟକ୍ତିନିଷ୍ଠ ପ୍ରେମ ବ୍ୟଷ୍ଟିକୁ ପରିବ୍ୟାପ୍ତ ହୋଇଯାଏ। ଚେତନାର ନିର୍ମଳ ସ୍ଥିତି ହିଁ ବ୍ୟକ୍ତି ହୃଦୟକୁ ସଂପ୍ରସାରିତ କରିଥାଏ। ଏହି କାରଣରୁ ବ୍ୟକ୍ତିର ସମସ୍ତଙ୍କ ପ୍ରତି ଅକାରଣ ସ୍ନେହ ସମ୍ବେଦନା ଉତ୍ପନ୍ନ ହୋଇଥାଏ। ଆମ ଚତୁଃପାର୍ଶ୍ୱରେ ଆମେ ଏମିତି ଅନେକ ମଣିଷଙ୍କୁ ଭେଟି ଥାଉ, ଯେଉଁମାନେ ଅପରିଚିତଙ୍କ ପ୍ରତି ମଧ୍ୟ ସମ୍ବେଦନା ପ୍ରକାଶ କରନ୍ତି। ଜୀବଜନ୍ତୁ, କୀଟ ପତଙ୍ଗମାନଙ୍କ ପ୍ରତି ମଧ୍ୟ ସମ୍ବେଦନା ଅନୁଭବ କରନ୍ତି। ଏହା ଚେତନାର ସେଇ ମହନୀୟ ଗୁଣ, ପ୍ରେମ ଯୋଗୁଁ ହିଁ ସମ୍ଭବ ହୋଇଥାଏ। ଯେଉଁ ବ୍ୟକ୍ତିର ଚେତନା ଯେତେ ଉଚ୍ଚକୋଟୀର ହୋଇଥାଏ, ତା ଭିତରେ ପ୍ରେମର ଅନୁଭବ ସେତିକି ଅଧିକ ଭାବରେ ପରିଲକ୍ଷିତ ହୁଏ।

ପ୍ରେମ ଏକ ଅନୁଭବ। ଏହାକୁ ଶବ୍ଦରେ ବ୍ୟକ୍ତ କରିବା ଅସମ୍ଭବ। ଶରୀର, ମନ ଓ ଭାବନା ଆମ ଚେତନାର ବାହ୍ୟ ଆବରଣ ହୋଇଥିବାରୁ, ଶାରୀରିକ ପ୍ରେମ, ମାନସିକ ପ୍ରେମ ଓ ଭାବନାତ୍ମକ ପ୍ରେମର ଅବସ୍ଥିତି ଅନିବାର୍ଯ୍ୟରୂପେ ସଂସାରରେ ରହିଛି ଓ ରହିବ। ଏହାକୁ ଲୌକିକ ପ୍ରେମ କୁହନ୍ତି। ଏହି ପ୍ରେମ ହିଁ ସୃଷ୍ଟିର, ବିକାଶ ପ୍ରକ୍ରିୟାର ମୂଳ କାରଣ। ପ୍ରେମ ନ ଥିଲେ ସୃଷ୍ଟି ସମ୍ଭବ ହୁଅନ୍ତା ନାହିଁ। ପ୍ରେମ, ଏକ ମହାନ ଅନୁଭବ, ପ୍ରେମ ଶାଶ୍ୱତ, ଚିରନ୍ତନ। ପ୍ରେମ ନୈସର୍ଗିକ। ପ୍ରେମ ଈଶ୍ୱରୀୟ। ପ୍ରେମ ବ୍ୟତିରେକ ଜୀବନ ଶୁନ୍ୟ। ସେଥିପାଇଁ ଯୀଶୁଖ୍ରୀଷ୍ଟ କହିଛନ୍ତି, ପ୍ରେମ ହିଁ ଈଶ୍ୱର। ସବୁ ସମାଜର, ସବୁସମ୍ପ୍ରଦାୟର ମଣିଷଙ୍କ ମଧ୍ୟରେ ପ୍ରେମର ଅନୁଭବ ଏକ। ଏପରିକି ସମସ୍ତ ଜୀବଜଗତରେ ମଧ୍ୟ ଏଇ ପ୍ରେମର ମହନୀୟତା ଆମେମାନେ ଲକ୍ଷ୍ୟ କରିଥାଉ। ଏଣୁ କାଳକାଳରୁ କେତେ କବି, ସାହିତ୍ୟିକ, ସନ୍ଥ, ମୁନି ଓ ଋଷିମାନେ ପ୍ରେମର ଏଇ ମହାନତମ ଅନୁଭବକୁ କେତେ ବାଗରେ କେତେ ଢଙ୍ଗରେ ସାହିତ୍ୟ ପୃଷ୍ଠାରେ ଅଭିବ୍ୟକ୍ତ କରି ଯାଇଛନ୍ତି। ପ୍ରେମରେ ନିମଗ୍ନ କ୍ରୌଞ୍ଚପକ୍ଷୀ ବ୍ୟାଧ ଶରାଘାତରେ ମୃତ୍ୟୁ ବରଣ କରିବାପରେ, ଋଷିପ୍ରାଣରେ ଯେଉଁ ଭାବାବେଗ ସୃଷ୍ଟି ହୋଇଛି, ତାହାରି ଯୋଗୁଁ ସଂସାରର ଏକ ମହାନତମ କାବ୍ୟ ରାମାୟଣର ରଚନା ସମ୍ଭବ ହୋଇ ପାରିଛି।

ସାଧନା କ୍ରମେ ସନ୍ଥ କିମ୍ବା ସତ୍ୟଦ୍ରଷ୍ଟା ଯୋଗୀ, ସ୍ୱଚେତନାର ଏଇ ସିମୀତ ବା ଲୌକିକ ପ୍ରେମର ଅନୁଭବ ସହିତ ବ୍ରହ୍ମାଣ୍ଡୀୟ ଚେତନାର ବିରାଟ ପ୍ରେମକୁ ନିଜ ଭିତରେ ଅନୁଭବ କରି ପାରିଥାଏ। ବ୍ୟକ୍ତି ଥରେ ଏଇ ମହାନ ଅନୁଭବର ଅଧିକାରୀ ହେଲେ, ସଂସାରର ଅଳିକ ବସ୍ତୁର ଆକର୍ଷଣରେ ସୀମିତ ହୋଇ ରହେ ନାହିଁ, ବରଂ ତା ଭିତରେ ବିରାଟ ପ୍ରତି ବ୍ୟାପକ ଭାବରେ ସମ୍ବେଦନା ପ୍ରଗାଢ଼ ହୁଏ। ବ୍ୟକ୍ତି, ଅଲୌକିକ ପ୍ରେମର ଅନୁଭବ ପ୍ରାପ୍ତ ହୁଏ। ସେଇଥିପାଇଁ ଅନ୍ୟର ଦୁଃଖ, ଦୁର୍ଦ୍ଦଶା ଓ ଯନ୍ତ୍ରଣାକୁ ଦେଖି, ସିଏ ସହିପାରେ ନାହିଁ। କବି ଭୀମଭୋଇଙ୍କ ଭିତରେ ମଧ୍ୟ ସେହି କରୁଣାକୁ ଆମେ ତାଙ୍କ ରଚନା ଗୁଡିକରେ ଅନେକତ୍ର ଲକ୍ଷ୍ୟ କରିଥାଉ। ସେଇ ଅଲୌକିକ ପ୍ରେମାନୁଭବକୁ ବ୍ୟକ୍ତ କରିବାକୁ ଯାଇ କବି ଭୀମଭୋଇ ଶତମୁଖ ହୋଇ ଉଠିଛନ୍ତି। କରୁଣାଦୀପ୍ତ ହୃଦୟ ତାଙ୍କର ବାରମ୍ବାର ବିଳାପ କରି ଉଠିଛି। ଜଗତର ଉଦ୍ଧାର ପାଇଁ ସେ ନିଜ ଜୀବନକୁ ସୁଦ୍ଧା, ନର୍କରେ ନିକ୍ଷେପ କରିବାକୁ ପଶ୍ଚାତପଦ ହୋଇନାହାନ୍ତି। ତାଙ୍କର ଅଧିକାଂଶ ଭଜନ ଗୁଡିକରେ ଆମେ ଏଇ ଦିବ୍ୟ ପ୍ରେମର ମହାନ ଅଭିବ୍ୟକ୍ତିକୁ ଲକ୍ଷ୍ୟ କରିଥାଉ। ଶବ୍ଦ ମାଧ୍ୟମରେ ପ୍ରକଟିତ ତାଙ୍କର ସେଇ ବିରାଟ ପ୍ରେମାନୁଭବକୁ ପଢ଼ି, ଆମ ଭିତରେ ବି କରୁଣା ଜାଗ୍ରତ ହୁଏ। ସାଧାରଣ ପାଠକ କିମ୍ବା ଶ୍ରୋତା ତାଙ୍କରି ଭଜନ ଦ୍ୱାରା ଉତ୍‌ପ୍ରେରିତ ହୁଅନ୍ତି। ତାଙ୍କ ଭଜନ ପଢ଼ି କିମ୍ବା ଶୁଣି ସାଧାରଣ ମଣିଷଙ୍କ ହୃଦୟ ସହଜରେ ଦ୍ରବୀଭୁତ ହୋଇଯାଏ। କିଛିକ୍ଷଣ ପାଇଁ ସେ ବିରାଟ ସହିତ ଏକିଭୁତ ହୋଇଯିବାର ଅନୁଭବ କରିଥାଏ। ଏଣୁ ଭୀମଭୋଇଙ୍କ ଭଜନ ଗୁଡ଼ିକର ଲୋକପ୍ରିୟତା ଏତେ ଅଧିକ। ଚେତନାର ଏଇ ଦିବ୍ୟଗୁଣ ସନ୍ଥମାନଙ୍କ ମଧ୍ୟରେ ଏତେ ଅଧିକ ପରିମାଣରେ ଅନୁଭୂତ ହୁଏ ଯେ, ସେମାନେ ସବୁବେଳେ ଏକ ବିହ୍ୱଳ ଭାବରେ ବୁଡ଼ି ରହିଥାନ୍ତି। ଏହି କାରଣରୁ ଆକାଶରେ ଉଡ଼ନ୍ତା ବଗମାନଙ୍କୁ ଦେଖି ରାମକୃଷ୍ଣ ପରମହଂସ ଭାବସମାଧିରେ ବୁଡି ଯାଉଥିଲେ। ଆମ ଭାରତ ବର୍ଷରେ ଏଭଳି ସନ୍ଥ ଥିଲେ, ରାମ କିମ୍ବା କୃଷ୍ଣଙ୍କର ଲୀଳା ଅଥବା ଚରିତାମୃତ ଶୁଣିବା ମାତ୍ରେ ତାଙ୍କ ଚକ୍ଷୁରୁ ଧାର ଧାର ଅଶ୍ରୁ ନିର୍ଗତ ହେଉଥିଲା। ସେଇ ମହାନତମ ଅମୂର୍ତ୍ତ ପ୍ରେମର ମୂର୍ତ୍ତ ରୂପ ପ୍ରଦାନ ପାଇଁ ଯେତେ ସବୁ ସାହିତ୍ୟ ପରିକଳ୍ପନା ଅଥବା ଶାସ୍ତ୍ର ରଚନା କରାଯାଇଥିବା ଅନୁମେୟ। ଭୀମଭୋଇଙ୍କ ଭଜନଗୁଡିକ ସେହି ପ୍ରୟାସର ସଫଳତମ ପରିଣତି।

ଚେତନାର ଭିନ୍ନ ଏକ ଆୟାମ ହେଉଛି, ଜ୍ଞାନ। ସଂସାରରେ ଯେତେ ଜ୍ଞାନ ବିଜ୍ଞାନର ବିକାଶ ଘଟିଛି, ବା ତାର ଆଦୃତି ହୋଇଛି, ତାହା ବ୍ୟକ୍ତି ଚେତନାର ବିଦ୍ୟମାନ ଏହି ଦିବ୍ୟଗୁଣ ଯୋଗୁଁ ହିଁ, ସମ୍ଭବ ହୋଇ ପାରିଛି। ଚେତନାର ଏଇ ଗୁଣ ଯୋଗୁଁ, ବ୍ୟକ୍ତି ଭିତରେ ଜିଜ୍ଞାସା ଉତ୍ପନ୍ନ ହୁଏ। ଜିଜ୍ଞାସା କାଳାନ୍ତରେ ଧାରଣାରେ ଏବଂ

ଧାରଣା ସମୟ କ୍ରମେ ଅନୁଭବସିକ୍ତ ହୋଇ ଅବବୋଧରେ ପରିଣତ ହୋଇଥାଏ। ଅବବୋଧ ପ୍ରଗାଢ଼ ହୋଇ ପ୍ରମାଣିତ ହେଲେ ଜ୍ଞାନରୂପେ ପ୍ରତିଷ୍ଠିତ ହୁଏ। ଜ୍ଞାନର ଗାରିମା ଅମାପ। ଜ୍ଞାନର ପ୍ରାବଲ୍ୟରେ ଚେତନା ଅଧିକରୁ ଅଧିକ ବିକଶିତ ହୋଇଥାଏ। ବିକଶିତ ଚେତନାର ଅଧିକାରୀ, ବିଜ୍ଞ ବ୍ୟକ୍ତି ଭାବରେ ସମାଜରେ ଆଦର ଲାଭ କରେ। ଯାହା ଭିତରେ ଚେତନାର ଏହି ଦିବ୍ୟଗୁଣ ଯେତେ ଅଧିକ ପରିମାଣରେ ଥାଏ, ସେ ବ୍ୟକ୍ତି ସେତେ ଅଧିକ ଜ୍ଞାନୀ ଗୁଣୀ ଭାବରେ ସଂସାରରେ ପରିଚିତି ଲାଭକରେ। ଏହି ଜ୍ଞାନ ଦିନେ ପରମ ଜ୍ଞାନ ଆଡକୁ ବ୍ୟକ୍ତିକୁ ମୁହାଁଇ ନେଇଥାଏ। ଚେତନାର ଶୁଦ୍ଧ ନିର୍ମଳ ସ୍ଥିତି ହିଁ, ମଣିଷକୁ ବିଜ୍ଞ ଓ ବିକଶିତ କରାଇଥାଏ। ଚେତନାର ଏହି ଅଲୌକିକ ଗୁଣ ଯୋଗୁଁ, ବ୍ୟକ୍ତି ନିରକ୍ଷର ରହି ସୁଦ୍ଧା ମହାଜ୍ଞାନୀ ହୋଇପାରେ। ପୋଥି ପଢ଼ି ପଢ଼ି ସ୍ମୃତି ପ୍ରଗାଢ଼ କରି ପାଣ୍ଡିତ୍ୟ ଅର୍ଜନ କରିବାକୁ ଚେଷ୍ଟା କରିବା ଓ ସ୍ଥୂଳ ବିଶଷରେ ଅନୁଭବହୀନ ଏଇ ଶୁଷ୍କ ଜ୍ଞାନର ପ୍ରୟୋଗ କରିବା ଏକ କଥା; କିନ୍ତୁ ଅନୁଭବ ସିଦ୍ଧ ଜ୍ଞାନ ଆହରଣ କରିବା ସମ୍ପୂର୍ଣ୍ଣ ଭିନ୍ନ କଥା ଅଟେ। ଭୀମଭୋଇ ସାବଲୀଳ ବିଦ୍ୟାଭ୍ୟାସର ସୁଯୋଗରୁ ବଞ୍ଚିତ ହୋଇ ସୁଦ୍ଧା ଓ ଯାବତୀୟ ଅଭାବ ଅନାଟନରେ ଥାଇ ମଧ୍ୟ, ସଦଗୁରୁଙ୍କ ସହଯୋଗ ଓ ଆଶୀର୍ବାଦରୁ, ଏହି ଦିବ୍ୟଜ୍ଞାନ ପ୍ରାପ୍ତି କରିଥିବା ସେ ଅନେକତ୍ର ବର୍ଣ୍ଣନା କରିଛନ୍ତି। ଥରେ ଏ ଦିବ୍ୟଜ୍ଞାନ ପ୍ରାପ୍ତ ହେଲା ପରେ ଶାସ୍ତ୍ର ବର୍ଣ୍ଣିତ ତଥ୍ୟ ବ୍ୟକ୍ତିର ସ୍ୱାନୁଭବର ପ୍ରମାଣ ହୋଇଥାଏ ସିନା, ଶାସ୍ତ୍ର ଅଧ୍ୟାନ କରି କରି କିନ୍ତୁ ଅନୁଭବ ଆସିପାରେ ନାହିଁ। ସେଇଥିପାଇଁ ହିଁ ସନ୍ଥ ଶିରୋମଣି କବୀର ଦାସ କହିଛନ୍ତି,

ପୋଥି ପଢ଼ ପଢ଼ ଜଗମୁଆ ପଣ୍ଡିତ ଭୟା ନ କୋୟ
ଢାଇ ଅକ୍ଷର ପ୍ରେମ କା ପଢଢ଼ ଶୋ ପଣ୍ଡିତ ହୋୟ ॥

ଏଇଠି ସେଇ ଦିବ୍ୟ ଚେତନାର ଦୁଇ ମହାନ ଗୁଣ, ପ୍ରେମ ଓ ଜ୍ଞାନର ଅଭିବ୍ୟକ୍ତି ହୋଇଛି। କବୀରଙ୍କ ପରି ଭୀମଭୋଇ ମଧ୍ୟ ତାଙ୍କର ଅନେକ ଭଜନମାନଙ୍କରେ ସମାନ କ୍ଷୋଭ ପ୍ରକଟ କରିଛନ୍ତି।

ପାଷାଣ ତରଳିଗଲା ଶୁଷ୍କତରୁ ପଲ୍ଲବିଲା
ଲେଶେ ଜ୍ଞାନ ନ ଭେଦିଲା ଲୋକମାନଙ୍କୁ
ଦୁର୍ଲ୍ଲଭ ଜନମ ପାଇ ଅଜ୍ଞାନରେ ହେଲ ବାଇ
ନ ଚିହ୍ନିଲ ସେ ପ୍ରଭୁଙ୍କୁ ॥
(ସମ୍ଭାଳ ସତ୍ୟ ଧର୍ମକୁ)

ଗୁରୁ ରୂପ ଜ୍ଞାନ ଦେଲେ ଆଣି।
ଜଗତ ଭଗତ ମନ ଜାଣି ॥
ଗତି ପତି ଦାତା ବ୍ରହ୍ମାଣ୍ଡ କରତା,
ବିଜେ କରିଛନ୍ତି ଦେଖ ଦେଖ ହେ।
ପ୍ରିୟ ଲୋକ
ଶୂନ୍ୟ ପୁରୁଷ ଅଲେଖ ହୋଇ ଲେଖ।

ଏଇଭଳି ଅନେକ ଅନେକ ଆୟାମ ଓ ଗୁଣକୁ ଆତ୍ମସାତ କରି ଚେତନା ଅଥବା ବୃହତ୍ ଭାବରେ ବ୍ରହ୍ମାଣ୍ଡୀୟ ଚେତନା ସଦା ବିଦ୍ୟମାନସ ମଣିଷର ଅନୁଭବ ଓ ଜ୍ଞାନ ବିଜ୍ଞାନର ପରିସୀମାରେ ସମାହିତ ହେବାଠାରୁ ଆହୁରି ଅଧିକ ବିରାଟ ବିଶାଳ ତା'ର ସ୍ୱରୂପ, ଯାହା ଅବର୍ଣ୍ଣନୀୟ ସପ୍ରାଚୀନ ଶାସ୍ତ୍ରରେ ବ୍ରହ୍ମାଣ୍ଡୀୟ ଚେତନା ଅଥବା ପରମାତ୍ମାଙ୍କୁ ସଚ୍ଚିଦାନନ୍ଦ ସ୍ୱରୂପ ବୋଲି ବ୍ୟାଖ୍ୟା କରାଯାଇଛି। ତାହା ଏହି ବ୍ରହ୍ମାଣ୍ଡୀୟ ଚେତନାର ସମସ୍ତ ଗୁଣ ଧର୍ମକୁ ହିଁ ବୁଝାଉ ଅଛି। ସତ୍‌ର ଅର୍ଥ ହେଲା, ଯାହା ସଦା ରହିଛି, ସର୍ବଦା ରହିଛି। ଏମିତି କୌଣସି ସ୍ଥାନ ନାହିଁ, ଯେଉଁଠି ଚେତନାର ଅବସ୍ଥିତି ନାହିଁ। ଚେତନାରେ ପରିପୂର୍ଣ୍ଣ ଶୂନ୍ୟ ଆକାଶ ସମଗ୍ର ବିଶ୍ୱ ବ୍ରହ୍ମାଣ୍ଡକୁ ସର୍ବତ୍ର ଘେରି ରହିଛି ଏବଂ ସଦା ସର୍ବଦା ଘେରି ରହିଛି। ଏହା ହିଁ ସତ୍ୟ, ଏହା ହିଁ ଶାଶ୍ୱତ, ଏହା ହିଁ ପରମ ସତ୍ୟ।

ଚିତ୍‌ର ଅର୍ଥ ଚୈତନ୍ୟ। ସାଧାରଣ ମଣିଷର ଅବଧାରଣାରେ ଶୂନ୍ୟ ଅର୍ଥ ଖାଲି ସ୍ଥାନ। କିନ୍ତୁ ସନ୍ଥଟିଏ ଜାଣେ, ଶୂନ୍ୟ- ସେହି ଅଦୃଶ୍ୟ ଚେତନାରେ ବା ବ୍ରହ୍ମାଣ୍ଡୀୟ ଉର୍ଜାରେ ପରିପୂର୍ଣ୍ଣ। ଏହି ଚେତନାମୟ ଶୂନ୍ୟ, ସର୍ବତ୍ର ଓ ସଦା ବିଦ୍ୟମାନ ଓ ଏହି ଶୂନ୍ୟ ହିଁ ବ୍ରହ୍ମ ବା ପରମାତ୍ମା। ସୂକ୍ଷ୍ମ ଚେତନା ଆକାରରେ ସୀମିତ ହୋଇ ପ୍ରକଟ ହେଲେ, ତାହା ସ୍ଥୁଳ ରୂପ ଧାରଣ କରେ ଓ ଦୃଶ୍ୟମାନ ହୁଏ; କିନ୍ତୁ ତାହା ସୂକ୍ଷ୍ମ ଭାବରେ ବାୟବୀୟ ହୋଇ ଅଦୃଶ୍ୟ ଭାବରେ ଅସ୍ତିତ୍ୱରେ ଅରୂପ ଅବସ୍ଥାରେ ରହିଥାଏ। ବାୟୁ, ବିଦ୍ୟୁତ୍ ବାଷ୍ପ, ଅଗ୍ନି ଓ ଏଭଳି ଅଗଣିତ ଉର୍ଜା ଏହାର ପ୍ରକୃଷ୍ଟ ଉଦାହରଣ। ଆଜିର ବୈଜ୍ଞାନିକ ମଧ ଜାଣେ ପଦାର୍ଥର ସୂକ୍ଷ୍ମାତିସୂକ୍ଷ୍ମ ତତ୍ତ୍ୱ ହେଉଛି କ୍ୱାଣ୍ଟମ୍, ଯାହା ସ୍ଥିର ନୁହେଁ, ଚଳମାନ ଓ ଚୈତନ୍ୟମୟ। ଏହାକୁ ପ୍ରାଚୀନ କାଳର ଋଷି ଚିତ୍ ବୋଲି କହିଛନ୍ତି। ଏହାର ମଧ ଆଉ ଏକ ଗୁଣଧର୍ମ ହେଲା ଆନନ୍ଦ, ଯାହା ଆମେ ପୂର୍ବରୁ ଆଲୋଚନା କରିଛୁ। ମଣିଷ ବି ସହସ୍ର ଶତାବ୍ଦୀର ଅଭିଜ୍ଞତାରୁ ଜାଣି ପାରିଛି ଯେ, ସେ ଯେତେ ଅଧିକ ଚୈତନ୍ୟମୟ ହେବ, ଜୀବନରେ ସେତେ ଅଧିକ ସତ୍ୟର ଆବିର୍ଭାବ ହେବ। ଜୀବନରେ ସତ୍ୟର ଆବିର୍ଭାବ ଘଟିଲେ, ଆନନ୍ଦ ଫଳିତ ହେବ। ଏହି ଅନୁଭବ

ପ୍ରଗାଢ ହେଲେ ପରମ ସତ୍ୟ, ପରମ ଚୈତନ୍ୟ ଓ ପରମ ଆନନ୍ଦ ଘଟିତ ହେବ। ଏହି ଉପଲବ୍ଧି ହେଉଛି, ବୁଦ୍ଧତ୍ୱର ଉପଲବ୍ଧି। ଏହି ଉପଲବ୍ଧି ହେଉଛି, ସମ୍ବୋଧିର ଉପଲବ୍ଧି।

ଏସବୁ ପ୍ରାପ୍ତି ପାଇଁ ମୂଳ ଆବଶ୍ୟକତା ହେଉଛି, ସାଧନା। ସେଥିପାଇଁ ବହୁ ପ୍ରୟୋଗସମ୍ଭୂତ ଓ ପ୍ରାମାଣିକ ବୈଜ୍ଞାନିକ ବିଧି(ଯୋଗ) ରହିଛିସ ଯୋଗ ସାଧନା ଦ୍ୱାରା ମଣିଷ ପରମଦଶାକୁ ପ୍ରାପ୍ତ ହୋଇଥାଏ। ଏହି ଦଶାକୁ ଉପଲବ୍ଧି କରିବାକୁ ହେଲେ ବ୍ୟକ୍ତିକୁ ପ୍ରଥମେ ଆପଣା ଜୀବନକୁ ବ୍ୟବସ୍ଥିତ କରିବାକୁ ପଡ଼େ। ବାହ୍ୟ ବ୍ୟବସ୍ଥା(ଯମ) ଓ ଆନ୍ତରୀକ ବ୍ୟବସ୍ଥା (ନିୟମ) ମାଧ୍ୟମରେ ବ୍ୟକ୍ତି ଧୀରେ ଧୀରେ ସେଥିପାଇଁ ନିଜକୁ ପ୍ରସ୍ତୁତ କରେ। ଏଥିରେ ପରିପକ୍ୱତା ଆସିଲେ, ଅଭ୍ୟାସ ଯୋଗେତାକୁ ବିଶ୍ରାମପୂର୍ଣ୍ଣ ଅବସ୍ଥାରେସଜାଗ, ନିର୍ବିଚାର ଓ ସ୍ଥିର(ଆସନ) ହୋଇ ରହିବାକୁ ହୁଏ। ଶ୍ୱାସ ପ୍ରଶ୍ୱାସର ବ୍ୟବସ୍ଥିତ ଓ ସନ୍ତୁଳିତ ଗତି(ପ୍ରାଣାୟାମ) ମାଧ୍ୟମରେ ଆପଣା ଭିତରର ସୁପ୍ତ ଚୈତନ୍ୟ ଉର୍ଜାକୁ ଜାଗ୍ରତ କରାଇବାକୁ ହୋଇଥାଏ। ଏହା ପରେ ସର୍ବଦା ବାହ୍ୟ ଜଗତ ଆଡ଼କୁ ପ୍ରଧାବିତ ଚେତନାକୁ, ଅନ୍ତର୍ମୁଖୀ କରାଇ(ପ୍ରତ୍ୟାହାର) ନିଜ ଭିତରେ ବାନ୍ଧିପାରିଲେ, ଅର୍ଥାତ୍ ଏକ ବିନ୍ଦୁରେ ସ୍ଥିର ହୋଇ ରଖିପାରିଲେ(ଧାରଣା) ଚେତନା, ନିର୍ମଳ ଦଶାକୁ ଉପଲବ୍ଧ ହୋଇପାରେ। ଏହି ନିର୍ମଳ ଦଶା(ଧ୍ୟାନ) ଦୀର୍ଘସ୍ଥାୟୀ ହେଲେ ବୋଧର ମାତ୍ରା ପ୍ରଗାଢ଼ ହୁଏ। ବୋଧର ମାତ୍ରା ପ୍ରଗାଢ଼ ଓ ଦୀର୍ଘସ୍ଥାୟୀ (ସମାଧି) ହେଲେ, ବ୍ୟକ୍ତି ବ୍ରହ୍ମାଣ୍ଡୀୟ ଚେତନା ସହ ଏକୀଭୂତ ହୋଇଯାଏ। ଉପରୋକ୍ତ ସମସ୍ତ ବିଧିକୁ ଅଭ୍ୟାସ ମାଧ୍ୟମରେ ପରିପକ୍ୱ କରାଇ ଯେଉଁ ଅଭିଜ୍ଞତା ହାସଲ କରାଯାଏ(ସମ୍ବୋଧି), ସେଥିରେ ବ୍ୟକ୍ତି ଅଜ୍ଞାନ ରୂପୀ ମହାବନ୍ଧନରୁ ମୁକ୍ତ ଓ ସ୍ୱତନ୍ତ୍ର ହୋଇ ପରମ ଚୈତନ୍ୟ କିମ୍ୱା ପରମଜ୍ଞାନର ଅଧିକାରି ହୋଇପାରେ। ଏହି ଅଭିଜ୍ଞତା ହାସଲ କରିଥିବା ବ୍ୟକ୍ତି କେବେ ବି ନୀରବ ରହିପାରେନା। ଜଗତ ପ୍ରତି ପ୍ରେମର ପ୍ରାବଲ୍ୟ ଯୋଗୁଁ ସେ ଆପଣା ସମୟର ଲୋକମୁଖର ଭାଷାରେ, ଏହି ସତ୍ୟକୁ ଅଭିବ୍ୟକ୍ତ କରେ। ଏହି ଅଭିବ୍ୟକ୍ତିକୁ ଆମେ ସବୁ ସମୟରେ, ସବୁକାଳରେ ଅନେକ, ଅନେକ ରୂପରେ ଦେଖିଅଛୁ। ସନ୍ଥ କବି ଭୀମଭୋଇଙ୍କ ଭଜନଗୁଡ଼ିକ ସେଇ ମହାନତମ ଅନୁଭବର ଅଭିବ୍ୟକ୍ତି ମାତ୍ର।

ଅନେକ ବର୍ଷ ତଳେ ଏକ ଗଳ୍ପ ଶୁଣିଥିଲି, ଗଳ୍ପଟି ଏହିପରି;

ପ୍ରାୟ ଅର୍ଦ୍ଧଶତାବ୍ଦୀ ଠାରୁ ଅଧିକବର୍ଷ ପୂର୍ବେ ପ୍ୟାରିସ୍ ସହରର ଜଣେ ନବଯୁବକ ଲରେନ୍ସଙ୍କୁ, ନିଜ ବ୍ୟବସାୟିକ କାର୍ଯ୍ୟ ସମ୍ପାଦନ ନିମନ୍ତେ ଆରବ ଦେଶର କୌଣସି ଗ୍ରାମାଞ୍ଚଳରେ ଦୀର୍ଘଦିନ ଧରି ରହିବାକୁ ପଡୁଥାଏ। ବିଦେଶ ଭୂଇଁରେ ବ୍ୟବସାୟିକ ଅଭିବୃଦ୍ଧି ପାଇଁ ରଣନୀତି ପ୍ରସ୍ତୁତ କରିବାକୁ ପଡୁଥିବାରୁ ଓ ପରିସ୍ଥିତିର ଆବଶ୍ୟକତା କ୍ରମେ ଲରେନ୍ସ ଆରବ ଦେଶର ଭାଷା, ସଂସ୍କୃତି, ଜୀବନଶୈଳୀ ଓ ସାମାଜିକ ଦୃଷ୍ଟିକୋଣକୁ; ସମୟ

କ୍ରମେ ନିଜର ସୁବିଧା ହେତୁ ଆପଣେଇ ନେଲେ। ଅନେକ ଦିନ ସେଠାରେ ଅବସ୍ଥାନ କଲାପରେ, ସେ ପ୍ରାୟ ଆରବୀ ପାଲଟି ଗଲେ। ମେଳାପି ଓ ସରଳ ସ୍ୱଭାବ ଯୋଗୁଁ ତାଙ୍କର ବେଶ୍ କିଛି ସ୍ଥାନୀୟ ମିତ୍ର ହୋଇଗଲେ। କିଛିବର୍ଷ ପରେ ଯେତେବେଳେ ସ୍ୱଗୃହକୁ ଫେରିଲେ, ସେଠାକାର ଆଠ ଦଶ ଜଣ ସ୍ଥାନୀୟ ଆରବୀ ମିତ୍ରଙ୍କୁ, ନିଜ ଦେଶ ଓ ପ୍ୟାରିସ୍ ସହର ଭ୍ରମଣ କରାଇ ଆଣିବାର ପ୍ରସ୍ତାବ ଦେଲେ। ଗ୍ରାମୀଣ ଆରବୀ ମିତ୍ରମାନେ ଏହାପୂର୍ବରୁ କେବେ ବିଦେଶ ଭ୍ରମଣ କରି ନଥିଲେ। କିନ୍ତୁ ଲରେନ୍ସଙ୍କ ସୌହାର୍ଦ୍ଦ୍ୟର ସମ୍ମାନ ରଖି ତାଙ୍କ ସଙ୍ଗେ ପ୍ୟାରିସ୍ ଯାତ୍ରା କଲେ।

ଏକ ଅଭିଜାତ ହୋଟେଲରେ ବନ୍ଧୁମାନଙ୍କର ରହିବାର ବ୍ୟବସ୍ଥା କରାଗଲା। ମୁଖ୍ୟ ମୁଖ୍ୟ ଦର୍ଶନୀୟ ସ୍ଥାନ, ସିନେମା, ମ୍ୟୁଜିୟମ, ଆଧୁନିକ ଯାନ୍ତ୍ରିକ ଉପକରଣ ସଂଯୋଜିତ ସମସ୍ତ ମନୋରଞ୍ଜନ ସ୍ଥଳ ଆଦି ଭ୍ରମଣ କରିବାର ସୁନିୟୋଜିତ କାର୍ଯ୍ୟକ୍ରମ ସ୍ଥିର କରାଗଲା। ମାତ୍ର ଆରବୀ ବନ୍ଧୁମାନେ କୌଣସି ଦର୍ଶନୀୟ ସ୍ଥାନରେ ଅଧିକ ସମୟ ବିନିଯୋଗ ନକରି, ଯଥାଶୀଘ୍ର ବାରମ୍ବାର ହୋଟେଲକୁ ଫେରି ଆସୁଥାନ୍ତି। ହୋଟେଲରେ ଆପଣା କୋଠରୀ ସ୍ଥିତ ସ୍ନାନାଗାରର ପାଣିକଳ ସେମାନଙ୍କ ପାଇଁ ମୁଖ୍ୟ ଆକର୍ଷଣୀୟ ବସ୍ତୁ ପାଲଟି ଥାଏ। ପାଣି କଳର ଟ୍ୟାପ୍ ବୁଲାଇଦେଲେ, ନିରବଚ୍ଛିନ୍ନ ଶୀତଳ ଜଳଧାରାର ପ୍ରବାହ ଦେଖି ସେମାନେ ଆଶ୍ଚର୍ଯ୍ୟଚକିତ ହୋଇ ପଡୁଥାନ୍ତି। ପ୍ରବାସ ସମୟ ପରେ ବିଦାୟର ନିର୍ଦ୍ଦିଷ୍ଟ ସମୟ ଉପନୀତ ହେଲା। ହୋଟେଲ ବାହାରେ ଡ୍ରାଇଭର୍ ଗାଡ଼ି ଧରି ଅପେକ୍ଷା କଲା। ଅନେକ ସମୟ ଅତିକ୍ରମ କଲା ପରେ ବି ଆରବୀ ବନ୍ଧୁମାନେ ହୋଟେଲ୍ ତଳକୁ ନଓହ୍ଲାଇବାରୁ, ସେମାନଙ୍କୁ ଖୋଜା ପଡ଼ିଲା। କେହି କେହି କର୍ମଚାରୀ କହିଲେ, ଏଇଠି ତ ତାଙ୍କ କୋଠରୀରେ ଥିଲେ, ଏବେ ବାହାରକୁ ଯାଇନାହାନ୍ତି; ତେବେ ଗଲେ କୁଆଡ଼େ ଶେଷରେ ବହୁ ଖୋଜା ଖୋଜି କଲାପରେ ସମସ୍ତେ ଦେଖିଲେ, ଆରବୀ ବନ୍ଧୁମାନେ ସ୍ନାନାଗାରରେ ଥିବା ପାଣି ଟ୍ୟାପ୍‌ଗୁଡ଼ିକୁ ଖୋଲିବା ପାଇଁ ଚେଷ୍ଟା କରୁଛନ୍ତି ଓ ବୁଝାବୁଝି ପରେ ଜଣା ପଡ଼ିଲା, ସେମାନେ ନିଜ ସହ ଆପଣା ଦେଶକୁ ସେହି ଟ୍ୟାପ୍‌ଗୁଡ଼ିକୁ ନେଇ ଯିବାକୁ ଚାହୁଁଛନ୍ତି, ଯାହା ଫଳରେ ନିଜ ଇଛା ମୁତାବକ ପାଣି ପାଇପାରିବେ।

ଆଜିଠାରୁ ଷାଠିଏ ବର୍ଷତଳେ ଆରବ ଦେଶରେ ଯେଉଁଠି ପାଣି ଦୁର୍ମିଳ, ସେଠାକାର ଅଧିବାସୀମାନଙ୍କ ପାଇଁ ଏତାଦୃଶ ବ୍ୟବହାର ହୁଏତ ସ୍ୱାଭାବିକ ହୋଇପାରେ। ପାଣି ଟ୍ୟାପ୍‌ର ଅନ୍ତରାଳରେ ପାଣିନଳର ବିସ୍ତୃତ ଅନ୍ତର୍ଜାଲ ଓ ବିଶାଳ ଜଳଭଣ୍ଡାର ସହିତ ଏହାର ସଂଯୁକ୍ତତାକୁ ବୁଝି ନପାରିଥିବା ମନୁଷ୍ୟ, କେବଳ ଟ୍ୟାପ୍‌ରୁ ପାଣି ଗଳୁଛି ବୋଲି ଭ୍ରମରେ ପଡ଼ିବା ସ୍ୱାଭାବିକ।

ସନ୍ଥ ହୃଦୟରୁ ସ୍ୱତଃସ୍ଫୁର୍ତ୍ତ ଭାବରେ ଝରି ପଡିଥିବା ଭଜନ, ଜଣାଣ, ପୁରାଣ, ସଂହିତା ଆଦି ଶାସ୍ତ୍ର; ମନୁଷ୍ୟ ସମାଜରେ ଆଦର ଲାଭ କରୁଥାଏ ସିନା, ହେଲେ ଏହା ପଛରେ ତାଙ୍କର ଦୀର୍ଘବର୍ଷର ସାଧନା, ଆତ୍ମାନୁଭବ, ପରମଜ୍ଞାନର ଅଭିଜ୍ଞତା ଓ ସର୍ବୋପରି ସେହି ପରମତତ୍ତ୍ୱ ପରମାତ୍ମାଙ୍କ ସହ ଏକାତ୍ମବୋଧର, ଅନ୍ତର୍ଜାଲ ଲୁକ୍କାୟିତ ରହିଥାଏ, ଏହା ଆମେ ପାଶୋରି ଯିବା ଅନୁଚିତ୍। ଆତ୍ମାନୁଭବ ନଥାଇ, ଶାସ୍ତ୍ରରେ ବର୍ଣ୍ଣିତ ତଥ୍ୟକୁ କେବଳ ଅଧ୍ୟୟନ କରି ବା ଏହାର ବୌଦ୍ଧିକ ତର୍ଜମା କରି ଆଧ୍ୟାତ୍ମିକ ରହସ୍ୟକୁ ବୁଝି ହେବ ନାହିଁ। ହଁ, ସ୍ୱଧର୍ମରେ ଥାଇ, ଅର୍ଥାତ୍ ଗୃହସ୍ଥ ରହି ମଧ୍ୟ, ସଂସାରରେ ନିଜ ନିଜର କର୍ମମାନ କରିବା ସହିତ, ସନ୍ଥଙ୍କ ନିର୍ଦ୍ଦେଶିତ ମାର୍ଗ ଅନୁସରଣ ପୂର୍ବକ, ସଦଗୁରୁଙ୍କ ଚରଣାଶ୍ରିତ ହୋଇ, ସକଳ ଆଧ୍ୟାତ୍ମିକ ରହସ୍ୟକୁ ଜାଣି, ସାଧନାରେ ନିମଗ୍ନ ହେଲେ ବା ଭୀମଭୋଇଙ୍କ ଭାଷାରେ ସେଇ ଅବନାମଣ୍ଡଳରେ ବିରାଜିତ ଅରୂପାନନ୍ଦଙ୍କ ପାଦପଦ୍ମକୁ ଧ୍ୟାୟୀ ପାରିଲେ ଦିନେ ପରମ ଆନନ୍ଦକୁ ପ୍ରାପ୍ତ ହୋଇ ପାରିବା; ଏଥିରେ ତିଳେମାତ୍ର ସନ୍ଦେହ ନାହିଁ। ଭୀମ ଭୋଇଙ୍କ ଭଜନଗୁଡ଼ିକ ପାଠକମାନଙ୍କ ପାଇଁ ଏଇ ମହାନ ଆଧ୍ୟାତ୍ମିକ ଯାତ୍ରାର ଅନୁପ୍ରେରକ ଓ ପଥପ୍ରଦର୍ଶକ ହେଉ, ଏହା ହିଁ ଏହି ସଙ୍କଳନର ମୁଖ୍ୟ ଉଦ୍ଦେଶ୍ୟ।

- ମନୋଜ କୁମାର ମହାପାତ୍ର

ସୂଚୀପତ୍ର

ବିଚାର କରିଛି ଲୟେ	୩୯
ଭଜରେ ଶ୍ରୀଗୁରୁପାଦ ନ କରି ହେଳା	୪୦
ଦୁର୍ଲଭ ଜନ୍ମରେ ଥରେ ଦର୍ଶନ କର	୪୧
ଶୂନ୍ୟ ବ୍ରହ୍ମକୁ ହେ ଦେଖିବ ଯେମନ୍ତେ ଜ୍ଞାନ ଡୋଳେ	୪୨
ବିନା ଭକ୍ତିରେ ହେ ପ୍ରାପତ ନୁହଇ ସଦଜ୍ଞାନ	୪୩
ଧର ଦୃଢ଼ବନ୍ଧେ ସର୍ବେ ସେହି ସେ କରତା	୪୪
ଚାଲନ୍ତି ଶୂନ୍ୟେ ଶବଦ	୪୫
ବହୁଛି ଅବନା ବାଇ	୪୬
ପରଚେ ହୋଇ ପାରିଲେ ଅଣ ଆକାରେ	୪୭
ଅଶେଷ ମହିମା ତିନି ଭୁବନେ ଖ୍ୟାତ	୪୮
ପାଦ ପାଣି ନାହିଁ ତାଙ୍କୁ ଧରିବ କିଯେ	୪୯
ଦେଖ ସ୍ୱାମୀ ଏ ସଂସାର ହୋଇ ଯାଉଅଛି ନାରଖାର ଯେ	୫୦
ବ୍ରହ୍ମ ହୁଅ ପରକାଶ, ପିଣ୍ଡବ୍ରହ୍ମାଣ୍ଡ ଦୂରିତ ଝଟତିରେ ନାଶ	୫୧
ନିରତେ ଭଜ ତରିବ ଭବସଂସାରୁ	୫୨
ନିଜ ନାମ ବ୍ରହ୍ମଙ୍କୁ ରଖ ସମ୍ପାଦି	୫୩
ମୂଳ ଶୂନ୍ୟ ଘରକୁ କର ବିବେକ	୫୪
ଝଟ ଝଟ ଦିଶନ୍ତି ଦିବ୍ୟ ମୂରତି	୫୫
ନିର୍ଝରରୁ ଝରୁଛି ସୁଧା ମଧୁର	୫୬
ମନର ଭିତରେ କଲେ ଭଗତି ଗୋ	୫୭
ନିରନ୍ତରେ ଭଜୁଥାଅ ନାମକୁ ଗୋ	୫୮
ନର ମାନୁଷ ନୋହି	୫୯
ଅଣାକାର ଅରୂପ ବ୍ରହ୍ମ ମୂରତି ହେ	୬୦
ଶୂନ୍ୟେ ଶୂନ୍ୟେ ଆସିବା ଯିବା ହେଉଛି ହେ	୬୨
କେହୁ ଦେଖିଛ କି ବେନି ନେତ୍ରରେ	୬୪

ତାତ ମାତ କରୁଛନ୍ତି ରୋଦନ	୬୫
ସନ୍ତୋଷିତ ତେଜ ତୋରା	୬୬
ଉଠ ସ୍ୱାମୀ ବ୍ରହ୍ମାଣ୍ଡ ଠାକୁର ହେ	୬୭
ଅନ୍ତର୍ଯ୍ୟାମୀ ସମ୍ବଳ ଶରଣ ହେ	୬୮
ସିଂହଦ୍ୱାରେ ସର୍ବେ ରହିଛନ୍ତି ହେ	୬୯
ଅଣାକାର ଅଣରୂପେ ପ୍ରକାଶ	୭୦
ମାୟା ତେଜ ମୋହ ତେଜ ଅପରୂପ	୭୧
ଇଚ୍ଛା ନାହିଁ ବାଞ୍ଛା ନାହିଁ ଏ ଧର୍ମରୁ ଅଧିକ	୭୨
ଫେଡ଼ି କବାଟ ଯାଇ ପଶ ଭିତରେ	୭୩
ଉଠି ଜ୍ଞାନ ନେତ୍ରେ ଶୂନ୍ୟେ ଦେଖ	୭୪
ମହିମାସାଗର ବ୍ରହ୍ମପୁରୀ	୭୫
ଅଲେଖ ଅନାଦିତ ନିଗମ ଭୂମିରେ ରହିଛନ୍ତି	୭୬
ରୂପରେଖ ନାହିଁ ହେ ଶୂନ୍ୟଦେହୀ	୭୭
ପାଶେ ପାଶେ ଅଛି ହେ ନ ଦିଶୁଛି	୭୮
ଭଜ ସର୍ବେ ଚେତି ହେ	୭୯
କର ଲୟେ ନାହିଁ ମୃତ୍ୟୁ ଭୟେ	୮୦
ଦେହ ଶାସ୍ତ୍ରେ ଭେଦ କର	୮୧
ଘଟେ ଘଟେ ବିଜେ ଗୁରୁ	୮୨
ଗୁପତରେ ରହିଛନ୍ତି	୮୩
ଭଜ ଅଲେଖ ବ୍ରହ୍ମଙ୍କୁ	୮୪
ଭଜ ଆହେ ଜ୍ୟୋତିନାଦ	୮୫
ମହିମା ଶବଦ ଧୁନି	୮୬
ଭଗତ ଦେଖିବେ ଯାକୁ	୮୭
ଜଗତ କରତା ବିଜେ	୮୮
କଳିଯୁଗେ ଅପୂର୍ବ ରୀତି	୮୯
ପାପଧାରା ହେଲାଣି ଛେଦି	୯୦
ନର ଦେହେ ପାଇଛ ଜନ୍ମ	୯୧
ଧର ଧର ହେ ଜୀବ ଗଳାଟି ସରି	୯୨
କଳିଯୁଗେ ହେଲେ ସାରା	୯୩

କ୍ଷଣେ ନ ଛାଡ଼ିବି ପାଦ	୯୪
ସତ୍ୟ ଧର୍ମକୁ ରୁହଁ	୯୫
ଅନାଦି ମଣ୍ଡଳରୁ ସର୍ବେ ସଞ୍ଚରି	୯୭
ଦୁର୍ଲ୍ଲଭ ଜନ୍ମ ପିଣ୍ଡେ ସକଳ ସିଦ୍ଧି	୯୯
ଅମନ ମନ୍ଦିରକୁ କର ଗମନ	୧୦୨
ସୁଦୟା କର ଶୂନ୍ୟ ସ୍ୱରୂପ ବାସୀ	୧୦୪
ଗୁରୁ କଟାକ୍ଷ କଲେ ଯହୁଁ ହୃଦରେ	୧୦୮
ଦିନ ପାହିଲା ଯୁଗ ହେଲାଣି ଶେଷ	୧୧୦
ଦର୍ଶନ କର, ଥାଇ ଶ୍ରୀଗୁରୁ ପୟର	୧୧୩
ଭଜ ସ୍ୱାମୀଙ୍କି, ଚର୍ମ ନୟନରେ ଦେଖି	୧୧୪
ମହିମା ଦେଖ ଯାର ନାହିଁ ରୂପ ରେଖ	୧୧୫
ପାକ ଛଡ଼ରସରେ, ଭୁଞ୍ଜୁଅଛି ସତୀ	୧୧୬
ସୁବେଶକୁ ଜାଗିଛି	୧୧୭
ଅନାହତବିହାରୀ, ଆବୋରିଛ କାୟେ	୧୧୮
ବ୍ରହ୍ମ ଯହିଁ ଅଛି କର ନିରୂପଣ	୧୧୯
ତାଙ୍କୁ ଭେଦ କର	୧୨୦
ଦୃଢ଼େ ଧର ଅପତେ ନ କର ହେ	୧୨୧
ଅନାଦି ଗୁରୁ ଅଣକ୍ଷରୁ	୧୨୨
ପରମବ୍ରହ୍ମ ସତ୍ୟାଦି ଧର୍ମୀ	୧୨୩
କର ବିଇର ସୁଗ୍ୟାନୀ ନର	୧୨୪
ପରମେଶ୍ୱର ଏହିଟି ସବୁ	୧୨୬
ଶୂନ୍ୟ ଅଣରୂପ ନିର୍ବେଦ ହେ	୧୨୮
କେ ପାରିବ କରି ଦର୍ଶନ ହେ	୧୨୯
ଆରେ ମୂର୍ଖ ବାଇ	୧୩୦
ନାମ ଦୁଆରୀ ହେ ଶୁଣ ସୁପ୍ରଣିତା	୧୩୧
ଅଦେହୁଁ ଦେହେଁ ଅଛି ସେ ଯେ ନ ଦିଶୁଛି	୧୩୨
ଆକାଶକୁ ନ ଯାଇ ପ୍ରଭୁ ଅଛନ୍ତି ରହି	୧୩୩
ପରକାଶ, ଅଲେଖ ଶୂନ୍ୟ ପୁରୁଷ	୧୩୪
ଶେଷରେ, ଘଟିଛି କଳିଯୁଗରେ ହେ	୧୩୫

ଦେଖିବ, କଳ୍କି ହୋଇବେ ରାଘବ	୧୩୬
ସକଳ ଖଟିବେ ଦଶ ଦିଗପାଳ	୧୩୭
କେ ଭଜି ପାରିବ ନାମ ଅରୂପ ହେ	୧୩୮
ନିର୍ବେଦେ ରହିଛି ଅଣଅକ୍ଷର ହେ	୧୩୯
ବିଜୟେ ଶ୍ରୀଗୁରୁ ଅବନା ମନ୍ଦିରୁ	୧୪୦
ମହିମା ଅଲେଖ ଅନନ୍ତ ଭାବୁଛି	୧୪୩
ଖେଳୁଅଛି ଏକପାଦେ ବ୍ରହ୍ମଧର୍ମ ଆଚରି	୧୪୫
କଳିଯୁଗେ ମହିଁମାନାମ ହେଲା ବିପରି	୧୪୬
ଆନନ୍ଦେ ନାମବ୍ରହ୍ମେ ବିଚର	୧୪୭
ଆହେ ପ୍ରଭୁ ମହିମା ମେରୁ	୧୪୮
ମହିମା ଆଜ୍ଞା ଜଗତେ ଖ୍ୟାତ	୧୫୦
ଅଣହିଂସା ଧର୍ମ ଏହି	୧୫୧
ଗୁରୁଙ୍କୁ ପରା ସେବୁଛ	୧୫୨
ସମ୍ଭାଳ ସତ୍ୟ ଧର୍ମକୁ	୧୫୩
ଭୂମି ଯାଉଛ ଚିଉରେ	୧୫୪
କର ନିଷ୍କାମ ଭକ୍ତି ସୁଚିଏ ଗୋ	୧୫୫
ନ ପଡ଼ ଚିହ୍ନା	୧୫୬
ଉଦୟ ନୁହ, ଗୁପତେ ରହିଥାଅ	୧୫୭
ଗୁରୁ ରୂପ ଜ୍ଞାନ ଦେଲେ ଆଣି	୧୫୮
ପ୍ରତ୍ୟକ୍ଷରେ ଅନନ୍ତ ସ୍ୱରୂପ	୧୭୧
ଧ୍ୟାନ ଧଉର୍ଯ୍ୟେ ଗୁରୁ ପାଦ ସୁମର	୧୭୨
ଭାଗ୍ୟ ଥିଲେ ଧର ଧର ପଦ୍ମପାଦ ହେ	୧୭୫
ଦେଖ ମୁଁ ଯାଉଛି ସରି	୧୭୬
ତାତ ମାତ କରୁଛନ୍ତି ରୋଦନ	୧୭୭
ସମର୍ପି ଦେଲି ପାଇଲ ସର୍ବ	୧୭୮
ମୋ ଜୀବନ ପଛେ ନର୍କେ ପଡ଼ିଥାଉ	୧୭୯

॥ ୧ ॥

ବିଚାର କରିଛି ଲୟେ

ବିଚାର କରିଛି ଲୟେ
ଋରିଯୁଗେ ନାମ ବ୍ରହ୍ମ ଅଟେ ଅନନ୍ତ ଅକ୍ଷୟେ । ଘୋଷା ।
ସବୁଠାରୁ ସାର ବ୍ରହ୍ମ, ନିଷ୍କାମ ଭଗତି ଧର୍ମ
ଅକଳ୍ପନା ଅଣାକାର ଅଣସାଧନେ ଉଦୟେ । ୧ ।

ଆଜ୍ଞା ନୋହେ କାଲି ବାସି ମର୍ତ୍ତ୍ୟରେ ଉଦୟେ ଆସି
ଥିଲେ ପୂର୍ବର ବାସନାନିଶ୍ଚେ ଲଭିବ ସ୍ୱଦେହେ । ୨ ।

ସତ୍ୟ ଏହି ସଦଗୁରୁ ଦୁବକୁ କରନ୍ତି ଦାରୁ
ସିଦ୍ଧ ବଚନ ଆଜ୍ଞାରୁ କାହାକୁ ମୋ ନାହିଁ ଭୟେ । ୩ ।

ଏହି ପ୍ରଭୁଠାରୁ ଆଉ ନ ଦିଶନ୍ତି ମହାବାହୁ
ତ୍ରିଭୁବନେ ଲୋଡ଼ି ଦେଖ ବଡ଼ ହୋଇ ନାହିଁ କିଏ । ୪ ।

ଉଡ଼େ ଅବଧୂତ ବାନା ଭଗତଙ୍କ ବଜ୍ରସେହ୍ନା
ନର୍ବେଦ ଦୀକ୍ଷା ଧାରଣା ତିନିପୁରେ ଜୟେ ଜୟେ । ୫ ।

ଦିଅ କଲ୍ୟାଣ ଆୟୁଷ ଯାଉ କାଳ ମୃତ୍ୟୁ ଦୋଷ
ବୋଲେ ଭୀମ ଅରକ୍ଷିତ ପିଣ୍ଡୁ ପ୍ରାଣ ନୋହୁ କ୍ଷୟେ । ୬ ।

॥ ୨ ॥

ଭଜରେ ଶ୍ରୀଗୁରୁପାଦ ନ କରି ହେଳା

ଭଜରେ ଶ୍ରୀଗୁରୁପାଦ ନ କରି ହେଳା
ଅଣହେଳା କଲେ ଭବେ ବୁଡ଼ିବ ଭେଳା । ଘୋଷା ।
ପ୍ରଥମ ଦିନରେ ସୁତ, ମାତା ଗର୍ଭେ ହେଲା ସ୍ଥିତ
ଦଶମାସ ଯାଏ ଗର୍ଭଗତରେ ଥିଲା ।
ଗର୍ଭେ ଥିଲା ଯେତେ ଦିନ, କରୁଥିଲା ବ୍ରହ୍ମେ ଧ୍ୟାନ
ବେନି କର ଯୋଡ଼ି ପାଦେ ଭଗତି ଥିଲା । ୧ ।
ଅବନୀରେ ପଡ଼ି ପୁଅ, ରାବ ଦେଲା କୁହାଁ କୁହାଁ
ପୂର୍ବ ଜନ୍ମ ହେତୁ ଗୋଟା ପାସୋରି ଦେଲା ।
ମାତା ଦେଲା କ୍ଷୀରପାନ ବାଳ ଭୋଳେ ଗଲା ଦିନ
କଉତୁକେ ଶିଶୁ ସଙ୍ଗେ ରଙ୍ଗେ ବଢ଼ିଲା । ୨ ।
ହୋଇଲା ଦ୍ୱିତୀୟ କାଳ ତନୁ ହୋଇଲା ପ୍ରବଳ
ଉତ୍ପତ୍ତିରୁ ସ୍ଥିତି ଯହୁଁ ଅଧିକ ହେଲା ।
ପାଇ ଯୁବତୀ ରତନ କାମରେ ବୁଡ଼ିଲା ମନ
ଗୁରୁ ପାଦ ଛାଡ଼ି ମାୟା ମୋହେ ପଡିଲା । ୩ ।
ତ୍ରିୟ କାଳ ଆସି ହେଲା ନିରଞ୍ଜନ ନ ଭଜିଲା
ହିଂସା ରାଗ ତମେ ନିରନ୍ତରେ ମଜ୍ଜିଲା ।
ଦେଖି ସୁତ ବିତ୍ତ ଧନ ଚିନ୍ତାରେ ବୁଡ଼ିଲା ମନ
ଦୁର୍ଲ୍ଲଭ ଶରୀର ଗୋଟା ବିଅର୍ଥ ହେଲା । ୪ ।
ହୋଇଲା ଚତୁର୍ଥ ଯୁଗ । ସରିଲା ଦେହର ଭୋଗ
ଅସ୍ଥି ଚର୍ମ ଏକଠାରେ ଠୁଳ ହୋଇଲା ।
ଫୁଙ୍କା ବନ୍ଧ ହେଲା ନାଶ ଉଡ଼ିଲା ପରମହଂସ
ଗୁରୁ ପାଦ ଧ୍ୟାଇ ଭୀମ ଭୋଇ ଭଣିଲା ।

॥ ୩ ॥

ଦୁର୍ଲଭ ଜନ୍ମରେ ଥରେ ଦର୍ଶନ କର

ଦୁର୍ଲଭ ଜନ୍ମରେ ଥରେ ଦର୍ଶନ କର
ପିଣ୍ଡ ପ୍ରାଣ କାଳ କାଳ ନୁହଇ ଚିର । ଘୋଷା ।
ପରଶୁ ପଥର ଖଣ୍ଡେ ଖସି ପଡ଼ିଛି ବ୍ରହ୍ମାଣ୍ଡେ
ଚିହ୍ନାଇ ହେଉଛି ହୃଦେ ସମ୍ଭାଳି ଧର ।
ଏହିପରି ସ୍ୱଦେହରେ ଆଉ କି ମିଳିବ ଥରେ
ମାଳ ଗୁନ୍ଥି ବାନ୍ଧି ରଖ ହୃଦରେ ହାର ॥ ୧ ।
ଜାଣୁଛ ସକଳ ବିଧି ବିଚରିଲେ ସର୍ବ ସିଦ୍ଧି
ଜନ୍ମ ମରଣଟି ଏ ଦେହକୁ ଅସାର ।
ନାମୀ ନାମେ ଅହଙ୍କାର ସର୍ବେ କର ନିରନ୍ତର
ତେବେ ଏ ଜନ୍ମ କଷ୍ଟରୁ ହୋଇବ ପାର । ୨ ।
କୋଟିଏ ଯୋନିରେ ଜନ୍ମ ହୋଇଣ ଏହୁ ଜୀବନ
ମହାଭାଗ୍ୟେ ପାଇଅଛି ଗୁରୁ ପୟର ।
ଗଳୁଅଛି ମକରନ୍ଦ ଲୟେ କର ପାଦବିନ୍ଦ
ଦିବସ ରଜନୀ ବହି ଆସୁଛି ଧାର । ୩ ।
କରିଅଛୁ ଯାକୁ ହିତ ସକଳ ଏ ପଶୁଭୃତ୍ୟ
ନିଦାନ କାଳକୁ ସର୍ବେ ହେବ ଅନ୍ତର ।
କୋମଳ ଶରୀର ଅଙ୍ଗ ଅବଶ୍ୟ ଏ ନାଶଯିବ
ହେତୁ ଚେତା ଜ୍ଞାନ ଧ୍ୟାନ ହେବ ପାସୋର । ୪ ।
ଜଳ ଘଟେ ଯେଉଁ ପରି ଏ ଦେହରେ ଅଛି ପୁରି
କାମ କ୍ରୋଧ ଲୋଭ ମୋହ ବହି ଶରୀର ।
ଶ୍ରୀଗୁରୁ ଚରଣେ ଧ୍ୟାୟି ଭଣେ ଭୀମସେନ ଭୋଇ
ନିରନ୍ତରେ ବହୁଅଛି ନୟନୁ ନୀର । ୫ ।

॥ ୪ ॥

ଶୂନ୍ୟ ବ୍ରହ୍ମକୁ ହେ ଦେଖିବ ଯେମନ୍ତେ ଜ୍ଞାନ ଡୋଳେ

ଶୂନ୍ୟ ବ୍ରହ୍ମକୁ ହେ ଦେଖିବ ଯେମନ୍ତେ ଜ୍ଞାନ ଡୋଳେ
କଙ୍କଣାକୁ କାଟି ଜନ୍ମ ମୃତ୍ୟୁ ମେଣ୍ଟି
ଏକୈଶପୁରକୁ ଜିଣିଗଲେ । ଘୋଷା ।
ଅନନ୍ତ ବାସୁକି ଅଷ୍ଟକୁଳାନାଗ ସପତସିନ୍ଧୁକୁ ଡେଇଁଗଲେ ।
ଚଉଦ ବ୍ରହ୍ମାଣ୍ଡ ପୃଥ୍ୱୀ ନବଖଣ୍ଡ, ଅନୁଭବ ସୁତ୍ରେ ବୁଝିଥିଲେ । ୧ ।

ତିନି ସତାଇଶ ଏକୈଶଭୁବନ ଯେ ଜିଣି-ପାରିବ ଏକାବେଳେ
କାଳିବାସି ନୋହେ ଏକ ବ୍ରହ୍ମପାଦ ସ୍ୱଦେହରେ ମିଳେ ତତକାଳେ । ୨ ।

ଦାରୁ ପ୍ରତିମା ମୂର୍ତ୍ତି ଦେବୀ ଦେବତା ସବୁଠାରୁ ଚିତ୍ତ ଛାଡ଼ି ଦେଲେ ।
ମନ୍ତ୍ର ଯନ୍ତ୍ର ତନ୍ତ୍ର ଚାରିବେଦ ସବୁ ଏମାନଙ୍କୁ ଏଡ଼ି ଚାଲିଗଲେ । ୩ ।

ନବଲକ୍ଷ ତାରା ବିରାଟ ସୁରାଟ ମହାରାଟ ସବୁ ପଛ କଲେ ।
ପୃଥ୍ୱୀ ଆପ ତେଜ ବାୟୁ ଯେ ଆକାଶ ଏମାନଙ୍କୁ ଟିକେ ନ ଚାହିଁଲେ । ୪।

ପଡ଼ିଅଛି ବଜ୍ର କିଳିଣି କବାଟ ସକାମ ନିଷ୍କାମ ଦୁଇ ମେଳେ ।
କାମନା କଙ୍କଣା ସେଠାରୁ ଛାଡୁଚି ସକାମରେ ନ ପଡ଼ିଲେ ଭୋଳେ । ୫।

ଠୁଳ ଶୂନ୍ୟ ପରେ ଅମନ ମନ୍ଦିରେ ତହିଁକି ବଚନ ନାହିଁ ଚଳେ ।
ତରତର ହୋଇ ବୋଲେ ଭୀମଭୋଇ ପଡ଼ ଶ୍ରୀଗୁରୁଙ୍କ ପାଦତଳେ । ୬।

|| ୫ ||

ବିନା ଭକ୍ତିରେ ହେ ପ୍ରାପତ ନୁହଇ ସଦଜ୍ଞାନ

ବିନା ଭକ୍ତିରେ ହେ ପ୍ରାପତ ନୁହଇ ସଦଜ୍ଞାନ
ଏ ଦୁର୍ଲ୍ଲଭ ତନୁ ଗୁରୁ ସେବା ବିନୁ ବର୍ତ୍ତିବ ସଂସାରେ କେଉଁ ଜନ । ଘୋଷା ।
ହେତୁ ଚେତା ରଖି ପିଣ୍ଡ ପ୍ରାଣ ବିକି ପଦ୍ମପାଦ ତଳେ ଥିଲେ ମନ।
ଅନ୍ତେ ଗତି ମୁକ୍ତି କାରଣ ଲଭନ୍ତି ବିକାଶିବ ଯେବେ ପୂର୍ବ ପୁଣ୍ୟ ।୧।

ଡର ଭୟ ନନ୍ଦା ସ୍ତୁତି ହାନି ଲାଭ ଏଡ଼ିଲେ ଲଜ୍ଜାଦି ମୋହମାନ।
ଧନ ଦାରାସୁତ ଦୁହିତା ସମର୍ପି ଶ୍ରୀଗୁରୁ ଛାମୁରେ ଦେଲେ ଦାନ ।୨।

ଦୁଖ ସୁଖ ଫନ୍ଦା ବୃତ୍ତି କର୍ମ ଧର୍ମ ଦେଇ ଖଟିଥିବ ଅନୁକ୍ଷଣ।
ଚିତ୍ତ ମତି ଚିହ୍ନି ଅନ୍ତର୍ଗତେ ଜାଣି ତେବେ ସିନା ହେବେ ସୁପ୍ରସନ୍ନ ।୩।

ସଦଗୁରୁ ପାଦେ ଚିତ୍ତ ଅପ୍ରମାଦେ ସେବା କରି ବଞ୍ଚୁଥିବ ଦିନ।
ଆପେ ତରି ଗୃହଜନଙ୍କୁ ତାରିବ ସପତ ପୁରୁଷ ଉଦ୍ଧାରଣ । ୪ ।

ନିଜରୂପେ ଉଦେ ଆତ୍ମାଜ୍ଞାନ ଭେଦେ ଅନନ୍ତ ଅରୂପ ନାରାୟଣ।
ସ୍ୱଦେହେ ଭଜିଲେ ସତ୍ୟରେ ମଜ୍ଜିଲେ ନିଷ୍କାମରେ ଫଳଇ ନିର୍ଗୁଣ।୫।

ସେ ଯେ ଅନାଦି ମହାଶୂନ୍ୟ ପୁରୁଷ ଭକ୍ତଙ୍କ ହିତ ଜୀବନ ଧନ
ବୋଲେ ଭୀମଭୋଇ ସେବା ଭକ୍ତି ଦେଇ ଶ୍ରୀଗୁରୁଙ୍କୁ କରି ଦରଶନ।୬।

॥ ୬ ॥

ଧର ଦୃଢ଼ବନ୍ଧେ ସର୍ବେ ସେହି ସେ କରତା

ଧର ଦୃଢ଼ବନ୍ଧେ ସର୍ବେ ସେହି ସେ କରତା ନ କର ଚିନ୍ତା । ଘୋଷା ।
ଗତି ପତି ପ୍ରାଣ ଭକ୍ତହିତା,
ବର୍ଗବନ୍ଧୁ ତାତ ମାତ ସେ ଇଷ୍ଟ ଦେବତା । ୧ ।
ଧନ ଦାରା-ସୁତ ପଡ଼ିଦାତା,
ଛପ୍ପନକୋଟି ଜୀବ ପିଣ୍ଡ ବ୍ରହ୍ମାଣ୍ଡ-ପଢ଼ନ୍ତା । ୨ ।
କର୍ମ ଧର୍ମ ଦାନ ଧ୍ୟାନ ଜିତା,
ଜପ ତପ ତୀର୍ଥବ୍ରତ ଉପରେ ଶକତା । ୩।
ପୂର୍ଣ୍ଣ ଅଖଣ୍ଡିତ ବ୍ରହ୍ମବେତ୍ତା,
ରବିତଳେ ଯୁଗେ ଯୁଗେ ରୁହାଇବେ କଥା । ୪ ।
କରିଛନ୍ତି କକ୍ଷା ବସ୍ତ୍ର ଗୁନ୍ଥା
ସ୍ୱଦେହରେ ଉଦେ ହୋଇ ପୃଥିବୀ ଧରନ୍ତା । ୫ ।
ଭଣେ ଭୀମ ଭୋଇ ଅରକ୍ଷିତା
ନାମବ୍ରହ୍ମ ଭଜି ସକଳେ ହୁଅ ସଚେତା । ୬ ।

॥ ୭ ॥

ଚାଲନ୍ତି ଶୂନ୍ୟେ ଶବଦ

ଚଳନ୍ତି ଶୂନ୍ୟେ ଶବଦ ଅନୁମାନ ଚିତ୍ତେ ଭେଦ
ଅକଳଣା ବାରାନିଧି ନାମ ମହିମା ଅଗାଦ । ଘୋଷା ।
ଗମ୍ୟ ନାହିଁ ଚଉରିଧର୍ମ ଜ୍ୟୋତି କଳା ଉର୍ମ ଧୁର୍ମ
ବ୍ରହ୍ମା ବିଷ୍ଣୁ ଶିବ ବଣା ଯେମନ୍ତ ସେ ଯେଉଁ ପାଦ । ୧ ।
ଯେ ରାମଚନ୍ଦ୍ର ଅନନ୍ତ କୃଷ୍ଣଚନ୍ଦ୍ର ଜଗନ୍ନାଥ
ଚଉରିଯୁଗ ଅବତାରେ ହୋଇ ନ ପାରିଲେ ସିଦ୍ଧ । ୨ ।
ରକ ଶ୍ୟାମ ଯଜୁ ଅର୍ଥ ହ୍ରାଁ କ୍ଳୀ ଶ୍ଳାଁ ଯୁତ
ଦିଗ ଆକାଶରେ ଭ୍ରମି ଲୋଡ଼ି ନ ପାଇ ବିଷାଦ । ୩ ।
ପୃଥ୍ୱୀ ପଞ୍ଚଭୂତ ବାଇ ଜ୍ୟୋତି ତେଜ କଳା ବହି
ଚନ୍ଦ୍ର ସୂର୍ଯ୍ୟ ଉଦେ ହୋଇ ନ ପାଇଲେ ଅନ୍ତେ ଆଦ୍ୟେ । ୪ ।
ଛପ୍ନାକୋଟି ଜନ୍ତୁ ଜୀବ କରି ନ ପାରିଲେ ଠାବ
ମୁନି ତପସ୍ୟାରେ ବସି ମନରେ ହେଲେ ତବଦ । ୫ ।
ଅବ୍ୟକତ ବ୍ରହ୍ମ ଯେହି ରୂପ ରଚନାରେ ନାହିଁ
କହେ ଭୀମ ଅରକ୍ଷିତ ଅନାମେ ରହିଲା ଭେଦ । ୬ ।

॥ ୮ ॥

ବହୁଛି ଅବନା ବାଇ

ବହୁଛି ଅବନା ବାଇ ଦିବା ନିଶି ଏକ ହୋଇ
କେ ପାଇଛ ଆଦ୍ୟ ଅନ୍ତ ଚିହ୍ନି ରଖିଅଛ କାହିଁ । ଘୋଷା ।
ମହାଶୂନ୍ୟ ଶୂନ୍ୟେ ବାଟ ଅରୂପେ ଅବର୍ଣ୍ଣେ ଭେଟ
ପିଣ୍ଡ ବ୍ରହ୍ମାଣ୍ଡରେ ଭେଦି ଧରି ନ ପାରିଲେ କେହି । ୧ ।
ନାହିଁ ଚେତା ହେତୁ ଦ୍ୱାରେ ନ ଥାଇ ମନ ଭିତରେ
କାୟା ଛାୟା ମାୟାଠାରେ କାହିଁ କିଛି ନ ଲାଗଇ । ୨ ।
କାମନା କଳ୍ପନା ଦ୍ୱାରେ ନ ମିଶେ ହେଜ ପାଞ୍ଚରେ
ତାଙ୍କୁ କେ କରିବ ଠାବ ଯାର ନାହିଁ ହାଇ ଛାଇ । ୩ ।
ନ ପଶେ ଶବ୍ଦ ଆକାରେ ଏକୈଶ ପୁର ବାହାରେ
ସାର ବ୍ରହ୍ମ ଏକପାଦ ରହିଛି ଗୁପତ ହୋଇ । ୪ ।
ସ୍ଥିତି ବସ୍ତିରେ ନ ଥିଲା କେଉଁ ଭିତରେ ରହିଲା
ତାଙ୍କୁ ଯେ ଭେଟାଇ ଦେବ ତା ପାଦ ଧରିବି ଯାଇ । ୫ ।
ନ ଘେନେ ସେବା ଭଗତି ଦର୍ଶନ ଭଜନ ନାସ୍ତି
କହେ ଭୀମ ଅରକ୍ଷିତ ନିଗମେ ରହିଲା ଯାଇଁ । ୬ ।

॥ ୯ ॥

ପରଚେ ହୋଇ ପାରିଲେ ଅଣ ଆକାରେ

ପରଚେ ହୋଇ ପାରିଲେ ଅଣ ଆକାରେ
ନିଶ୍ଚୟ ଭେଟ ପାଇବ ଅମନପୁରେ । ପଦ ।
ହାଇ ଛାଇ ସମସ୍ତଙ୍କୁ କ୍ଷୁଧା ତୃଷା ଆୟତକୁ
ଆଶା ଭରସା ସବୁଙ୍କୁ ଫିଙ୍ଗିଲେ ଦୂରେ ।
ଅବାଇ ମଣ୍ଡଳେ ବାଇ ନେଇ ପାରିଲେ ପୂରାଇ
ତେବେ ସେ ପ୍ରବେଶ ହେବ ସ୍ୱାମୀ ଛାମୁରେ । ୧ ।
ପିଣ୍ଡ ପ୍ରାଣ ତେଜ୍ୟା କରି ଜନ୍ମ ମୃତ୍ୟୁକୁ ନ ଡରି
କାଳ ବିକାଳକୁ ନିବାରିବ ନିଷ୍ଠାରେ ।
ବ୍ରହ୍ମ ଅନଳ ଦିହୁଡ଼ି ଜାଳି ଫିଟାଅ କୁହୁଡ଼ି
ଅର୍ଗଳି କବାଟ ଫେଡ଼ି ଯିବ ସଧୀରେ । ୨ ।
ଅବନ୍ଧ ବନ୍ଧରେ ପାଣି ବଳାଅ ଲହଡ଼ି ଟାଣି
ଅରୂପାନନ୍ଦଙ୍କ ପାଦ ଚରଣ ତଳେ ।
ଚିରକାଳ ଥିବ ରହି ବ୍ରହ୍ମ ଅଙ୍ଗ ତେଜେ ବହି
ଉଲଟ ଉଜାଣି ନଦୀ ସମ୍ପୂର୍ଣ୍ଣ ଭରେ । ୩ ।
ଅମାପ ମାପିଲେ ଯାଇ ଅଖାଦ୍ୟ ପାରିଲେ ଖାଇ
ସାଧୁସଙ୍ଗ କଲେ ପୂର୍ବ ପାତକ ହରେ ।
ଅକକ୍ଷଣା ବ୍ରହ୍ମେ ଧ୍ୟାନ ଲୟ କରି ରାତ୍ର ଦିନ
ବଦଳିଲେ ପିଣ୍ଡ ନୂଆ ନବୀନ ଧରେ । ୪ ।
ଅଦେଖା ଦେଖିଲେ ସାର ଅଜପା ଜପିଲେ ପାର
ଅଚିହ୍ନାକୁ ଚିହ୍ନି ଭଜ ଅଣ ରୂପରେ ।
ତରିବାକୁ ଥିଲେ ଆଶ ନିର୍ବେଦ କର୍ମରେ ପଶ
ସଦଜ୍ଞାନ ମୁକ୍ତିପଦ ଗୁରୁ ଦୁଆରେ । ୫ ।
ଅଲେଖ ପୁର ଭୁବନ ନାହିଁ ତହିଁ ବଡ଼ ସାନ
ସମାନରେ ଦୟା ଦୃଷ୍ଟି ସର୍ବ ଜୀବରେ ।
କହେ ଭୀମ ହୀନ ଦାସ ଅବନା ମଣ୍ଡଳେ ପଶ
ନିଶୁଣି ଲଗାଇ ଉଠ ଶୂନ୍ୟ ଶିଖରେ । ୬ ।

॥ ୧୦ ॥

ଅଶେଷ ମହିମା ତିନି ଭୁବନେ ଖ୍ୟାତ

ଅଶେଷ ମହିମା ତିନି ଭୁବନେ ଖ୍ୟାତ
ନରଦେହ ବହି କେହୁ କରିବ ଅନ୍ତ । ଘୋଷା ।

କେହୁ ମହିମା ଭଜିବ   କେବଣ ଭାବେ ମଜିବ
ସତ୍ୟ ତତ୍ତ୍ୱ ଦୃଢ଼ ବ୍ରତ କେଡ଼େ ଶକତ
ଜନ୍ମ ଲଭି ଗଲେ ବହି   ଅଗମ୍ଭୂଳ ପାଇ ନୋହି
ସରି ଯାଉଅଛି ଯୁଗ କଳ୍ପ କଳ୍ପାନ୍ତ । ୧ ।

ନୁହଇ ଉଶ୍ୱାସ ବୋଝ   ବହିବାକୁ ବଡ଼ ସଜ
ଆଣିବା ନବାକୁ କେହୁ ଅଛି ସମର୍ଥ ।
ତିଥିରେ ଥୋଇଲେ ନେଇ   ଥୟ ହୋଇ ନ ରହଇ
ଅଡୁଆ ନ ଲାଗେ ନୋହେ ଅଳ୍ପ ବହୁତ । ୨ ।

ନୁହଇ ଜାତି ଅଜାତି   ନାହିଁ ତାଙ୍କ ସାଙ୍ଗ ସାଥି
ଇଷ୍ଟବନ୍ଧୁ ତାତ ମାତ ନ ବସେ ମିତ ।
ଯାର ନାହିଁ ରୂପ କାୟା   ତାଙ୍କୁ କି ଲାଗିବ ମାୟା
ନୁହଇ ସେ ପ୍ରଭୁ ଯୋନି-ଜନମଜାତ । ୩ ।

ବିଜାତିଆ ହେଲେ ଯହୁଁ   ଉଦେ ହେଲେ ମହାବାହୁ
ଜାତିଆ କରିବେ ସବୁ ଯେତେ ଭଗତ ।
ବ୍ରହ୍ମ ଅନଳେ ଝାଳିବେ   ନାମ ଜଳେ ପଖାଳିବେ
ନିରୋଳା ଥାନେ ଥୋଇବେ କରି ନିର୍ମିତ । ୪ ।

ଅଶ୍ରୁତି ଅମୂର୍ତ୍ତି ଦ୍ୱାର   ବାଛ ବିଚାର ନ କର
ଅଗମ୍ୟରେ ଗମିଲେ ଲଭିବ ମୁକତ
ପେଲି ପଶିଲେ ଝସାଇ   ଦୟାହେବ ତେବେ ଯାଇ
ଅନାମିକା ପଦ ନିଶ୍ଚେ ହେବ ପ୍ରାପତ । ୫ ।

ଦୁର୍ଗମ ଦୀକ୍ଷା ଅଟଇ   ହସ୍ତ ଗୋଡ଼ ପାଉ ନାହିଁ
ଗତି ପତି ହର୍ତ୍ତା କର୍ତ୍ତା ଭଗତ ହିତ
କହେ ଭୀମସେନ ଭୋଇ   କେ ବୋଲିବ ମିଥ୍ୟା ଏହି
ନାମ ବ୍ରହ୍ମ ପଦ ଚାରି ଯୁଗରେ ସତ । ୬ ।

॥ ୧୧ ॥

ପାଦ ପାଣି ନାହିଁ ତାଙ୍କୁ ଧରିବ କିଏ

ପାଦ ପାଣି ନାହିଁ ତାଙ୍କୁ ଧରିବ କିଏ
ଏମନ୍ତ ବ୍ରହ୍ମ ସ୍ୱରୂପ ଦେଖା ନ ଯାଏ । ଘୋଷା ।

ନାହିଁ ତାଙ୍କ ପେଟ ଅଣ୍ଟା ଫିଟାଇ ବହୁଛି ଗୋଟା
ନର ଦେହ ବହି ତାଙ୍କୁ କଳିବା ନୋହେ
ତାଙ୍କ ପରି ଶାନ୍ତି ପଣେ ତ୍ରିଭୁବନେ ନାହିଁ ଜଣେ
ନିନ୍ଦା ସ୍ତୁତି ହାନି ଲାଭ ସକଳ ସହେ । ୧ ।

ଭକ୍ଷଣ ନାହିଁ ଆହାର ରଜ ବୀଜରୁ ବାହାର
କ୍ଷୁଧା ତୃଷା କଲେ କ୍ଷୀର ନୀର ନ ଖାଏ
ନ ଲାଗଇ ଅଙ୍ଗେ ଧୂଳି ବିରାଜି ଦିଶଇ ଝଳି
ନିଦ୍ରା ଘୁମାଇଲେ ଉଭା ଆସନେ ଶୁଏ । ୨ ।

ଇଚ୍ଛାରେ ଆସନ୍ତି ଭୂମି ଭଗତ ଭାବକୁ ପ୍ରେମୀ
ଶୁଣି ଚହିଁବାକୁ କର୍ଣ୍ଣ ଚକ୍ଷୁ ନ ଥାଏ
ନାହିଁ ମୁଖ ଜିହ୍ୱା ନାସା ଉତ୍ତର ନ ଦିଏ ଭାଷା
ଆଗ ପଛ ଜାଣି ଧୀରେ ସମୀରେ ରହେ । ୩ ।

ଓଲଟ ପାଲଟ ନାହିଁ ମହାଶୂନ୍ୟ ଶୂନ୍ୟ ଦେହୀ
ମୁଖ ବାଟେ ଜିହ୍ୱା କଣ୍ଠେ ବଖାଣି ନୋହେ।
ସଦା ଜଏ ପୂର୍ଣ୍ଣାନନ୍ଦ ପାଇଲେ ଚରଣେ ବନ୍ଦ
ନିରନ୍ତରେ ଆଜ୍ଞା ତିନିପୁରେ ଉଦଏ । ୪ ।

ନାହିଁ ତାଙ୍କ ବର୍ଣ୍ଣ ଚିହ୍ନ ଅଶେଷ ରୂପରୁ ଭିନ୍ନ
ସକଳ ଧର୍ମ ବିଧାନ କରନ୍ତି ନ୍ୟାଏ
ଆସିବା ଯିବା ହେଉଛି କରି ସର୍ବ କରାଉଛି
ନିଷ୍କାମ ଯୋଗରେ ନଜ ନାମକୁ ଥୁଏ । ୫ ।

ସେ ବ୍ରହ୍ମର ତେଜ ଝାସେ ରହି ନ ପାରୁଛି ପାଶେ।
ଅନୁଭବ ପଦେ ମାତ୍ର କରିଛି ଲୟେ।
କହେ ଭୀମସେନ ଭୋଇ ପୂର୍ବଦିଗେ ଛନ୍ତି ରହି
ଦୁଃଖ ସୁଖ ଜଣାଇବି ଭେଟିଲେ ପାଏ । ୬ ।

॥ ୧୨ ॥

ଦେଖ ସ୍ୱାମୀ ଏ ସଂସାର ହୋଇ ଯାଉଅଛି ନାରଖାର ଯେ

ଦେଖ ସ୍ୱାମୀ ଏ ସଂସାର ହୋଇ ଯାଉଅଛି ନାରଖାର ଯେ ।ଘୋଷା।

ସ୍ଥାବର ଜଙ୍ଗମ କୀଟରୁ ପତଙ୍ଗ
ସର୍ବେ କଲେ ଅବିଚାର।
ଆତ୍ମ ହିଂସା କରି କପଟ ଆଚରି
ହୋଇଲେଣି ପରା ପର ଯେ । ୧ ।

ଛତିଶ ପାଟରେ ଅକର୍ମ ବାଟରେ
କଲେଣି ଅଣ ଆଚାର।
ପରଧନ ପରନାରୀ ଚୋରି କରି
ଅସତ୍ୟ କହି ସଭାର ଯେ । ୨ ।

ପର୍ବତ ପରାୟେ ଆପଣାର ଦେହେ
ବହିଲେଣି ପାପ ଭାର।
ପିତା ତୁଲେ ଝିଅ ମାତା ତୁଲେ ପୁଅ
ସୁଖେ କରୁଛନ୍ତି ଘର ଯେ । ୩ ।

ପଣ୍ଡିତମାନେ ଅବିବେକ ହେଲେଣି
ଜ୍ଞାନିମାନେ ବେଶ୍ୟାପୁର।
କେହି କାହାରି ଜାତିକୁଳ ନ ରଖି
ହୋଇଲେଣି ଏକାକାର ଯେ । ୪ ।

ଗୁରୁଠାରେ ଶିଷ୍ୟ ହୋଇ ଅବିଶ୍ୱାସ
ମହାଜନମାନେ ଚୋର।
ସାଆନ୍ତ ପାଶରୁ ସେବକ ପରାଣୀ
ପଳାଇ ଗଲେଣି ଦୂର ଯେ । ୫ ।

ଧର୍ମମାନ ଲଘି ପାଦେ ଶିରୀ ଫିଙ୍ଗି
ମିଥ୍ୟା କହି ନିରନ୍ତର।
କହେ ଭୀମ ଭୋଇ ପିଣ୍ଡ ବ୍ରହ୍ମାଣ୍ଡକୁ
ଦୟାରେ ଉଦ୍ଧରି ଧର ଯେ । ୬ ।

॥ ୧୩ ॥

ବ୍ରହ୍ମ ହୁଅ ପରକାଶ, ପିଣ୍ଡବ୍ରହ୍ମାଣ୍ଡ ଦୂରିତ ଝଟତିରେ ନାଶ

ବ୍ରହ୍ମ ହୁଅ ପରକାଶ, ପିଣ୍ଡବ୍ରହ୍ମାଣ୍ଡ ଦୂରିତ ଝଟତିରେ ନାଶ । ଘୋଷା ।
ଅଲେଖ ଅରୂପ ଅଟ ଶୂନ୍ୟାଦି ପୁରୁଷ
        କେଉଁ ପାଦ ସେବା କରି ବୋଲାଇବି ଦାସ । ୧ ।
ନାମ ନାହିଁ ଅନାମିକା ଅବର୍ଣ୍ଣ ଅଦୃଶ
        କି ରୂପ ଚିହ୍ନିବି ଯାର ମହିମା ଅଶେଷ । ୨ ।
ଅବ୍ୟକତ ନିଶବଦ ନାହିଁ ବେଦ ଲେଶ
        କବିକୃତେ ବର୍ଣ୍ଣିବାକୁ ନ ସ୍ଫୁରେ ସାହସ । ୩ ।
ଇଚ୍ଛାବିହାରୀ କରତା କରୁଣା ବିଳାସ
        କି ବୋଲି ଠାବ କରିବି ଭକ୍ତିଭାବେ ବଶ । ୪ ।
ସୁଦୟା ହୋଇଲେ ସିନା ହେବ ମୋତେ ଦୃଶ
        ଶୁଣ ନଶୁଣ ଗୁହାରି କରିଛି ମୁଁ ଆଶ । ୫ ।
ସତେ ଯେବେ ଅନ୍ତର୍ଯ୍ୟାମୀ ଭଗତ ବିଶ୍ୱାସ
        କହେ ଭୀମ ଅରକ୍ଷିତ ଜଣାଇବି କିସ । ୬ ।

॥ ୧୪ ॥

ନିରତେ ଭଜ ତରିବ ଭବସଂସାରୁ

ନିରତେ ଭଜ ତରିବ ଭବସଂସାରୁ
ନାମ ବହି ଆସୁଅଛି ଅଣ ଅକ୍ଷରୁ । ପଦ ।
ସୁଖଭୋଗ ତେତ୍ୟା କରି । ଭୂମି ଆସନେ ବିହରି ।
ଜନ୍ମ ମୃତ୍ୟୁକୁ ନିବାର ଏହୁ ଅଙ୍ଗରୁ । ୧ ।
କାମ କ୍ରୋଧ ଲୋଭ ମୋହ । ଛନ୍ଦ ବାଦ ହିଂସା ଦ୍ରୋହ ।
ଆୟତ୍ତ କରାଇ ରଖ ଜ୍ଞାନ ତତ୍ତ୍ୱରୁ । ୨ ।
ଖଚ ମିଛ କଥା ଛାଡ଼ । ନିର୍ବେଦରେ କର ଦୃଢ଼ ।
ସେବା ଜଗି ସୁଧପାନ ପିଅ ପୟରୁ । ୩ ।
ସେହିଟି ପୃଥିବୀ ଚୂଳ । ଫୁଟି ଯେସନେକ ଫୁଲ ।
ଦଶ ଅବତାର ଆତଯାତ ସେଠାରୁ । ୪ ।
ଚାରିଯୁଗେ ଯେହୁ ମୋକ୍ଷ । ଏତେବେଳେ ତାଙ୍କୁ ଡାକ ।
ନିଶ୍ଚେ ତରିବ ଶ୍ରୀଗୁରୁଙ୍କ ଦୟାରୁ । ୫ ।
କଳି ଉତ୍‌ପାତ ହେଲାଣି । ଧର୍ମ ଇଜତ ଗଲାଣି ।
ଭଣେ ଭୀମଭୋଇ ତ୍ରାହି କର ନିନ୍ଦାରୁ । ୬ ।

॥ ୧୫ ॥

ନିଜ ନାମ ବ୍ରହ୍ମଙ୍କୁ ରଖ ସମ୍ଭାଦି

ନିଜ ନାମ ବ୍ରହ୍ମଙ୍କୁ ରଖ ସମ୍ଭାଦି । ଘୋଷା ।

ଆତଯାତ ହେଉଛି, ଜନ୍ମ ମୃତ୍ୟୁ ନାହିଁଛି,
ଆସୁଛି ଯାଉଛି, ଦେଖା ନ ଦେଉଛି,
ବହୁଅଛି ଯେସନକ ନଦୀ । ୧ ।
ଜଳ ପବନେ ଦେହ, ଅଛି ସ୍ଥିତି ଅଥୟ,
ଖେଳୁଅଛି ଅଙ୍ଗେ, ନ ମିଶି କା ସଙ୍ଗେ,
ଶରୀରେ ଶବ୍ଦରୂପେ ଭେଦି । ୨ ।
ପବନର ସଂଜ୍ୟୋତି, ଅଣଶ୍ରୁତି ଅମୂର୍ତ୍ତି,
ଚକ୍ରର ଆକାରେ, ନ ଦିଶେ ନେତ୍ରରେ,
ଆଦି ଅନ୍ତ ନାହିଁ କ୍ଷୟ ବୃଦ୍ଧି । ୩ ।
ରୂପ ମଧ୍ୟେ ଅରୂପ ଅଛି ବ୍ରହ୍ମସ୍ୱରୂପ,
ପାର ଯେବେ ଚିହ୍ନି, ଘଟେ ଧର ଆଣି,
ଅଲେଖ ଅବଧୂତ ସତ୍ୟବାଦୀ । ୪ ।
ଥୟରେ ନ ରହୁଛି, ବ୍ରହ୍ମାଣ୍ଡକୁ ବହିଛି,
ନିର୍ଗୁଣରେ କାୟା, ରଚିଛନ୍ତି ମାୟା,
ଦେଖ କରୁଛନ୍ତି ସର୍ବସିଦ୍ଧି । ୫ ।
ନିଷ୍କାମରେ ବିହରି, ଅଗଢ଼ାରେ ତିଆରି,
ଭଣେ ଭୀମ ଭୋଇ ସେ ପ୍ରଭୁଙ୍କୁ ଧ୍ୟାୟି,
ସାରସ୍ୱତ ବ୍ରହ୍ମ ସେ ଯେ ଅନାଦି । ୬ ।

॥ ୧୬ ॥

ମୂଳ ଶୂନ୍ୟ ଘରକୁ କର ବିବେକ

ମୂଳ ଶୂନ୍ୟ ଘରକୁ କର ବିବେକ । ଘୋଷା ।

ନିଶବ୍ଦ ସେ ଭୁବନ, ଘୁ ଘୁ ନାଦ ଗର୍ଜନ,
ଅଗାଧ ସାଗର, ନାହିଁ ତହିଁ ନୀର,
ପୂରି ରହିଅଛି ହୃଦ ପଙ୍କ । ୧ ।
ନ ପଡ଼ି ଫୁଟ ବେଢ଼, ଝରି ଦୁଆରେ ଖେଳ,
ମହା ନିତ୍ୟ ଭୂଇଁ, ଟଳ ଟଳ ନାହିଁ,
ପାଦ ଘାତେ ପଡୁଅଛି ଚମକ । ୨ ।
ଜଣେ ଜଣେ ସୁବେଶ, ନ ଥାଇ ଝୀନବାସ,
ଚୌଷଠି ବନ୍ଧରେ, ନୃତ୍ୟ ସେ ମନ୍ଦିରେ
ନ ବାଜଇ ଢୋଲ ଦମା ଟମକ । ୩ ।
ମଧ୍ୟେ ପ୍ରଭୁ ବିଜୟେ, ଅନାମେ ରଖି କାୟେ,
ଅଲେଖ ମହିମା, କି ଦେବି ଉପମା,
ଆଶ୍ରେ କଲେ ଖଣ୍ଡୁଅଛି ପାତକ । ୪ ।
ବାମ ଡାହାଣ କତି ଜନ୍ମ ମୃତ୍ୟୁ ଖଟନ୍ତି,
ଅକ୍ଷୟ ପୁରୁଷ, ଭକ୍ତ ଭାବେ ଦୃଶ୍ୟ,
ଖାଇଛନ୍ତି ଅମରିକା କଳପ । ୫ ।
ଏକାକ୍ଷର ନିର୍ବେଦ, କ୍ଷରି ଆସୁଛି ପଦ,
ବ୍ରହ୍ମ ନିରୂପଣ, ହେଉଛି ସେ ସ୍ଥାନ,
ଭଣେ ଭୀମ ହୀନ ବାଇ ମୁରୁଖ । ୬ ।

॥ ୧୭ ॥

ଝଟ ଝଟ ଦିଶନ୍ତି ଦିବ୍ୟ ମୂରତି

ଝଟ ଝଟ ଦିଶନ୍ତି ଦିବ୍ୟ ମୂରତି । ଘୋଷା ।

ରୂପ ମଧ୍ୟେ ନ ଗଛେ, ଲାଗିଛି ଆଗ ପଛେ,
ବାମ ଡାହାଣରେ, ଭିତର ବାହାରେ,
ଜ୍ଞାନନେତ୍ରେ ଦେଖି କର ପୀରତି । ୧ ।

ଅମନ ମଣ୍ଡଳରେ, ଧର ଏତେବେଳରେ,
ନ ଦେଉଛି ଧରା, ଯେସନେ ଭ୍ରମରା,
ଅନୁମାନ ମାର୍ଗେ କର ମୁରତି । ୨ ।

ନିଗମ ଘରେ ପଶ, ହେବ ଯେମନ୍ତେ ଦାସ,
ନ ଧଇଲେ କର୍ମ, ଭେଟିବ ସେ ବ୍ରହ୍ମ
ତେବେ ସେ ପାଇବ ଗତି ମୁକତି । ୩ ।

ନିଦା ବ୍ରହ୍ମ ଅଙ୍ଗରେ, ନିତ୍ୟ ଥିବ ସଙ୍ଗରେ,
ଗୁରୁ ଶିଷ୍ୟ ସେଥି, ବାରଣ ନ ଯାନ୍ତି,
କଟିଯିବ ଜନ୍ମ ମରଣ ବିପତ୍ତି । ୪ ।

କ୍ଷରୁଛି ଚରିଯୁଗେ, ଫଳ ଶ୍ରୁତିର ଭୋଗେ,
ଦେଉଛନ୍ତି ଛଳି, ଯେହ୍ନେ ମଧୁଫଳି,
ଛଡ଼ାଇ ଅଲଗା ହୋଇ ଅଛନ୍ତି । ୫ ।

ଭଣେ ଭୀମ ଅର୍କ୍ଷିତ, ନ ପାଇ ଆଦ୍ୟ ଅନ୍ତ,
ଧରିଛି ପୟର, ହେବାକୁ ଉଦ୍ଧାର,
ଏବେ ସେ କରତା ବିଜେ ଧରତି । ୬ ।

॥ ୧୮ ॥

ନିର୍ଝରରୁ ଝରୁଛି ସୁଧା ମଧୁର

ନିର୍ଝରରୁ ଝରୁଛି ସୁଧା ମଧୁର । ଘୋଷା ।

ଜାଗି ପାରିଲେ ବସି, ତହିଁ ଦ୍ରବି ଆସୁଛି,
ଥିଲେ ପୂର୍ବ ଭାଗ୍ୟ, ତେବେ ସେ ପାଇବ,
ଗଳୁଅଛି ଏକ ପାଦବିନ୍ଦର । ୧ ।

ରାତ୍ର ଦିବସ ଖାଇ, କେଭେ ଚିଟା ନ ପାଇ,
ଅଧିକରେ ସ୍ୱାଦୁ, ସୁଧାପାନ ମଧୁ,
ପିଇ ତୋଷ କର ଉଦର । ୨ ।

ଅମର ମକରନ୍ଦ, ଅଛିଟି ଭଲ ମନ୍ଦ,
ଦୁର୍ଗମ ସେ ପଥ, କର ଦୃଢ଼ ବ୍ରତ,
ପଶି ପାରିଲେ ଅଗମ୍ୟ ଭିତର । ୩ ।

ଏ ପିଣ୍ଡ ନ ପଡ଼ିବ, ହେତୁ ବୁଡ଼ି ନ ଯିବ,
ଗୁରୁ ଆଜ୍ଞା ବହି, ଲେଞ୍ଚ ପ୍ରାୟ ହୋଇ,
ସାକ୍ଷୀରୂପେ ଦେଖୁଥିବ ସଂସାର । ୪ ।

ଯେ ଘରେ ଯେ ପଶିବ, ଶରୀରାର୍ଥ ଦିଶିବ,
ବ୍ରହ୍ମର ଭୁବନ, ନାହିଁ ରାତ୍ର ଦିନ,
ନ ପଡ଼ିବ ଜନ୍ମମୃତ୍ୟୁ ଭାଗର । ୫ ।

ମହାଶୂନ୍ୟ ମନ୍ଦିରୁ, ବହୁଛି ସେଠାବରୁ,
ଲାଗିଅଛି ଧାରା, ନିଗମରୁ ପରା,
ଭଣେ ଭୀମ ଅଗାଧ ସେ ସାଗର । ୬ ।

॥ ୧୯ ॥

ମନର ଭିତରେ କଲେ ଭଗତି ଗୋ

ମନର ଭିତରେ କଲେ ଭଗତି ଗୋ
ଅନ୍ତର୍ଯ୍ୟାମୀ ଗୁରୁଦେବ ଜାଣନ୍ତି ଗୋ । ଘୋଷା ।
ନାମକୁ ଭଜିଲେ ଚିହ୍ନି ପାଷାଣ ହୁଅଇ ପାଣି,
କାଷ୍ଠ ପଲ୍ଲବନ୍ତି ଗୋ, କୁସୁମ ଫୁଟନ୍ତି,
ଥିଲେ ପୂର୍ବର ବାସନା, ଗୁଣ ତାର ପଡ଼େ ଚିହ୍ନା,
ମୂକ ଜଡ଼ା ଚାରିବେଦ କହନ୍ତି ଗୋ । ୧ ।
ମୂର୍ଖେ ହୁଅନ୍ତି ପଣ୍ଡିତା, ପାନ୍ତି ଜ୍ଞାନ ହେତୁ ଚେତା,
ବାନା ଉଡ଼େ ପୃଥ୍ୱୀ ଗୋ, ବଢିଲେ କୀରତି,
ଅନୁଭବ ଥିଲେ ବୁଦ୍ଧି, ବ୍ରହ୍ମକୁ ପାରଇ ସାଧି,
ପ୍ରାପତ ହୁଅଇ ଗତି ମୁକତି ଗୋ । ୨ ।
ଅନ୍ଧାର ଘରରେ ନିତି, ବିନା ତଇଲରେ ବତି,
ଲଗାଇ ପାରନ୍ତି ଗୋ, ନିଷ୍ଠା ଥିଲେ ମତି,
ଆରତେ ଭଜିଲେ ନାମ ଦଣ୍ଡି ନ ପାରଇ ଯମ,
ପଙ୍ଗୁ ଗିରିବର ଲଙ୍ଘି ଯାଆନ୍ତି ଗୋ । ୩ ।
ଅକର୍ମରୁ କର୍ମ ଉଦେ, ଗମନ୍ତି ଅନାମ ବେଦେ,
ଛିଡ଼େ ଭବ ଭ୍ରାନ୍ତି ଗୋ, ନ ପଡ଼େ ବିପତ୍ତି,
କାମନା କଳ୍ପନା ଇଚ୍ଛା, ପୂର୍ଣ୍ଣ ହୁଏ ମନବାଞ୍ଛା,
ଅବଶ୍ୟ ସେ ଫଳ ବସି ଭୁଞ୍ଜନ୍ତି ଗୋ । ୪ ।
ନିଶବ୍ଦ ଘରୁ ଶବଦ, ଜନ୍ମ ହୋଏ ଚାରିବେଦ
ମହିମା ଜାଣନ୍ତି ଗୋ, ଶାସ୍ତ୍ରେ ବଖାଣନ୍ତି,
ଲାଗିଥାଇ ବିଷ୍ଣୁ ତେଜ, ପଣ୍ଡିତ ସୁଜ୍ଞାନୀ ବୁଝ,
କବିକୃତ କରି ପଦ ଯୋଡ଼ନ୍ତି ଗୋ । ୫ ।
ଅନ୍ତର୍ଗତ କଥା ସବୁ, ଜାଣନ୍ତି ଅଲେଖ ପ୍ରଭୁ,
ସର୍ବଠାରେ ଥାନ୍ତି ଗୋ, ରୂପେ ନ ଦିଶନ୍ତି,
କହେ ଭୀମ ଅରକ୍ଷିତ, ନିର୍ଣ୍ଣୟେ ବୁଝିଲେ ତତ୍ତ୍ୱ
ଲକ୍ଷେ ଯୋଜନରେ ଥିଲେ ଶୁଣନ୍ତି ଗୋ । ୬ ।

॥ ୨୦ ॥

ନିରନ୍ତରେ ଭଜୁଥାଅ ନାମକୁ ଗୋ

ନିରନ୍ତରେ ଭଜୁଥାଅ ନାମକୁ ଗୋ
ଛାଡ଼ି ସୁତ ବିତ୍ତ ଦାରା ଧନକୁ ଗୋ । ଘୋଷା ।

ଏ ସେ ବ୍ରହ୍ମ ଜ୍ଞାନ ତତ୍ତ୍ୱ, ଏ ଜୀବ ଆତ୍ମାକୁ ହିତ,
ଆସଇ ମନକୁ ଗୋ, ସୁଜ୍ଞାନି ଜନକୁ,
ପଚିଶ ପ୍ରକୃତି ମାରି, ମନ ପବନରେ ଭରି
ଧରିଥିବ ମନ ଧ୍ୟାନ ଯୋଗକୁ ଗୋ । ୧ ।

ଏତେବେଳେ ଥିଲେ ବଞ୍ଚି, ନିଶ୍ଚୟେ ରଖିବେ ସଞ୍ଚି,
ଆଗତ ଦିନକୁ ଗୋ, ଭଗତମାନଙ୍କୁ,
ପୃଥ୍ୱୀ ହୋଇଲେ ଉତ୍ସୁକ, ଶୂନ୍ୟରୁ ପଡ଼ିବ ଡାକ,
ଡେରିଥିବ ବାମ କର କର୍ଣ୍ଣକୁ ଗୋ । ୨ ।

ଅମଡ଼ା ଅପୋଡ଼ା ଭୂଇଁ, ଚନ୍ଦ୍ର, ସୂର୍ଯ୍ୟ ଗମ୍ୟ ନାହିଁ,
ଲୋଡ଼ ସେ ସ୍ଥାନକୁ ଗୋ, ସୁମରି ଗୁରୁଙ୍କୁ,
ପାଞ୍ଚମନ କଲେ ତତ୍ତ୍ୱ, ପାଇବ ପୂର୍ବର ହେତୁ,
ଭାଜନ ହୋଇ କେ ଦାସପଣକୁ ଗୋ । ୩ ।

ଗମି ପାରିଲେ ସେପୁର, ଯୁଗ ଯୁଗାନ୍ତେ ଅମର,
ଛେଦଇ ଭୟକୁ ଗୋ, ଭେଦଇ ଜ୍ଞାନକୁ,
ସୁଜନେ ନ ଦେବା ଦୋଷ, ଶ୍ରୀଗୁରୁ ଆଜ୍ଞାରେ ଦୃଶ୍ୟ
ସେଠାରୁ ଫିଟିଛି ବାଟ ଶୂନ୍ୟକୁ ଗୋ ।୪।

ବହୁଛି ବସନ୍ତ ତହିଁ କ୍ଷୁଧା ତୃଷା ବାଧା ନାହିଁ,
ସୁସ୍ଥ ଏ ପିଣ୍ଡକୁ ଗୋ, ଅକ୍ଷ୍ୟ ଏ ଜୀବକୁ,
ଶବ୍ଦ ବ୍ରହ୍ମଜ୍ଞାନ ଏହି, ତିନି ତ୍ରୈଲୋକ୍ୟେ ନ ପାଇ
ହିତକୁ ଆସଇ ଜ୍ଞାନୀଜନକୁ ଗୋ । ୫ ।

ବ୍ରହ୍ମ ଲୋକଙ୍କର ବାସ, ତହିଁକି କରିଛି ଆଶ,
ବିଚାରି ମନକୁ ଗୋ, ନ ଭଜି ଆନକୁ,
କହେ ଭୀମ ଅରକ୍ଷିତ ଶ୍ରୀଗୁରୁ ଯେମନ୍ତେ ସତ୍ୟ
ଭାଗ୍ୟ ଥିଲେ ଯିବି ତପୋବନକୁ ଗୋ । ୬ ।

॥ ୨୧ ॥

ନର ମାନୁଷ ନୋହି

ନର ମାନୁଷ ନୋହି। ଅପରତେ କରୁଅଛ କିପାଇଁ । ଘୋଷା ।
ସାକ୍ଷାତେ ସେ ବ୍ରହ୍ମ, ଅଣାକାର ନାମ, ସର୍ବେ ପାଇବେ କାହିଁ।
ବାହ୍ୟ ସଂସାରକୁ, ଏ କଳିଯୁଗକୁ, ଅଛନ୍ତି ସେ ନର
ଦେହକୁ ବହି। ୧ ।
ବଇଷ୍ଣବ ବେଶ, ମଞ୍ଚରେ ପ୍ରକାଶ, ଦୀକ୍ଷା ଅବଧୂତହିଁ।
ବକଳ ଭୂଷଣ, ଦେଖ ସର୍ବଜନ, ଜ୍ଞାନ ଭଣ୍ଡାରକୁ
ଅଛନ୍ତି ଥୋଇ । ୨ ।
ବଚନେ ଉଦ୍ଧାର, କରିବେ ତ୍ରିପୁର। ମନ୍ତ୍ରମୂର୍ତ୍ତି ନ ଦେଇ।
ଅକ୍ଷୟ ଶରୀର, ଅଟେ ତାହାଙ୍କର, ନ ଥାଇ ଯାହାର
ସ୍ୱରୂପ ଛାଇ । ୩ ।
ମହାଶୂନ୍ୟଠାରୁ ପ୍ରଭୁ ଶ୍ରୀଛାମୁରୁ କ୍ଷରି ଆସୁଛି ମହୀ।
ଦେବାଦେବୀଗଣ, ମୃତ୍ତିକା ପାଷାଣ
ବ୍ରହ୍ମାଣ୍ଡେ କେହି ନ ପାରିବେ ରହି । ୪ ।
ବ୍ରହ୍ମାଣ୍ଡରେ ନରହିବେଟି କେହି।
ଆତ୍ମଜ୍ଞାନ ଭାବ ସର୍ବଠାରେ ହେବ ସାର କର୍ମ ବୋଲାଇ।
ଦେଖିବ ମହିମା ପ୍ରଭୁ ଗୁଣ ସୀମା
ସ୍ୱାମୀ ଯେମାନଙ୍କୁ ଥିବେଟି ଥୋଇ । ୫ ।
ଯାହାଙ୍କୁ ଅଲେଖ ବୋଲୁଛନ୍ତି ଲୋକ ମୋ ଜୀବର ଗୋସାଇଁ।
ନିଷ୍ଟେ ତାରିବେ, କଷଣ ଫେଡିବେ।
ଭଣେ ଭୀମ ଭୋଇ ଅଧମ ବାଇ । ୬ ।

॥ ୨୨ ॥

ଅଣାକାର ଅରୂପ ବ୍ରହ୍ମ ମୂରତି ହେ

ଅଣାକାର ଅରୂପ ବ୍ରହ୍ମ ମୂରତି ହେ।
ଏବେ ବିଜୟେ କରିଛନ୍ତି ଧରତି ହେ । ଘୋଷା ।
ଅରୂପ ପୁରୁଷ ରୂପବନ୍ତ ହୋଇଲେ। ବ୍ରହ୍ମାଣ୍ଡକୁ ଅଇଲେ।
ଭଗତ ହିତକାରୀ। କରୁଣା କୃପାଧାରୀ
ମାୟାସିନ୍ଧୁ ସାଗରୁଁ ନେବେ ଉଦ୍ଧାର କରି।
ପିଣ୍ଡ ପ୍ରାଣକୁ ଦେଇ କର ଭଗତି ହେ । ୧ ।

ଅନାମିକା ପୁରୁଷ ସେ ନାମକୁ ବହି। ରକ୍ଷା ନିମନ୍ତେ ମହୀ।
ନିର୍ବେଦରୁ ପ୍ରକାଶ। ମହିମା ଦୀକ୍ଷା ରସ।
ଭଜି ଯେବେ ପାରିବ ଯିବ ପୂର୍ବ କଲ୍ମଷ।
ତେବେ ପାଇବ ସଦଗତି ମୂକତି ହେ । ୨ ।

ଅଚିହ୍ନା ପୁରୁଷ ସେ ଯେ ଚିହ୍ନଟ ଦେଲେ।
ଆପେ ଅତିଥି ହେଲେ।
ଅଲେଖ ପଦ ଯେହ୍ନୁ। ଲେଖି ନୁହଇ ସେହ୍ନୁ।
ଗୁରୁପଣେ ଶକତା ଅଟନ୍ତି ମହାବାହୁ।
ଏକୋଇଶ ଭୁବନେ ସେହ୍ନୁ ନୃପତି ହେ । ୩ ।

ଅକଳ୍ପଣା ପୁରୁଷ ସେ କଳ୍ପଣା କଲେ।
ଅଙ୍ଗୁ ସର୍ବେ ଜନ୍ମିଲେ।
ଏବେ ସେ କରତାଙ୍କୁ। ନେତ୍ରରେ ଦେଖୁ ଦେଖୁ।
ନିନ୍ଦିତ କରୁଅଛ ଭଜୁଅଛ କାହାକୁ।
ଏବେ ବୈଷ୍ଣବ ଧର୍ମେ ଅଛି ଏ ପୃଥ୍ୱୀ ହେ । ୪ ।

ଅକ୍ଷୟେ ପୁରୁଷ କ୍ଷୟେ ହେବାକୁ ନାହିଁ। ଏକୁ ନାହିଁ ନା ଦୁଇ।
ବ୍ରହ୍ମାଣ୍ଡେ ଗୁରୁ ବିଜେ ଶିଷ୍ୟ ନାହାନ୍ତି କେହି।
ବଡ଼ିମା ପଣେ ସର୍ବେ ଦିନ ଯାଉଛି ବହି।
ଗୁରୁ ଦର୍ଶନେ ଖଣ୍ଡ କାଳ ବିପତ୍ତି । ୫ ।

ଦେହଧାରୀ ହୋଇଛନ୍ତି ମହୀମଣ୍ଡଳେ।
ଏ ଘୋର କଳିକାଳେ।
ଅବନା ଅଣାକ୍ଷର। ବାନାହିଁ ବୀରବର। ବଚନ ସୁଧାଧାର
ମୁକ୍ତିଦାନୀ ପୟର
ଭଣେ ଭୀମ ଅର୍କ୍ଷିତ କରି ବିନତି ହେ । ୬ ।

॥ ୨୩ ॥

ଶୂନ୍ୟେ ଶୂନ୍ୟେ ଆସିବା ଯିବା ହେଉଛି ହେ

ଶୂନ୍ୟେ ଶୂନ୍ୟେ ଆସିବା ଯିବା ହେଉଛି ହେ।
ମାୟାଛାୟାରେ କାହିଁ ନାହିଁ ଲାଗୁଛି ହେ । ଘୋଷା ।
ମେଦିନୀରେ ଚଳୁଛନ୍ତି ନ ଲାଗେ ଧୂଳି।
ଅଙ୍ଗୁ ଶ୍ରମ ନ ଗଳି।
ନୁହନ୍ତି ପଥଶ୍ରମ, ନାହିଁ ପାଦେ ପରାସ।
ଅତ୍ୟନ୍ତ ସୁକୁମାର ଅଟନ୍ତି ସେ ପୁରୁଷ।
ମନେ ପଡ଼ିଲେ ନେତ୍ରୁଁ ନୀର ବହୁଛି ହେ । ୧ ।

ଭୋଜନ ମାଗୁଅଛନ୍ତି କ୍ଷୁଧା ନ ଥାଇ।
ଜଳେ ତୃଷାର୍ତ୍ତୀ ନୋହି।
ଛପନ କୋଟି ଜୀବ ଯାହାର କୁଟୁମ୍ବାଦି।
ବାଉନ କୋଟି ଭଣ୍ଡାର ରଖିଛନ୍ତି ସମ୍ପାଦି।
ଏହା ତଦନ୍ତ କରି କେହୁ ଜାଣୁଛି ହେ । ୨ ।

ତିନିଶ ଷାଠିଏ ଦିନ କରି ଭ୍ରମଣି।
ଗ୍ରାମେ ଦିନେ ରହଣି।
ସେ ପ୍ରଭୁ ମହିଁମାହିଁ ଦୁଃଖ କଷଣ ସହି।
ଜଗତ୍ ଭକ୍ତ ନିମନ୍ତେ ଏତେ ଅବସ୍ଥା ହୋଇ।
ଗୁଣ ଗୁଣି ହୃଦୟ ପୋଡ଼ି ଯାଉଛି ହେ । ୩ ।

ବ୍ରହ୍ମାଣ୍ଡକୁ କରିଛନ୍ତି ଘର ବଖୁରି।
ଆଦି ଏ ତିନିପୁରୀ।
ସପତ ସିନ୍ଧୁ ଘାଟେ ଜଳେ ସ୍ନାହାନ କରି।

ଚନ୍ଦ୍ର ସୂର୍ଯ୍ୟ ଯାହାର ଦୀପାବଳି ପାହାରୀ।
ଠୁଳ ଶୂନ୍ୟ ମୁଦ ଛାଏଣି ହୋଇଛି ହେ । ୪ ।

ଚାରି ଦିଗେ ଚାରି ମେରୁ ହୋଇଛି ଖୁମ୍ଭ।
ସେ ଚାରି ଗୋଟି ରୋମ।
ପୃଥ୍ୱୀଦେବୀ ଯାହାର ପୟର ମଞ୍ଜାଳନ୍ତି।
ଛପନା କୋଟି ଜୀବ ଯାହାର ପୁତ୍ର ନାତି।
ସେହି ପୁରୁଷ ଅବତାର ହୋଇଛି ହେ । ୫ ।

ବ୍ରହ୍ମ ସେ ବ୍ରାହ୍ମଣ ଦାନ ପାରନ୍ତି ଘେନି।
ସର୍ବେ ଥାଅ ହେ ଶୁଣି।
କବି ପସରା ମୋତେ ଶିରେ ବୁହାଇ ଦେଲେ।
ଅତିଥିରୂପେ ସ୍ୱାମୀ ବ୍ରହ୍ମାଣ୍ଡରେ ବୁଲିଲେ।
ଭଣେ ଭୀମ ଅର୍କ୍ଷିତ ନୁହେଁ ମୂରୁଛି ହେ । ୬ ।

॥ ୨୪ ॥

କେହୁ ଦେଖିଛ କି ବେନି ନେତ୍ରରେ

କେହୁ ଦେଖିଛ କି ବେନି ନେତ୍ରରେ
ବୃଦ୍ଧ ବୟସରେ ଅତିଥି ବେଶରେ
ଗୁରୁ ଯାଉଥିଲେ ଏହି ପଥରେ । ଘୋଷା ।
ପିତା ମାତା ନାହିଁ ଜନ୍ମ ହୋଇଲେ ।
ଥନ ନ ଚୁମ୍ବିଣ କ୍ଷୀର ଖାଇଲେ ।
ବାବୁଧନ ବୋଲି ଗେଲ କରିଥିଲି ।
ବସିଥିଲେ ମୋର କୋଳରେ । ୧ ।
ବଢ଼ି ନାହାନ୍ତି ସେ ସାନ ପିଲାଟି ।
ବୃଦ୍ଧ ହୋଇଅଛି ଯୁବା ତେଜଟି ।
ଗୋରା ନ ଦିଶନ୍ତି କାଳିଆ ନୁହନ୍ତି ।
ସ୍ୱରୂପକ ଦୁଇ ମଧ୍ୟରେ । ୨ ।
ଘରୁ କେଭେଁ ନୋହିଥିଲେ ବାହାର ।
ଖଜା ଚୂଡ଼ା ଦେଇ ନାହିଁ ଆହାର ।
ଶୁଝାଇ ଗଣାଇ ନାମ ଦେଇ ନାହିଁ ।
ଧୂଳି ଖେଳୁଥିଲେ ଦାଣ୍ଡରେ । ୩ ।
ରୂପବର୍ଣ୍ଣ ନାହିଁ ଝଳି ଦିଶନ୍ତି ।
ପାଦ ପାଣି ନାହିଁ ଚାଲୁଅଛନ୍ତି ।
ବସ୍ତ୍ର ନାହିଁ ବୃକ୍ଷ ବକଳ ପିନ୍ଧନ୍ତି ।
ଆଡ଼ବନ୍ଧ ଲାଇ କଟିରେ । ୪ ।
ମୋତେ ଧରତି ଆକାଶ କହିଲେ ।
ପୁତ୍ର ଯୋଗୀନ୍ଦ୍ର ହେଲେଣି ବୋଇଲେ ।
ବ୍ରହ୍ମାଣ୍ଡ ଉଦ୍ଧାର କରିବେ କୁମର ।
ଘୋର କଳିକାଳ ଯୁଗରେ । ୫ ।
ସର୍ବ ଶୁଭେ ଯେବେ ଭେଟ ପାବନ୍ତି ।
କୋଳେ ଧରି ମୁଖେ ଚୁମ୍ବ ଦିଅନ୍ତି ।
ଭଣେ ଭୀମ ହୀନ ପାମର ଅଜ୍ଞାନ
ଲୋଡୁଛି ବ୍ରହ୍ମାଣ୍ଡ ଭିତରେ । ୬ ।

॥ ୨୫ ॥

ତାତ ମାତ କରୁଛନ୍ତି ରୋଦନ

ତାତ ମାତ କରୁଛନ୍ତି ରୋଦନ।
ଚଉଦିଗେ ଫେରି, ପଚାରି ପଚାରି।
କାହିଁଗଲେ ଏକ ନନ୍ଦନ । ଘୋଷା ।
ପିତା ବୀଜାମୃତ ତୋଳି ନ ଦେଇ।
ମାତା ପ୍ରସବିଲେ ଦୁଃଖ ନ ପାଇ।
ଗର୍ଭୁ ନ ପଡ଼ନ୍ତେ ଗଲେ କେଉଁ ପଥେ।
ବୁଦ୍ଧି ନ ଶିଖନ୍ତେ ହେଲେ ସିହାଣ । ୧ ।
ଜନ୍ମ ଦିନୁ କ୍ଷୁଧା ତୃଷା ନ ଥାଇ।
ଉଦର ପୂରିଛି କିଛି ନ ଖାଇ।
ତୈଳ କୁଙ୍କୁମ ଅଙ୍ଗେ ନ ଲାଗଇ।
ଦେହ ଦିଶେ ଯେସନେକ ସୁବର୍ଣ୍ଣ । ୨ ।
ଜଳ ନ ଥାଇ କରନ୍ତି ସ୍ନାହାନ।
ଶଯ୍ୟା ନାହିଁ ପଲଙ୍କରେ ଶୟନ।
ନିଦ୍ରା ନାହିଁ ହାଇ ଆଳସ ମାରନ୍ତି।
ଅଚେତେ ପଡ଼ି ଶୁଣନ୍ତି ବଚନ । ୩ ।
କଣ୍ଠ ନାହିଁ ବଚନଟି କୋକିଳ।
କର୍ଣ୍ଣ ନାହିଁ ଶୁଣୁଛନ୍ତି ସକଳ।
ଚକ୍ଷୁ ନାହିଁ ସର୍ବ ସମାନ ଦେଖନ୍ତି।
ଦୟା ନ ଥାଇ କରନ୍ତି ତାରଣ । ୪ ।
ମୁଖ ନାହିଁ ଖଳ ଖଳ ହସନ୍ତି।
ଦନ୍ତ ନାହିଁ ଲୁହାଚଣା ଚୋବାନ୍ତି।
ଜିହ୍ୱା ଅଗ୍ର ନାହିଁ ସୁଆଦ ବାରନ୍ତି।
ନିମ୍ବ ମଧୁର ମଣନ୍ତି ସମାନ । ୫ ।
ଅନୁମାନ କରୁଛନ୍ତି ସଂସାରେ।
ବୁଦ୍ଧି ନାହିଁ ଅବିବେକ ବିଚାରେ।
ଭଣେ ଭୀମଭୋଇ, କାନ୍ଦ କାନ୍ଦ ହୋଇ।
ନ ଚାହିଁଣ ସେ ପୁତ୍ରର ବଦନ । ୬ ।

॥ ୨୬ ॥

ସଜ୍ୟୋତି ତେଜ ତୋରା

ସଜ୍ୟୋତି ତେଜ ତୋରା। ନାହିଁ ଦେଉଛି ଧରା
ଅଜ୍ୟୋତି ବ୍ରହ୍ମ ତହିଁ ଖେଳୁଛି ହେ । ଘୋଷା ।
ରୂପ ପ୍ରାୟେ ଦିଶନ୍ତି। ଅରୂପେ ବିହରନ୍ତି।
ଅଦୃଷ୍ଟି ଆସ୍ଥାନରେ ରହିଛି ହେ । ୧ ।
ଅବ୍ୟକ୍ତ ହୋଇଅଛି। ବଚନ ନ କହୁଛି।
କୃପାଜଳ ଶରୀର ବହୁଛି ହେ । ୨ ।
ଚିହ୍ନି ଧଇଲେ ବାଛି। ହସ୍ତୁଁ ଖସି ଯାଉଛି।
ଅତି ଚିକ୍‌କଣ ଅଙ୍ଗ ହୋଇଛି ହେ । ୩ ।
ନିଷ୍କାମରେ ଗଢ଼ିଛି। ବଡ଼ ଚତୁରେ ଅଛି।
ନିଶ୍ଚିନ୍ତେ ଅଚିନ୍ତାରେ ରହିଛି ହେ । ୪ ।
ନିର୍ଝରୁ ଝର ଝର। ଝର ଝର ବହୁଛି।
ଶରମ ପାଇ ପୁତ୍ର ଶୋଇଛି ହେ । ୫ ।
ଭଣିଲେ ଭୀମ କନ୍ଧ। ସେ ଯେଉଁ ପୂର୍ଣ୍ଣାନନ୍ଦ।
ପାଦ ବିନ୍ଦରୁ ପଦ କ୍ଷରୁଛି ହେ । ୬ ।

॥ ୨୭ ॥

ଉଠ ସ୍ୱାମୀ ବ୍ରହ୍ମାଣ୍ଡ ଠାକୁର ହେ

ଉଠ ସ୍ୱାମୀ ବ୍ରହ୍ମାଣ୍ଡ ଠାକୁର ହେ।
ବିଜେ କର। ହେଉଛି ଉଚ୍ଛୁର । ଘୋଷା ।
ରଜନୀ ହୋଇଲା ଶେଷ। ହୁଅ ପ୍ରାତ ଅବକାଶ।
ମୁଖ ପଖାଳ ସୁବାସ। ନିଶି ହେଲା ହେ ପ୍ରକାଶ।
ଆଣିଛନ୍ତି ଶୂନ୍ୟ ଗଙ୍ଗାନୀର ହେ । ୧ ।
ଦ୍ୱାରେ ଛନ୍ତି ଚରି ନାମ। ସାରି ବିଧି ନିତ୍ୟକର୍ମ।
ଆବର ସେ ଚରି ବ୍ରହ୍ମ। ଶାନ୍ତି ଶୀଳ ଦୟା ଧର୍ମ।
ଆସିଛନ୍ତି ଦର୍ଶନେ ତୁମ୍ଭର ହେ । ୨ ।
ନିରାକାର ଆଦିକନ୍ଦ। ସଙ୍ଗେ ଘେନି ବିଷ୍ଣୁବୃନ୍ଦ।
ମନେ ଉତ୍ସବ ଆନନ୍ଦ। ଜଣାଇବେ ଭଲ ମନ୍ଦ।
ଦୁଃଖ ସୁଖ ପ୍ରଭୁ ଶ୍ରୀଛାମୁର ହେ । ୩ ।
ମହାନିତ୍ୟ ଭକ୍ତଗଣ। ରାତ୍ରହୁଁ କରି ସ୍ନାହାନ।
ସର୍ବେ ବ୍ରହ୍ମର୍ଷି ବାହ୍ମଣ। ମୁଖେ ଗାୟତ୍ରି ବଖାଣ।
ଆଜ୍ଞା ହେଲେ ସେବିବେ ପୟର ହେ । ୪ ।
ଅଙ୍ଗଲାଗି ସେବାକାରୀ। ଅଗଣାରେ ଛନ୍ତି ପୂରି।
ବଚନକୁ ଅନୁସରି। ହୃଦେ ମହିମା ସୁମରି।
କାକୁସ୍ତରେ ଶିରେ। ଯୋଡ଼ି କର ହେ । ୫ ।
ଯୋଗନିଦ୍ରା ତେଜଗୁରୁ। ଉଠ ନିଜ ଆସନରୁ।
ଦଣ୍ଡ ପ୍ରଲମ୍ବିତ ଦୂରୁ। ଥାଇ କବାଟ ଦୁଆରୁ।
ଭଣେ ଭୀମ ଅଜ୍ଞାନ ପାମର ହେ । ୬ ।

॥ ୨୮ ॥

ଅନ୍ତର୍ଯ୍ୟାମୀ ସମ୍ଭାଳ ଶରଣ ହେ

ଅନ୍ତର୍ଯ୍ୟାମୀ ସମ୍ଭାଳ ଶରଣ ହେ, ଶୂନ୍ୟବ୍ରହ୍ମ
ଦିଅ ଦରଶନ । ଘୋଷା ।
ପଶ୍ଚିମ ଦ୍ୱାରେ ଅନନ୍ତ ଖଞ୍ଜଣି ମନ୍ଦିରା ଘାତ,
ମନ କାମନା ବାଞ୍ଛିତ ଦରଶନରେ ଆଗତ
କରୁଛନ୍ତି, ନାମକୁ ଗାୟନ ହେ । ୧ ।
ପରମ ଉତ୍ତର ଦ୍ୱାରେ ଚିତ୍ତ ନିବେଶି ଶୂନ୍ୟରେ,
ଧାଇ ଶ୍ରୀଗୁରୁ ପୟରେ କରପତ୍ର ଯୋଡି ଶିରେ,
ଲାଗିଅଛି ଶ୍ରୀମୁଖେ ଭଜନ ହେ । ୨ ।
ପୂର୍ବଦ୍ୱାରେ ରାମ ହରି ବଜାଇ ବୀଣା ବାଂଶରୀ
ଦରଶନେ ଇଚ୍ଛା କରି ନାଚୁଛନ୍ତି ଭୋଳେ ପଡ଼ି
ଜୟଶଙ୍ଖ ସ୍ବରେ ଘନ ଘନ ହେ । ୩ ।
ଦକ୍ଷିଣରେ ଜଗନ୍ନାଥ, ଦ୍ୱାରେ ଆସି ପ୍ରବେଶିତ,
ବେଢ଼ ପଡ଼ି ଅପ୍ରମିତ, ରହିଛନ୍ତି ୟୂଥ ୟୂଥ,
ଦରଶନେ ସବୁଙ୍କର ମନ ହେ । ୪ ।
ଚଉଦିଗରେ ଚହଳ, ଶୁଭେ ମୁଖରାବ ଗୋଳ,
ଅବନାପୁର ମଣ୍ଡଳ, ଶବଦରେ କୋଳାହଳ,
ଚାରିଦ୍ୱାରେ ଲାଗିଛି ଭଜନ ହେ । ୫ ।
ଶ୍ରୀଗୁରୁଚରଣେ ଚିତ୍ତ, ଭଣେ ଭୀମ ଅରକ୍ଷିତ,
କରାଅ ଭୃତ୍ୟର ଭୃତ୍ୟ, ଏତିକି ମୋର ବାଞ୍ଛିତ,
ମାଗୁଅଛି, ଜୀବ ପରିତ୍ରାଣ ହେ । ୬ ।

॥ ୨୯ ॥

ସିଂହଦ୍ୱାରେ ସର୍ବେ ରହିଛନ୍ତି ହେ

ସିଂହଦ୍ୱାରେ ସର୍ବେ ରହିଛନ୍ତି ହେ, ପ୍ରାଣପତି,
ଆସି ଯତି ସତୀ । ଘୋଷା ।
ବ୍ରାହ୍ମବାସୀ ମୁନିଗଣେ, ଆସିଛନ୍ତି ଦରଶନେ,
ବେଦମୂଖୀ ବ୍ରହ୍ମମାନେ, ଉଭାରି ପାଦ ଗମନେ,
ବେଦ ଧ୍ୱନି ଦ୍ୱାରେ କରୁଛନ୍ତି ହେ । ୧ ।
ଆସିଛନ୍ତି ରୂଦ୍ରକୂଳ, ଘେନି ଡମ୍ବରୁ ତ୍ରିଶୂଳ
ଅଷ୍ଟକୁଳା ନାଗବଳ ଆଣି କ୍ଷୀରସିନ୍ଧୁ ଜଳ
ଅବ୍ୟକତ ବିଷ୍ଣୁ, ଆସିଛନ୍ତି ହେ । ୨ ।
ସୂରପତି ରାଜଇନ୍ଦ୍ର, ସଙ୍ଗେ ଘେନି ଦେବବୃନ୍ଦ,
ବଜାଇ ଦୁନ୍ଦୂଭି ବାଦ୍ୟ, ନାଚୁଛନ୍ତି ଉନମାଦ,
ପାରିଜାତ ପୁଷ୍ପ ଆଣିଛନ୍ତି ହେ । ୩ ।
ଚାରିଯୁଗ ହୋଇ ଠୂଳ, ପଢୁଅଛନ୍ତି ମଙ୍ଗଳ,
ଦରଶନେ ଆଖଣ୍ଡଳ ଭିଡ଼ି ହୋଇ ବେଲୁ ବେଳ,
ବାଟ ନାହିଁ ଛନ୍ତି ଯନ୍ତାଯନ୍ତି ହେ । ୪ ।
ଛପ୍ପନ କୋଟି ଜୀବ ଯେତେ, ଆଶା କରିଛନ୍ତି ଚିତ୍ତେ,
ପଡ଼ି ପାଇବା ନିମନ୍ତେ, ହସ୍ତକୁ ପାତି ସମସ୍ତେ,
ନେଲେ ଯାଇ କୁଟୁମ୍ବ ପୋଷନ୍ତି ହେ । ୫ ।
ଭଣେ ଭୀମସେନ ଭୋଇ, ଶ୍ରୀଗୁରୁଚରଣ ଧ୍ୟାଇ,
ଥିବେ କେତେ ଠିଆ ହୋଇ, ଦୟା ହେଲେ ଯିବେ ସେହି,
ଜଣାଉଛି ଘେନ ମୋ ବିନତି ହେ । ୬ ।

॥ ୩୦ ॥

ଅଣାକାର ଅଣରୂପେ ପ୍ରକାଶ

ଅଣାକାର ଅଣରୂପେ ପ୍ରକାଶ । କିଛି ନ ଦିଶନ୍ତି ଶୂନ୍ୟ ଆକାଶ ।ଘୋଷା।
ବର୍ଣ୍ଣଭେଦ ନାହିଁ କି ବର୍ଣ୍ଣ ବର୍ଣ୍ଣିବି, ଅବର୍ଣ୍ଣ ସେ ପୁରୁଷ । ୧ ।
ପାଦ ପାଣି ନାହିଁ କି ସେବା କରିବି, ଭାବେ ହୁଅନ୍ତି ଦୃଶ୍ୟ । ୨ ।
କଟି ନାହିଁ ଆଡ଼ବନ୍ଧ କଉପୁନି କାହିଁ ପିନ୍ଧିବେ କିସ । ୩ ।
ନାହିଁ କରପଖା ହୃଦୟ ମଣ୍ଡଳ, ନାହିଁ ଉର ସନ୍ଦେଶ । ୪ ।
କାହିଁ ନ ରୁହନ୍ତି ଛଡ଼ାଇ ହୁଅନ୍ତି, ନ କରନ୍ତି ବିଶ୍ୱାସ । ୫ ।
ଭଣେ ଭୀମହୀନ ପାମର ଅଜ୍ଞାନ, ଗୁରୁ ପୟରେ ଆଶ । ୬ ।

॥ ୩୧ ॥

ମାୟା ତେଜ ମୋହ ତେଜ ଅପରୂପ

ମାୟା ତେଜ ମୋହ ତେଜ ଅପରୂପ ଭେଦ ଘଟେ ଘଟେ ବାସ।
ଅଲେଖ ପୁରୁଷ ତାଙ୍କୁ କର ଠାବ । ଘୋଷା ।
ପବନ ପରାଏ ସର୍ବାଙ୍ଗ ଶରୀରେ ଖେଳୁଛି ଶବଦ ନାଦ।
କରୁଛି ଭ୍ରମଣି, ଫେରୁଛି ଉଜାଣି, କ୍ଷରି ଏକପାଦ । ୧ ।
ଅନୁମାନ ଦ୍ୱାରେ, ଗମିବ ସେପୁରେ, ନିଗମରୁ କ୍ଷରି ପଦ।
ଜିହ୍ୱା ନ ଲାଗଇ, ପାର ଯେବେ ଖାଇ, ତେବେ ପାଇ ସ୍ୱାଦ । ୨ ।
ଅରୂପକୁ ରୂପ କରି, ମୁଖେ ଜପ ହୋଇବ ବଚନେ ସିଦ୍ଧ।
ଅଦେଖା ଦେଖିଲେ, ଏ ଘଟେ ରଖିଲେ, ଆତ୍ମା ହେବ ବୋଧ । ୩ ।
ସ୍ତୋତ୍ର ଚକ୍ଷୁ ନାସା ମୁଖ ଏ ସମସ୍ତ ସାକ୍ଷାତେ ଅଟନ୍ତି ବେଦ।
ରଜ ବୀଜ ପାଞ୍ଚ ପଚିଶ ପ୍ରକୃତି ଏକଠାରେ ମେଦ । ୪ ।
ସେ ବ୍ରହ୍ମକୁ ଧ୍ୟାଅ, ଚିତ୍ତ ଦୃଷ୍ଟି ଦିଅ, ନ କର ମନରେ ଖେଦ।
କୋଟିଏ ଅନଳ, ତେଜ ପରବଳ, ପାପ ହେବ ଛେଦ । ୫ ।
ପରତେ ହୋଇଲେ। ରହିବ ନିଶ୍ଚଳେ। ନୋହିବ ଜନମ ବନ୍ଧ।
ଭଣେ ଭୀମକନ୍ଧ। ଜ୍ଞାନଭେଦ ବନ୍ଧ। ଫିଟିଅଛି ମୁଦ । ୬ ।

॥ ୩୨ ॥

ଇଛା ନାହିଁ ବାଞ୍ଛା ନାହିଁ ଏ ଧର୍ମରୁ ଅଧିକ

ଇଛା ନାହିଁ ବାଞ୍ଛା ନାହିଁ ଏ ଧର୍ମରୁ ଅଧିକ।
ଆତ୍ମାଜ୍ଞାନ ହିତ ନିତ୍ୟେ କର ଚିତ୍ତ ବୁଦ୍ଧିରେ ବିବେକ । ଘୋଷା ।
ଧନ ଦାରା ସୁତ କଳ୍ପଣା ସମସ୍ତ ଏ ପଥୁକି ସଙ୍ଗ ଲୋକ।
ମୋହୋ ମୋହୋ ବୋଲି ଅଛୁ ତୁ ଆବୋରି ପଛେଦେବେ ଦୁଃଖ ।୧।
ରାଜାପଣ ଭଲ ବୋଲିବା ସକଳ ତହିଁ ନାହିଁ କିଛି ସୁଖ।
ବ୍ରହ୍ମକୁ ନ ଚିହ୍ନି ହେଲେ ନୃପମଣି ଲଭେ ଦୋଷ ପାପ । ୨ ।
କ୍ଷତ୍ରିପଣ ବୃତ୍ତି ଯେମାନେ କରନ୍ତି ଅଜ୍ଞାନ ମୂଢ଼ ମୂରୁଖ।
ଅଧୋଗତି ହୁନ୍ତି ନରକେ ପଡ଼ନ୍ତି ତହିଁ ନାହିଁ ସୁଖ । ୩ ।
ନାମବ୍ରହ୍ମ ଲାଭ ଜୀବକୁ ଦୁର୍ଲ୍ଲଭ ପିଣ୍ଡକୁ କାରଣ ଦେଖ।
ଛପ୍ନା କୋଟି ଜୀବ କରନ୍ତି ସର୍ଜନା ଅନାଦି ଅଲେଖ । ୪ ।
ନିଶବ୍ଦରୁ ରସ, ଭେଦରୁ ପ୍ରକାଶ ତିଆରି ହୋଇଛି ରେଖ।
ଡାଙ୍କୁଣି ମୁଦିଲେ ନ ମିଳିବ ଆଉ ହେବ ନିରାପକ୍ଷ । ୫ ।
ମୂଳକୁ ନ ଛାଡ଼ି ଲୋଭରେ ନ ପଡ଼ ଭଜ ଅଛି ଯାର ଶକ୍ୟ।
ଭଣେ ଭୀମ କନ୍ଧ କବି ବୀରବର ଅଦେହ ଅରୂପ । ୬ ।

॥ ୩୩ ॥

ଫେଡ଼ି କବାଟ ଯାଇ ପଶ ଭିତରେ

ଫେଡ଼ି କବାଟ ଯାଇ ପଶ ଭିତରେ । ଘୋଷା ।
ପରଚେ ହେଲେ ତାଙ୍କୁ । ଭୟ ନାହିଁ କାହାକୁ ।
ସଂଶୟ ଯିବ ମନୁ ସେବ ପୟରେ । ୧ ।
ଓ ମ, ବେନିକ୍ଷର । ଜ୍ଞାନୀଜନେ ବିଚ୍ଚର ।
ଏକତ୍ୱ କର ଯୁକ୍ତ ଦିବାନିଶିରେ । ୨ ।
ପାଦରୁ ଫେଡ଼ି ପଦ । ଅନାମେ କର ଭେଦ ।
ରହିବ ଏକା ଚ୍ଚରି ଯୁଗରେ । ୩ ।
ସମ୍ବାଦ ବ୍ରହ୍ମଯୋଗ । ଜନ୍ମବନ୍ଧ ନୋହିବ ।
ପ୍ରବେଶ ହେବ ଜୀବ ବ୍ରହ୍ମପୁରରେ । ୪ ।
ରୂପ ଅରୂପ ଦୁଇ । ଛନ୍ତି ସମାନ ହୋଇ ।
ମଧ୍ୟେ ଅଭୟପୁର ଅଛି ସେଠାରେ । ୫ ।
ଭଣିଲେ ଭୀମ କନ୍ଧ । ଗଳୁଛି ମକରନ୍ଦ ।
ଉଚ୍ଛିଷ୍ଟ ନାହିଁ କର ପିଅ ମୁଖରେ । ୬ ।

॥ ୩୪ ॥

ଉଠି ଜ୍ଞାନ ନେତ୍ରେ ଶୂନ୍ୟେ ଦେଖ

ଉଠି ଜ୍ଞାନ ନେତ୍ରେ ଶୂନ୍ୟେ ଦେଖ। ଅଭୟ ମଣ୍ଡଳକୁ । ଘୋଷା ।
କର୍ମକାଣ୍ଡ ଇଟା ପଥର ବସାଇ
ଜ୍ଞାନ କଳା ଚୂନ ଛାଟିଛନ୍ତି ତହିଁ।
ସୂସତ୍ୟ ପୁଣ୍ୟକୁ ମାଟିଖତ କରି
ଲିପିଛନ୍ତି ଅନାଦି ଅଲେଖ । ୧ ।
ଧର୍ମ ହୋଇଅଛି ଛାଞ୍ଚୁଣି ପହଁରା
କୋଠା ଖରକୁଛି ବୁଲି ବେଢ଼ା ବେଢ଼ା।
ସର୍ଜନା କଞ୍ଚନା ଖୁଟି ଅଲପଣା
ମୁଖେ କେ କହିବ କରି ଶିକ୍ଷା । ୨ ।
ରାମକୃଷ୍ଣ ନାମ ହୋଇଛି କବାଟ
ଲାଗିଅଛି ଦଶ ପରକାରେ କାଠ।
ଅର୍ଥ ଲୁହାକଣ୍ଟା ତାଲାଛନ୍ତି ପିଟି
କମ ହୋଇଛି ଦ୍ୱାଦଶ ରୂପ । ୩ ।
ଏକାକ୍ଷର କଞ୍ଚି କୋଲପ ହୋଇଛି
ଜ୍ୟୋତି ବ୍ରହ୍ମଦ୍ୱାରୀ କବାଟ କିଲୁଛି।
ଚାରିଯୁଗ ଯାକ ଦ୍ୱାର ବନ୍ଧ ହୋଇ
ଲାଗିଛନ୍ତି ତହିଁ ଏତେ ଲୋକ । ୪ ।
ଅନାଦି ନିଶବ୍ଦ ନିଷ୍କାମ ନିର୍ବେଦ
ଜ୍ଞାନୀଜନମାନେ ପାଇବେ ସେ ଭେଦ
ଏ ପିଣ୍ଡ ରହିବ କଞ୍ଚଣା ହଜିବ
ତେବେ ଏ ଜୀବକୁ ଅଛି ମୋକ୍ଷ । ୫ ।
ଭଣେ ଭୀମ କନ୍ଧ ମନରେ ଆନନ୍ଦ
ମହାବ୍ରହ୍ମ ସେ ଯେ ଅଣରୂପଚାନ୍ଦ।
ଥିବ ଯେବେ ଧାଇ। ଲୀନ ହେବେ ଯାଇ
କୋଟିଜନ୍ମ କରିଥିଲେ ତପ । ୬ ।

॥ ୩୫ ॥

ମହିମାସାଗର ବ୍ରହ୍ମପୁରୀ

ମହିମାସାଗର ବ୍ରହ୍ମପୁରୀ। ଅବନା ମନ୍ଦିରରେ । ଘୋଷା ।

ଉତ୍ତର ଦକ୍ଷିଣ ମନ୍ଦିର ପାରିଆ
ଉଦେ ଅସ୍ତ ମେରୁ ହୋଇଛି ତୁଳିଆ।
ଚରିଦିଗ ଯାକ ଚରିଖଣ୍ଡ ଶ୍ରେଣୀ
ମଉଡ଼ ମାରିଛି ଯତ୍ନ କରି । ୧ ।
ଅନୁମାନ ବୁଦ୍ଧି ବାରେସି ନିହାଣ
ଚଞ୍ଚି ଫୋଡ଼ି ପୋଛି କରିଛି ନିର୍ମାଣ
ସାଲ ପିଆଇଛି ବାରି ତ ନୋହୁଛି
ବିବେକ ମନକୁ ସୂତ୍ରେ ଧରି । ୨ ।
ତେତିଶ୍କୋଟି ଦେବ ରୁଅ ନଇ ବତା
ବିଚିତ୍ର କମରେ ଫୁଟାଇଛି ଲତା।
ମେଦିନୀମାଳାକୁ ଛଣବିଡ଼ା କରି
ଛାଏଁଣୀ କରଛି ମନ ସ୍ମରି । ୩ ।
ଷୋଳ ବଖରାକୁ ସାତ ଗୋଟି ବାଟ
ଲାଗିଅଛି ତହି ଯାଉଁଳି ବାଟ।
ବସିଛି ଉହାଡ଼େ ବତିଶ ବେଢ଼ାରେ
ସାତ କବାଟକୁ ଏକ ଦ୍ୱାରା । ୪ ।
ମଧ ବଖୁରିରେ ବାନ୍ଧିଛନ୍ତି ମଠ
ଶାନ୍ତି ଶୀଳ ଦୟା କ୍ଷମା ଧୂନି କାଠ।
ନିର୍ଧୂମ ଅନଳ ତେଜ ପରବଳ
ଅନହତ ଧୂନି ତେଜି ଭାରି । ୫ ।
ନବଲକ୍ଷ ତାରା ଧୂନିକାଠ ଝୋଲା
ଶୂନ୍ୟେ ଉଡୁଅଛି ଯେସେନେକେ ହୁଲା।
ଭଣେ ଭୀମ କନ୍ଧ ଭକ୍ତକୁଳବୃନ୍ଦ
ଅଶ୍ରେ କରି ଯାଉନ୍ତି ତରି । ୬ ।

॥ ୩୬ ॥

ଅଲେଖ ଅନାଦିତ ନିଗମ ଭୂମିରେ ରହିଛନ୍ତି

ଅଲେଖ ଅନାଦିତ ନିଗମ ଭୂମିରେ ରହିଛନ୍ତି । ଘୋଷା ।
କାମନା କଳ୍ପନା କ୍ଷୁଧା ତୃଷା ନାହିଁ
ନିଦ୍ରା ମଇଥୁନ ଆହାର ନ ଥାଇ।
ହାସ୍ୟ ପ୍ରେମରସ ନବରଙ୍ଗେ ବେଶ
ହାଇ ଛାଇ ନାହିଁ ତହିଁ କିଛି । ୧ ।
ନବୀନ ବୟସ ନାହିଁ ଗନ୍ଧବାସ
ପାପ ପୁଣ୍ୟ ତହିଁ ନ ଲାଗଇ ଦୋଷ ।
ଆକାର ବିକାର ସବୁ ସମାଚର
କାହିଁ ନ ଲାଗିଣ ଶୂନ୍ୟେ ଛନ୍ତି । ୨ ।
ତୀର୍ଥ ବ୍ରତ ତପ ନାହିଁ ମନ୍ତ୍ର ଜପ
ଲୋଭ ମୋହ ମାୟା ନାହିଁ କାୟାରୁପ।
ଶୁଭ ଅନୁକୂଳ ନାହିଁ ବେଳ କାଳ
ସଦା ସରବଦା ଝରୁଅଛି । ୩ ।
ବେଦ ଶାହାସ୍ତ୍ରକୁ ଦେଇଛନ୍ତି ଫିଙ୍ଗି
ସହସ୍ର ଯୋଜନେ ରହିଛନ୍ତି ଶଙ୍କି।
ଧରତି ଆକାଶ ଆପ ବାୟୁ ତେଜ
ସେମାନଙ୍କୁ ସାକ୍ଷ ରଖିଛନ୍ତି । ୪ ।
ଥିଲେ ପୂର୍ବ ତପ ଦେଖିବ ସେ ରୂପ
ତେବେ କ୍ଷମା ହେବ ପିତାମାତା ଶାପ।
ଜନ୍ମ ଲଭିଅଛ ପାତକ କରିଛ
ଏବେ ପାଦପଦ୍ମ ଧରି ବାଛି । ୫ ।
ଭଣେ ଭୀମ କନ୍ଧ ନିରିଗୁଣ ପଦ
ସମସ୍ତଙ୍କୁ ଦୃଶ୍ୟ ନୁହଇ ସେ ଭେଦ।
ଲୁଚିଅଛି ଯହିଁ ଉବାର ନୁହଇ
ଭକ୍ତ ନୟନକୁ ଦିଶୁଅଛି । ୬ ।

॥ ୩୭ ॥

ରୂପରେଖ ନାହିଁ ହେ ଶୂନ୍ୟଦେହୀ

ରୂପରେଖ ନାହିଁ ହେ ଶୂନ୍ୟଦେହୀ। ଅଛି ଉଦେ ହୋଇ । ଘୋଷା ।
ବରଷୁଛି ଜଳ ନ ଥାଇ ପବନ
ଅଶରକ୍ଷ ବାୟୁ ବହେ ଘନ ଘନ।
ବଢୁଅଛି ଜଳ ନାହିଁ ନଦୀକୂଳ
ଉଲୁକାପାତ ଧାରା ବହି । ୧ ।
ଜକଜକ ଓଦା ଶୁଖିଲା ହୋଇଛି
କବାଟ ନ ଫିଟୁଁ ନେତ୍ରରେ ଦିଶୁଛି।
ସେଠାରେ ଆଶ୍ରମ ଅନାଦିତ ବ୍ରହ୍ମ
ଉଦେ ଅସ୍ତ ନାହିଁ ତହିଁ ହେ । ୨ ।
ନିଅଇଁଠା ପଦ ନିଷ୍କାମ ନିର୍ବେଦ
କଞ୍ଚଣା ନ କରି ଧର ପଦ୍ମପାଦ।
ନ ବାଞ୍ଛି ଦର୍ଶନ କରାଅ ପ୍ରସନ୍ନ
ଆଶା ଭରସା ନ ଦେଇ ହେ । ୩ ।
ବାଲି ମାଟି ନାହିଁ ଉଭୁକୁଛି ହଦ
ଗଙ୍ଗାଜଳ ଛାଡ଼ି କୂପଜଳେ ଗାଧ।
ଲଭିବ ମୁକତି ନ ବୁଡ଼ିବ ଜାତି
ପୂର୍ବ ପୁଣ୍ୟ ଥିଲେ ପାଇ । ୪ ।
ଛାଇ ପଡ଼ିଅଛି ନାହିଁ ବୃକ୍ଷମୂଳ
ପୁଷ୍ପକଢ଼ି ନାହିଁ ଫଳୁଅଛି ଫଳ।
ଫୁଟିଛି ପତର ଡେମ୍ଫ ନାହିଁ ତାର
ଅସାଧନା ମାର୍ଗେ ପାଇ ହେ । ୫ ।
ପତି ପତ୍ନୀରୂପେ କରନ୍ତି ଯୁଗଳ
ଇନ୍ଦ୍ରି ଅଣ୍ଡ ନାହିଁ ପିନ୍ଧନ୍ତି ବକଳ।
ସେ ପ୍ରଭୁ ପୟରେ ସେବ ନିରନ୍ତରେ
ଭଣେ ଭୀମସେନ ଭୋଇ ହେ । ୬ ।

॥ ୩୮ ॥

ପାଶେ ପାଶେ ଅଛି ହେ ନ ଦିଶୁଛି

ପାଶେ ପାଶେ ଅଛି ହେ ନ ଦିଶୁଛି। ଆବୋରି ରହିଛି । ଘୋଷା ।
ଅଣରୂପେ ଥାଇ ରୂପ ପରକାଶ
ପାପ କରୁଅଛି ନ ଲାଗୁଛି ଦୋଷ
ଧନ ନ ମିଳୁଛି ପୁଣ୍ୟ ଅରଜୁଛି
ଖାଲି ହସ୍ତେ ଭ୍ରମୁଅଛି ହେ । ୧ ।
ସତ୍ୟକୁ ନ ଧରି ମିଛ କହେ ନ ନିତି
ଯୋଗକୁ ନ ସାଧି ବୋଲାଉଛି ଯତି
ନ କରି ଭଜନ ଦେଇ ଚିତ୍ତ ମନ
ଅପରତେ ନାହିଁ କଛି ହେ । ୨ ।
ଶିଷ୍ୟ ହୋଇ ଅଛ ସେବାରେ ଥାଇ
ପ୍ରଭୁପଣ ଗୋଟା ଲୋଡ଼ିବାକୁ ନାହିଁ।
ଜାତି ତାର ନୀଚ ଶ୍ରେଷ୍ଠପଦେ ଉଚ୍ଚ
ପିତା ନାହିଁ ପୁତ୍ର ଅଛି ହେ । ୩ ।
ଗାଳି ଦ୍ୱନ୍ଦ ନାହିଁ ସଭା ମଣ୍ଡୁଥାଇ
ନ୍ୟାୟ ଛିଣ୍ଡାଉଛି ଉତ୍ତର ନ ଦେଇ।
ଯେ ମାରଇ ମାଡ଼ ତାକୁ କରେ ବଡ଼
ଗୋଷ୍ଠୀ ମଧ୍ୟେ ଥାଇ ଗଛି ହେ । ୪ ।
ସିହାଣ ନ ହୋଇ ବନାଉଛି ବୁଦ୍ଧି
ରଖିଲା ମୁଣ୍ଡକୁ ପକାଉଛି ଛେଦି।
କଷା ପିତା ସ୍ୱାଦ ଏକଠାରେ ମେଦ
ସବୁ ପକାଉଛି ବାଛି ହେ । ୫ ।
ଚରଣାରବିନ୍ଦେ ଅବନାରେ ବନ୍ଦେ
ସୁଧାରସ ନାହିଁ ପିବି ବୋଲି ବୁନ୍ଦେ।
ଭୀମ ଅରକ୍ଷିତ, ହେବାକୁ ଭଗତ
ଶ୍ରୀଛାମୁରେ କୀଟ ମାଛି ହେ । ୬ ।

॥ ୩୯ ॥
ଭଜ ସର୍ବେ ଚେତି ହେ

ଭଜ ସର୍ବେ ଚେତି ହେ। ପ୍ରାଣପତି।
ଗୁରୁ ବିଜୟେ ଧରତି । ଘୋଷା ।
ଜୀବର କରତା ବିଜୟେ ସଂସାରେ
ଭେକବାନା ବହି ବୈଷ୍ଣବ ବେଶରେ।
ଅତିଥି ବୋଲାନ୍ତି ମାଗିଣ ଖାଆନ୍ତି
ନାହିଁ ତାଙ୍କ ଫନ୍ଦା ବୃତ୍ତି ହେ । ୧ ।
ଅନ୍ନ ରାନ୍ଧୁଛନ୍ତି ନାହିଁ କିଣି ହାଣ୍ଡି
କର ନେଉଛନ୍ତି ପ୍ରଜାକୁ ନ ଦଣ୍ଡି।
ନୁହନ୍ତି ସେ ରଜା ଖଟିଛନ୍ତି ପ୍ରଜା
ବୁଝୁଛନ୍ତି ନବ କ୍ଷିତି ହେ । ୨ ।
କୁଟୁମ୍ବ ଅଛନ୍ତି ଖରଚ ନ ଲୋଡ଼ି
ତଣ୍ଡୁଳ କିଣନ୍ତି ନ ଦେଇ କଉଡ଼ି।
ଯାଚି ନ ଦିଅନ୍ତି ବହି ଆଣୁଛନ୍ତି
ଅପ୍ରୀତିରେ କରି ପ୍ରୀତି ହେ । ୩ ।
ବିଲବାଡ଼ି ନାହିଁ ଚଷୁଛନ୍ତି ହଳ
ବିହନ ନ ବୁଣି ଫଳୁଅଛି ଫଳ।
ମେରି ଖଳା ନାହିଁ ଧାନ ମଳୁଛନ୍ତି
ନ ରଖି ହଳିଆ ଗୋତି ହେ । ୪ ।
ପୁତ୍ର ବିଭା ନାହିଁ ବୋହୁ ଆଣୁଛନ୍ତି
ରତି ସଙ୍ଗ ନାହିଁ ଜନମୁଛି ନାତି
ଶିଶୁ ମେଳ ନାହିଁ ଏକା ଖେଳୁଥାଇ
ଆଗେ ପଛେ ଖେଳୁଛନ୍ତି ହେ । ୫ ।
ଭଣେ ଭୀମ ହୀନ ପାମର ଅଜ୍ଞାନ
ପାଦ ପାଣି ନାହିଁ ଧରିଛି ଚରଣ।
ପଚିଶ ପ୍ରକୃତି ବିଷୟାରେ ମାତି
ନାହିଁ ସଦଜ୍ଞାନ ମତି ହେ । ୬ ।

॥ ୪୦ ॥

କର ଲୟେ ନାହିଁ ମୃତ୍ୟୁ ଭୟେ

କର ଲୟେ ନାହିଁ ମୃତ୍ୟୁ ଭୟେ ନ ପଡିବ କାୟେ ହେ। ଘୋଷା ।

ତୋଳିଛି ମନ୍ଦିର ନାହିଁ ଖୁମ୍ବ ପାଟି

ଛାଏଣି କରିଛି ଚୂନକୁ ନ ଛାଟି

ଦିଶୁଛି ଶୁକଳ ଅତି ପରିମଳ

ସ୍ୱରୂପ ଧବଳ ମୟ ହେ । ୧ ।

ଲାଗିଛି କବାଟ ନ ଥାଇ କିଳିଣି

ରଜ୍ଜୁ ନାହିଁ ତହିଁ ପଡ଼ିଛି ବାନ୍ଧେଣି।

କାନ୍ଥ ଦେଇଅଛି ଚିହ୍ନା ନ ଯାଉଛି

ଇଟାହିଁ ପଥର ନୁହେଁ ହେ । ୨ ।

ଧୂନି ଜଗାଇଛି କୁଣ୍ଡକୁ ନ ଖୋଳି

କାଠ ପୋଡୁଅଛି ପାଉଁଶ ନ ପଡ଼ି।

ଉଠୁଛି ହୁତାଶ ବ୍ରହ୍ମତେଜ ଝାସ

ନ ଦିଶଇ ଧୂମମୟେ ହେ । ୩ ।

ଦେଉଛି ଆହୁତି ନ ଥାଇଣ ଘୃତ

ଶାସ୍ତ୍ର ପଢ଼ା ନାହିଁ କହୁଅଛି ଅର୍ଥ।

ବତାଉଛି ଜ୍ଞାନ ନ ଭେଦି ସମ୍ପୂର୍ଣ୍ଣ

ଧରିବାକୁ ନାହିଁ କିଏ ହେ । ୪ ।

ଉଇଁଛି ଅରୁଣ ନୁହଇ ଦିବସ

ଚନ୍ଦ୍ର ପ୍ରକାଶିଛି ନ ଥାଇ ତରାସ।

ଅନ୍ଧକାର ରାତ୍ରି ନାହିଁ ସନ୍ଧ୍ୟା ପ୍ରାତ

ଅନ୍ଧାର ଉଜ୍ଜ୍ୱଳ ନୁହେଁ ହେ । ୫ ।

ଦିଗ ବିଜେ ନାହିଁ ପଡ଼ିଛି ପାଏଡା

ସୁଆର ନ ଥାଇ କଷୁଅଛି ଘୋଡ଼ା।

କୋରଡ଼ା ନ ଥାଇ ପିଟୁଛି ତୁହାଇ

ଭୀମ ଅରକ୍ଷିତ କହେ ହେ । ୬ ।

॥ ୪୧ ॥

ଦେହ ଶାସ୍ତ୍ରେ ଭେଦ କର

ଦେହ ଶାସ୍ତ୍ରେ ଭେଦ କର। ରୂପ ଚିହ୍ନି ବାଛି ଧର ହେ । ଘୋଷା ।
ଅଙ୍ଗଟି ଅଉଠ ଯୋଜନ
ଏଥି ଅଛି ଶୂନ୍ୟ ଭୁବନ।
ଶରୀରକୁ ଅର୍ଥ କର ସାଧୁ ସନ୍ଥ
ଭେଟିବ ସେ ବ୍ରହ୍ମର ଘର । ୧ ।
ଘଟରେ ବ୍ରହ୍ମକୁ ବହିଛ
ପ୍ରତ୍ୟେକ୍ଷେ ନେଉଛ ଆଣୁଛ।
ଘଟ ଛୁଟିଗଲେ କେ ଦେଖିଛ ଡୋଳେ
ଏପରି ମହିମା ତାଙ୍କର । ୨ ।
ସାକ୍ଷାତେ କହୁଛି ବଚନ।
ମଣୁଛ ଯେସନେ ସ୍ୱପନ।
ଏ ପିଣ୍ଡ ବ୍ରହ୍ମାଣ୍ଡ ଆଜ୍ଞାରେ ଚଳୁଛି
ତରଳି ଯାଉଛି ପଥର । ୩ ।
ବାହ୍ୟେ ଭ୍ରମି ଭ୍ରମି ନ ମର।
ଆତ୍ମା ନିରୂପଣେ ବିହାର।
ପରମେ ପରଚେ ହୁଅ ତାଙ୍କ ପଛେ।
ସେହି ନେବେ ଅଲେଖପୁର । ୪ ।
ତତ୍ତ୍ୱର ଗୋଚରେ ମିଳୁଛି।
କର୍ମକୁ ଧରାଇ ଚଳୁଛି।
ଗୁରୁସେବା କର, ଧାଇ ଅନୁସର।
ବସିଛି ଏ ଘଟ ଭିତର । ୫ ।
ସେ ଯେ ଅଣରୂପ ପୁରୁଷ।
ନିଷ୍କାମ ଭକ୍ତିରେ ଦୁରୁଶ।
ବୋଲେ ଭୀମକନ୍ଧ। ଗୁରୁପାଦବିନ୍ଦ
ହଦ ଫୁଙ୍କା ବନ୍ଧ ଉପର । ୬ ।

॥ ୪୨ ॥

ଘଟେ ଘଟେ ବିଜେ ଗୁରୁ

ଘଟେ ଘଟେ ବିଜେ ଗୁରୁ।
ଅଣାକାର ତତ୍ତ୍ୱତରୁ । ଘୋଷା ।
ପିତା ମାତା ଶୂନ୍ୟ ନିଗମ।
କନ୍ଧଣାରେ ରତି ସଙ୍ଗମ।
ଏ ପିଣ୍ଡ ବ୍ରହ୍ମାଣ୍ଡ ପୃଥୀ ନବ ଖଣ୍ଡ।
ଦେହଟି ପ୍ରତିମା ତ୍ରିଦାରୁ । ୧ ।
ପାଦରୁ ତାଳୁକା ପର୍ଯ୍ୟନ୍ତ।
ଅସ୍ଥିମାଳମାନ ଗ୍ରନ୍ଥିତ।
ଅଙ୍ଗ ରୋମମୂଳ ମହୀ ମାଳ ମାଳ।
ଦେହ ଅସ୍ଥିମାନ ସେ ମେରୁ । ୨ ।
ଏ ଷୋଳ ଡମ୍ବରୁ ଭିତରେ।
ଖେଳୁଛନ୍ତି ବ୍ରହ୍ମ ସଧୀରେ।
ପଡୁଛି କିରଣ ଏ ତିନି ଭୁବନ।
ନିର୍ଝରିଲା ଝର ଠାବରୁ । ୩ ।
ନବଦ୍ୱାର ନବ ମେଦିନୀ।
ତାଳୁ ଶିଖେ ଶୂନ୍ୟ ମୂର୍ଦ୍ଧନି।
ପଦ୍ମେ ଯୁଗ ଗଲେ ପଦେ ଆଜ୍ଞା ପଡ଼େ।
ଭିତର ଅବନା ମନ୍ଦିରୁ । ୪ ।
ବତିଶ ବେଢ଼ାର ଭିତର।
ବଜାୟେ ମହିମା ସାଗର।
ଆଦିଶକ୍ତି ପରେ ଅଲେଖ ପୁରୁଷ।
ବିଜେ କରିଛନ୍ତି ଶୂନ୍ୟରୁ । ୫ ।
ଆଶ୍ରୟ ଜାତକ ଦିନରୁ।
ତ୍ରାହି କର କଳିଯୁଗରୁ।
ବୋଲେ ଭୀମକନ୍ଧ ସୁଧାମକରନ୍ଦ।
ଦୟା ହେଉ ବୁନ୍ଦେ ପୟରୁ । ୬ ।

॥ ୪୩ ॥

ଗୁପତରେ ରହିଛନ୍ତି

ଗୁପତରେ ରହିଛନ୍ତି। ଦେଖି କଳିଯୁଗ ରୀତି । ଘୋଷା ।
ଦେଇ ଯାଇଛନ୍ତି ଧର୍ମକୁ, ଧର୍ମ ଧରି ଡାକ ବ୍ରହ୍ମଙ୍କୁ।
ଜଗତ ଭଗତ, ଆତଙ୍କ ନିମନ୍ତେ, କର୍ଣ୍ଣ ଡେରିଛନ୍ତି ସେ ନିତି । ୧ ।
ମୁଖେ ଯେବେ ନାମ ଘୋଷିବେ, ଯହିଁ ଥିଲେ ଗୁରୁ ରସିବେ।
ଶ୍ରୀଗୁରୁଙ୍କୁ ଧ୍ୟାନ, କର ସାଧୁଜନ, ଶୂନ୍ୟ ହେବେ ରୂପ ମୂରତି । ୨ ।
ଭଗତ ଲକ୍ଷଣ ନିମନ୍ତେ, ନ ଲାଗନ୍ତି ମାୟା ସଙ୍ଗତେ।
କ୍ଷଣକରେ ରୂପ, କ୍ଷଣକେ ଅରୂପ, ଭଗତ ନିକଟେ ଅଛନ୍ତି । ୩ ।
ଭଗତ ଅଙ୍ଗରେ ବସନ୍ତି, ଅଗ୍ନିକାନ୍ତି ରୂପ ଦିଶନ୍ତି।
ପୂର୍ଣ୍ଣାନନ୍ଦ ସ୍ୱାମୀ ଘଟେ ପୂରିଛନ୍ତି, କୋଟିଏ କନ୍ଦର୍ପ ସଂଜ୍ୟୋତି । ୪।
ଏକ ବ୍ରହ୍ମପାଦ ସଂସାରେ, ଦେଇ ଆତ୍ମାଜ୍ଞାନ ଆଗରେ।
ବାହ୍ୟେ ଭ୍ରମାଇଲେ, ସମାଧି ଘେନିଲେ, ସ୍ୱଦେହରେ ଛନ୍ତି ଏ କ୍ଷିତି ।୫।
ଏକ ବ୍ରହ୍ମ ବିନୁ ହୃଦରେ, ଅନ୍ୟ ମୁଁ ନ ଜାଣେ ଚିତ୍ତରେ।
ବୋଲେ ଭୀମକନ୍ଧ, କବିକୁଳ ଚନ୍ଦ, ଗୁରୁପାଦେ ରହୁ ମୋ ମତି ।୬।

॥ ୪୪ ॥

ଭଜ ଅଲେଖ ବ୍ରହ୍ମଙ୍କୁ

ଭଜ ଅଲେଖ ବ୍ରହ୍ମଙ୍କୁ
ଈଶ୍ୱର ଧ୍ୟାଇଅଛନ୍ତି ଯେଉଁ ନାମ ଅଜପାକୁ । ଘୋଷା ।
ଦିବା ନିଶି ହରିହର । ଧ୍ୟାଇଛନ୍ତି ଯା ପୟର ।
ସେ ପାଦକୁ ଚିହ୍ନି ଧର । ଛେଦ ମୋହନ ମଦକୁ । ୧ ।
ଏକାକ୍ଷର ଥାଇ ଧ୍ୟାଇ । ଯୁଗେ ଯୁଗେ ଥିବୁ ରହି ।
ଜନ୍ମ ମୃତ୍ୟୁ ନ ଲାଗଇ । ଚିହ୍ନି ଧର ଧର ତାଙ୍କୁ । ୨ ।
ଛାଡ଼ ଏ ସକଳ ଦ୍ୱନ୍ଦ । ଭଜ ଏକା ନିରିବେଦ ।
ଛପ୍ପନ କୋଟି ଜନ୍ତୁ ଜୀବ । ନ ଚିହ୍ନି ସ୍ୱାମୀ ପଦକୁ । ୩ ।
ଚଉରିବେଦ ଚଉରିଗ୍ରନ୍ଥ । କୀଟ ପତଙ୍ଗେ ଯେ ଯୁକ୍ତ ।
ଶୁଷ୍କ ପତ୍ର ସଙ୍ଗେ ଲକ୍ଷ । ଛାଡ଼ି ଜପ ଅଜପାକୁ । ୪ ।
ଚାଣକ୍ୟ ଅବିଧାନ ପାଠ । ଏ ସର୍ବ ଅଟନ୍ତି ଶାଠ ।
ସାରସ୍ୱତ ବ୍ୟାକରଣ । ତେଜି ଜପ ଅରୂପକୁ । ୫ ।
ଏକାଦଶ ଯାହା କହି । ମାତାର ପଦ୍ମ ସେ ହୋଇ ।
ତହିଁରେ କି ଫଳ ପାଇ । ଛାଡ଼ି ଜପ ନିର୍ବେଦକୁ । ୬ ।
ନ ଭଜ ନର ବିଷ୍ଣୁକୁ । ନ ଭଜ ବୃନ୍ଦାବତୀକୁ ।
ମାୟା କଣ୍ଢଣାଟି ସେହି । ଚିହ୍ନି ଧର ନିଗମକୁ । ୭ ।
ଅଷ୍ଟାଦଶ ପୁରାଣିକ । ଏ ସର୍ବେଟି ଅବିବେକ ।
ଗତି ମୁକ୍ତି କିଛି ନାହିଁ । ତେଜି ଧର ଅନାମକୁ । ୮ ।
ଭଣିଲେ ସେ ଭୀମ କନ୍ଧ । ପଦ ଅଟଇ ବିଚ୍ଛନ୍ଦ ।
ଜ୍ଞାନୀ ଜନେ ଚିହ୍ନି ଧର । ଭଜ ଅନାମ ରୂପକୁ । ୯ ।

॥ ୪୫ ॥

ଭଜ ଆହେ ଜ୍ୟୋତିନାଦ

ଭଜ ଆହେ ଜ୍ୟୋତିନାଦ। କରୁଛି ବୀଣା ଶବଦ।
ଶବଦ ଉପରେ ରହିଅଛିଟି ନିର୍ବେଦ । ଘୋଷା ।
ବେଦର ଉପରେ ରହିଅଛିଟି ନିର୍ବେଦ।
ନିର୍ବେଦ ଉପରେ ଅଛି ଅଣାକାର ପଦ । ୧ ।
ଅଣାକାର ପାଦବିନ୍ଦ। ଗଳୁଅଛି ମକରନ୍ଦ।
ପାନ କରି ସାଧୁଜନେ ପିଅ ମକରନ୍ଦ । ୨ ।
ଅଲେଖ ଶୂନ୍ୟ ଶବଦ। ଶୂନ୍ୟେ କରୁଅଛି ନାଦ।
ଶୂନ୍ୟପୁରେ ଦ୍ୱାରୀ ହୋଇଛନ୍ତି ଚାରିବେଦ । ୩ ।
ଶୂନ୍ୟ ଜ୍ୟୋତି ପାଦ ମୋଦ। ରହିଛନ୍ତି ଛଡ଼ ବେଦ।
ଛଡ଼ ମଣ୍ଡଳରେ ଶୂନ୍ୟ ରୂପ କରି ନାଦ । ୪ ।
ଋକ୍ ସାମ ଯଜୁ ଅର୍ଥ। ତଳ ପାବଛରେ ମୁଦ।
ଅଲେଖ ବ୍ରହ୍ମେ ବିଷ୍ଣୁକୁ କରିଛନ୍ତି ଭେଦ । ୫ ।
ଅଭୟ ବ୍ରହ୍ମର ପାଦ। ଭଜିଣ କରନ୍ତି ମୁଦ।
ଭଜୁଛନ୍ତି ନିର୍ବେଦରେ ଭକ୍ତ-ଜନ-ବୃନ୍ଦ । ୬ ।
ଶୂନ୍ୟେ ଶୂନ୍ୟେ ବ୍ରହ୍ମନାଦ। ରହି ଅନାମିକା ପଦ।
ବୀଣାଯନ୍ତ୍ର ଚଳୁଛନ୍ତି। ଅଲେଖ ନିର୍ବେଦ । ୭ ।
ଅଲେଖ ଅରୂପାନନ୍ଦ। ଶୂନ୍ୟେ ରାଉଅଛି ନାଦ।
ଲଏ କରି ସାଧୁଜନେ ମନକୁ ନିର୍ବେଦ । ୮ ।
ଧରି ନିଷ୍କାମ ନିର୍ବେଦ। ମାୟାଜାଲମାନ ଛେଦ।
ଶୂନ୍ୟେ ଜ୍ୟୋତି ପାଦ ଚିତ୍ତେ ମନକୁ ମୋଦ । ୯ ।
ଅଣାକାର ପାଦବିନ୍ଦ। ଝରୁଅଛି ମକରନ୍ଦ।
ଭଣିଲେ ସେ ଭୀମକନ୍ଧ କବିକୁଳ ଚନ୍ଦ । ୧୦ ।

॥ ୪୬ ॥

ମହିମା ଶବଦ ଧୂନି

ମହିମା ଶବଦ ଧୂନି ତିନି ବ୍ରହ୍ମାଣ୍ଡ ମେଦିନୀ।
କମ୍ପୁଅଛି ପୁର ତିନି । ଘୋଷା ।
ଅଠର ଲକ୍ଷ ଏ କଳି, ପୂର୍ବେ ଥିଲି ଶୁଣି।
ଚାରି ଲକ୍ଷ ବତିଶ ସସ୍ର ଶାସ୍ତ୍ରେ ଥୋଇଲେକ ଆଣି । ୧ ।
ଚାରି ଲକ୍ଷ କଳିଯୁଗ ଗଲା ଯେଉଁ କ୍ଷଣି।
ବତିଶ ସହସ୍ର ଭିତରେ ଗୁରୁ ବିଜେ କଲେ ଜାଣି । ୨ ।
ତିନି ଯୁଗ ଅବତାରେ ଥିଲେ ଯେତେ ମୁନି।
ନିଜ ପ୍ରଭୁଙ୍କୁ ନ ଚିହ୍ନି କ୍ରିୟା କର୍ମରେ ଭ୍ରମଣି । ୩ ।
ଅଶେଷ ବ୍ରହ୍ମାଣ୍ଡ ପୋଡ଼ି ଯାଉଥିଲା ପୁଣି।
ଅନାଦି ପୁରୁଷ ଧର୍ମ ପ୍ରକାଶ କଲେକ ଆଣି । ୪ ।
ଚାରି ପାଦେ ଧର୍ମ ପାପେ ବୁଡିଥିଲା ପୁଣି।
ଧନ୍ୟ ସେ କର୍ତ୍ତା ପୁରୁଷ ପୃଥ୍ୱୀକି ରଖିଲେ ଛାଣି । ୫ ।
ସତ୍ୟ ଧର୍ମ ନ ମାନିଲେ ହୋଇଲେ ଅଗ୍ୟାନୀ।
ଗୁରୁପାଦବିନ୍ଦ ଧ୍ୟାଇ ଭୀମ ଅରକ୍ଷିତ ଭଣି । ୬ ।

॥ ୪୭ ॥

ଭଗତ ଦେଖିବେ ଯାକୁ

ଭଗତ ଦେଖିବେ ଯାକୁ
ମହୀ ସମର୍ପିବେ ତାକୁ । ଘୋଷା ।
ଏକୌଶ ବ୍ରହ୍ମାଣ୍ଡେ ପାଟ ବାନ୍ଧି ଦେବେ ତାଙ୍କୁ
ନବ ଖଣ୍ଡ ତ୍ରିଭୁବନୁ ଯେ ପାରିବ ବୁଝିବାକୁ । ୧ ।
ସମ୍ଭାଳି ପାରିବ ଯେହୁ ଭଗତବୃନ୍ଦକୁ।
ବାଞ୍ଛାପୂର୍ଣ୍ଣ ଥିତି ବସା ଦେଇଯିବେ ସମସ୍ତଙ୍କୁ । ୨ ।
ସମର୍ପି ଦେବେ ବାଉନ କୋଟି ଭଣ୍ଡାରକୁ।
ସମାନେ ଯେହୁ ପାଳିବ ଛପନା କୋଟି ଜୀବକୁ । ୩ ।
ଦାସ ପରି ପାଳି ଯେହୁ ରହିବ ଆଗ୍ୟାଁକୁ।
ଦିବସକେ ଲକ୍ଷେ ଟଙ୍କା ଖରଚ ଦେବ ପ୍ରଭୁଙ୍କୁ । ୪ ।
ମୁଦାଇ ନୋହିଲେ ପୃଥ୍ୱୀ ନ ଦେବେ କାହାକୁ।
ଚକେରି ଯେହୁ କରିବେ ଶ୍ରୀଗୁରୁ ପାଦପଦ୍ମକୁ । ୫ ।
ଶକତି ଯାହାର ଥିବ ମିଳିବ ତାହାକୁ
ଭଣେ ଭୀମ ଅରକ୍ଷିତ ସୁମରି ଶୂନ୍ୟ ପ୍ରଭୁଙ୍କୁ । ୬ ।

॥ ୪୮ ॥

ଜଗତ କରତା ବିଜେ

ଜଗତ କରତା ବିଜେ। ପହଣ୍ଡିକି ଭଲା ସାଜେ । ଘୋଷା ।
ମତ୍ତଗଜ ଚଳି ପ୍ରାୟେ ସ୍ୱରୂପ ବିରାଜେ।
    ବଇଷ୍ଣବୀ ମାୟା କରି ଦେଖାଉଅଛନ୍ତି ବାହ୍ୟେ । ୧ ।
ବୃଦ୍ଧରୂପ ପରିପୂର୍ଣ୍ଣ ନୁହେଁ ଯୁବା ତେଜେ।
    ହସ ମାଡୁଅଛି ମୋତେ ନାହିଁ ମୁଁ କହୁଛି ଲାଜେ । ୨ ।
ନବୀନ ବୟସ ଗୁପ୍ତ ବ୍ରହ୍ମାଣ୍ଡର କାର୍ଯ୍ୟେ।
    ସେହି କ୍ଷୀନ ରୂପ ଧରି ଅଶେଷ ବ୍ରହ୍ମାଣ୍ଡ ସର୍ଜେ । ୩ ।
ଛପନା କୋଟି ଜୀବଙ୍କୁ ପଡ଼ି ଭାତ ଖଞ୍ଜେ।
    ଅପଣେ ଭୁଞ୍ଜିଲାବେଳେ ତୋଷ ହୋନ୍ତି ବାସିପେଜେ । ୪।
ଭଗତ ହାରି ଗୁହାରି ତତପରେ ବୁଝେ।
    ଗରବଗଞ୍ଜନ ବାନା ଗରବିତାପଣ ଗଞ୍ଜେ । ୫ ।
ସେ ଅଲେଖ ଶ୍ରୀଗୁରୁଙ୍କୁ ଦିବାନିଶି ଭଜେ।
    ଭଣେ ଭୀମ ଅରକ୍ଷିତ ଶରଣ ପାଦ-ପଙ୍କଜେ । ୬ ।

॥ ୪୯ ॥

କଳିଯୁଗେ ଅପୂର୍ବ ରୀତି

କଳିଯୁଗେ ଅପୂର୍ବ ରୀତି ।
ମହିମାସାଗର ବିଜୟ କ୍ଷିତି । ଘୋଷା ।
ସୁର ନର କେହି ନ ଜାଣି ପାରନ୍ତି ।
ଶୂନ୍ୟ ପ୍ରଭୁଙ୍କର ଯେଉଁ ବିଭୂତି ।
ଗ୍ୟାନ ଧର୍ମ ଘେନି ବିଷୟ ମେଦିନୀ
ହୋଇଛନ୍ତି ବଇଷ୍ଣବ ମୂରତି । ୧ ।
ଆକାଶରେ ଅଗ୍ନି ସଂଜାତ ହେଉଛି ।
ବାରଣ ନୋହୁଛି ଦିବସ ରାତି ।
ଅବନା ମନ୍ଦିରେ କଳ୍ପକଳ୍ପାନ୍ତରେ ।
ଅନହତ ଧ୍ବନି ରହିଛି ଚେତି । ୨ ।
ମହାମହିମା ସେ ରବି ତଳେ ଆସି ।
ଧରିଛନ୍ତି ନବ ମଣ୍ଡଳ ପୃଥ୍ବୀ ।
ତିମିରିକି ଛେଦି ତିନିପୁର ଭେଦି ।
ବ୍ରହ୍ମାଣ୍ଡ ଭିତରେ ଜଳୁଛି ବତି । ୩ ।
ଲୀଳା ଉଠିଲାଣି ଭାଗ୍ୟ ଦିଶିଲାଣି ।
ବୀରବଧୂ ବାନା ଉଡୁଛି କ୍ଷିତି ।
ମନେ ପାଇ ପ୍ରତେ ଦାସ ଦାସୀ ଯେତେ ।
ଆସି ଯାଇ ସେବା କଲେଣି ନିତି । ୪ ।
ସଂସାର ନିନ୍ଦାକୁ ଡର ଡର ହେଲେ ।
ସାରସ୍ୱତ ନୋହେ ସେବା ଭଗତି ।
ଲଜ୍ଜା ସଂକୋଚକୁ ନିବାରି ଦୂରକୁ ।
ଆଗକୁ ପଛକୁ ନ କର ଭୀତି । ୫ ।
ମନେ ମନେ ହେଜି ଅନ୍ତର୍ଗତେ ବୁଝି ।
ଅବ୍ୟୟ ବ୍ରହ୍ମକୁ ହୃଦରେ ଚିନ୍ତି ।
ଆଗ୍ୟାଁ ହେଲେ ସିନା ଶ୍ରୀଛାମୁକୁ ଯିବି ।
ଭଣେ ଭୀମ ଭୋଇ ପାମର ମତି । ୬ ।

॥ ୫୦ ॥

ପାପଭାରା ହେଲାଣି ଛେଦି

ପାପଭାରା ହେଲାଣି ଛେଦି
କରୁଛନ୍ତି ଖେଳ ଗୁରୁ ଅନାଦି । ଘୋଷା ।
ମହିମା ଶବଦ ତିନିପୁର ମଧ୍ୟେ ।
ପିଣ୍ଡ ବ୍ରହ୍ମାଣ୍ଡରେ ଗଲାଣି ଭେଦି ।
ଜଗତ ଭଗତ ତପସ୍ୟା ନିମନ୍ତେ ।
ଅଶେଷ ବ୍ରହ୍ମାଣ୍ଡ କରିବେ ସିଦ୍ଧି । ୧ ।
ଆପେ ବିଜେ ହରି ଭଗତ ବୃନ୍ଦକୁ ।
ତାରିବାକୁ ରଖିଛନ୍ତି ସମ୍ପାଦି ।
ଏକୋଇଶ ପୁରକୁ ଏକୋଇଶ ହାତିଆ ।
ତୋଳାଇ ଅଛନ୍ତି ଆସନ ଗାଦି । ୨ ।
ସ୍ୱର୍ଗଭୁବନୁଁ ମର୍ତ୍ତ୍ୟକୁ ଆସିଲେଣି ।
ସୁରଗଣେ ଯେଣୁ ହୋଇଲେ ବାଦୀ ।
ଦେବାଦେବୀ ଯେତେ ବିଘ୍ନକଲେ ନିତ୍ୟେ ।
ଜାରି କଲେଣି ସେ ସତ୍ୟକୁ ସାଧି । ୩ ।
ନବଖଣ୍ଡ ମହୀ ଉବାର ନୁହଇ ।
ସମୁଦ୍ର ପରାୟେ ଯାହାର ବୁଦ୍ଧି ।
ଚାରି ଧର୍ମ ଚଉପାଶେ ରହିଲେଣି ।
ଖଟିଲେଣି ନବ ରତନ ନିଧି । ୪ ।
ପାପ ପୁଣ୍ୟ ଧର୍ମ ଅଧର୍ମ ସହିତେ ।
ହୋଇ ଯାଉଥିଲା ଏକାନ୍ତେ ମେଦି ।
କଳିକାଳ ତିନିଦିନ ଭୋଗ ଅଛି ।
ଏଥର ତାକୁ ପକାଇବେ ଛେଦି । ୫ ।
କର୍ପୁର ଗନ୍ଧ ଅଏଁଳା ଲାଗି ହେବେ ।
ଚନ୍ଦନ ଅତର ବହିବ ନଦୀ ।
ଭଣେ ଭୀମ ଭୋଇ ଗୁରୁପାଦ ଧ୍ୟାଇ ।
ହୃଦେ କର ମନ ଧ୍ୟାନ ସମାଧି । ୬ ।

।। ୫୧ ।।

ନର ଦେହେ ପାଇଛ ଜନ୍ମ

ନର ଦେହେ ପାଇଛ ଜନ୍ମ।
ଏତେବେଳେ ଡାକ ମହିମା ନାମ । ଘୋଷା ।
କାଳ ଚକ୍ର ବ୍ରହ୍ମାଣ୍ଡରେ ଫେରିଲାଣି।
ଅଦୃଷ୍ଟ କରମ ହେଉଛି ବାମ।
ଏକ ପ୍ରଭୁ ବିନୁ ଏ ମାନବ ତନୁ।
ରଖିବାକୁ କେହି ନୁହନ୍ତି କ୍ଷମ । ୧ ।
ମିଛ କଥାକୁ ପସରା କରିଅଛ।
ସରିଲାଣି ଦେଖୁ ସକଳ କାମ
ଦିନ ନ ସରି ଅପମୃତ୍ୟୁ ହେଉଛି।
ବିଅର୍ଥରେ ବାନ୍ଧି ନେଉଛି ଯମ । ୨ ।
ଅଗ୍ନି ଅଙ୍ଗୀକାର ପୁରୁଷ ଅଟନ୍ତି।
ତାଙ୍କ ତୁଲେ କେହି ନୁହନ୍ତି ସମ।
ଚାରି ତୀର୍ଥ ଆସି ଶର୍ଣାଗତ ପଶି।
ଶ୍ରୀଚରଣ ତଳେ ସେ ଚଉଧାମ । ୩ ।
ଯେ ଆଶ୍ରିତ ହେବ ଗୁରୁଧର୍ମ ନେବ
ଆକାଶକୁ ଚାହିଁ କର ନିୟମ।
ଧଇଲେ ରଟି ଗଣ୍ଠି ଯିବ ଫିଟି।
ପଶ୍ଚାତେ ପାଇବ ପଥ ଶରମ । ୪ ।
ସପ୍ତ ବ୍ରହ୍ମାଣ୍ଡକୁ ସାତଥର ହୋଇ।
ଫେରି ଆସିଲାଣି ଅଲେଖ ଧର୍ମ।
ଜାଣି ଶୁଣି କରି ଚିତ୍ତରେ ନ ଧରି।
ମାୟାରେ କିପାଁଇ ହେଉଛ ଭ୍ରମ । ୫ ।
ଅକ୍ଷରେ ନ ବସେ ରୂପରେ ନ ଦିଶେ।
ସେ ପ୍ରଭୁଙ୍କୁ ନାହିଁ ପାଇଲେ ଗମ୍ୟ।
ଆତ୍ମାଗ୍ୟାନୀ ହେଲେ ତେବେ ଯାଇ ମିଳେ।
ଭଣେ ଭୀମ ଭୋଇ ପାମର ହୀନ । ୬ ।

॥ ୫୨ ॥

ଧର ଧର ହେ ଜୀବ ଗଲାଟି ସରି

ଧର ଧର ହେ ଜୀବ ଗଲାଟି ସରି ।
ଏ ଭବସାଗରୁ କରିବେ ପାରି । ଘୋଷା ।
କି ମାନ ହେଉଛି ଜମ୍ବୁଦ୍ୱୀପା ମହୀ ।
ହେତୁ ଚେତା ଗୋଟା ନାହିଁ କାହାରି ।
ଘରିବେଦେ ଯେଉଁ ଧର୍ମ ଦେଇଥିଲେ ।
କିପାଁଇ ମନରୁ ଦେଲ ପାସୋରୀ । ୧ ।
କର୍ମ୍ମୁ ବୁଡ଼ାଇଲ ଧର୍ମ୍ମୁ ବୁଡ଼ାଇଲ ।
ପ୍ରଘର ହେଉଛି କାହାକୁ ଧରି ।
ବଡ଼ ପ୍ରଭୁ ବୋଲି ଟେକିଥିଲ ଯାକୁ ।
ପ୍ରତକ୍ଷରେ ସେହୁ ଦେଲେଟି ନାରୀ । ୨ ।
ଧନମଦ ପଣମଦ ସ୍ତିରୀମଦା
ମାୟାମଦ ଖାଇ ହେଉଛ ଘାରି ।
କାମ କ୍ରୋଧ ଘେନି ଧର୍ମ୍ମକୁ ନ ମାନି ।
ପ୍ରାଣରୁ ଅଧିକ ଅଛ ଆବୋରି । ୩ ।
ଏ କଳି ପୁରୁଷ ଘଟେ ଘଟେ ବାସ ।
ଅଚେତା କରି ପକାଉଛି ମାରି ।
ଅପ୍ରତେ ନ କର ହୃଦରେ ବସିଛି
ଗଲାବେଳେ ଯିବ ନିଶ୍ଚେ ସଂହାରି । ୪ ।
ଯୁଗ ଶେଷ ହେଲା କଳି ଭୋଗ ଗଲା ।
ମହିମା ଦୀକ୍ଷାରେ ବିଜୟେ ହରି ।
ଏବେ ଆଶ୍ରେ କଲେ ଦୋଷ କ୍ଷମା ଅଛି ।
ଅନେକ ଭାବେ କହୁଛି ତିଆରି । ୫ ।
ଏ ପିଣ୍ଡ ପ୍ରାଣକୁ ଆଶା ଯେବେ ଅଛି ।
ଏତେବେଳେ କର ହାରି ଗୁହାରି ।
ଭଣେ ଭୀମ ଭୋଇ ଗୁରୁପାଦ ଧ୍ୟାୟି ।
ଏ ବ୍ରହ୍ମାଣ୍ଡ ଫେରେ ହେବେ ନୂଆରି । ୬ ।

॥ ୫୩ ॥

କଳିଯୁଗେ ହେଲେ ସାରା

କଳିଯୁଗେ ହେଲେ ସାରା,
ନିଶ୍ଚେ ବସାଇବି ହାଟ ବଣିଜ ପସରା । ଘୋଷା ।
ଦିବସ ରଜନୀ ଭାଳି କରିଛି ଆଶରା,
ସତ୍ୟଯୁଗ ହେବ ପରା ।
ନୟନରୁ ବହୁଅଛି ଅଶ୍ରୁଜଳ ଧାରା । ୧ ।
ବହି ଯାଉଅଛି ଯୁଗ ନିଶି ଦିବାକରା,
ଏହି ରୂପେ ଚନ୍ଦ୍ରତାରା,
କେତେଦିନେ ଉଶ୍ୱାସ କରୁଛ ମହୀ ଭାରା । ୨ ।
ଠାବେ ଠାବେ ରଖିଅଛ ବିଚିତ୍ର ନୋହରା,
କିଣି ରତ୍ନ ମଣି ହୀରା,
ନାମ ଶବଦ ଟମକ ଦିଅଇ ନାଗରା । ୩ ।
ବ୍ରହ୍ମଜାତି ପଦ୍ମରାଗ ମୋତି ମାଣିକରା,
ଶାସ୍ତ୍ର ସମ୍ବାଦ ଅସରା,
ଝାଳି ଯୋଡ଼ି କରଥିବି ହୃଦୟରେ ହାରା । ୪ ।
ପିତା ମୋ ଆଦିକନ୍ଦ ସତ୍ୟରେ ପ୍ରଚରା,
ଧର୍ମ ନ ଲଙ୍ଘିବି ପରା,
ମନ ନିଷ୍ଠା ବୋଲି କାଟି ଦେଇଛନ୍ତି ଗିରା । ୫ ।
ସିଦ୍ଧ ବାକ୍ୟ ବ୍ରହ୍ମ ବାଣୀ ହେଉଅଚି ମାରା,
ଭକ୍ତେ ଅଶାନ୍ତି ଅଧୀରା,
କହେ ଭୀମଭୋଇ ଆଗ୍ୟାଁ ପଡୁଛି ଦୋସରା । ୬ ।

॥ ୫୪ ॥

କ୍ଷଣେ ନ ଛାଡ଼ିବି ପାଦ

କ୍ଷଣେ ନ ଛାଡ଼ିବି ପାଦ,
ଅଣବୁଝାମଣା ହେଲେ କରିବି ପ୍ରମାଦ । ଘୋଷା ।
ଦେବ କୂଟ ବିଷ୍ଣୁକୂଟ ଲାଗିଛି ବିବାଦ,
ମନ ଭୟରେ ତବଦ,
ମାୟା କାଳକୂଟ ଡାକ ପଡୁଛି । ୧ ।
ନିଦୋଷେ ଦୋଷ ଲଗାଇ କଲେଣି ବିଚ୍ଛେଦ,
ଦଣ୍ଡ ଶାସ୍ତି ଦେଇ ଖେଦ,
ଋକ ସାମ ଯଜୁ ସାକ୍ଷ ଥାନ୍ତୁ ଚାରିବେଦ । ୨ ।
ରଖ ବା ନ ରଖ ମହୀ ଭକ୍ତ କୂଳ ସିଦ୍ଧ,
ଦୁଷ୍ଟେ କରୁଛନ୍ତି ବାଦ,
ନ ସଂହାରି ଦେଉଅଛ ଇନ୍ଦ୍ର ଚନ୍ଦ୍ରପଦ । ୩ ।
ପାଳନ କରୁଛ ମ୍ଲେଚ୍ଛ ଘୁସୁରି ଯେ ଗଧ,
ସୁଖ ଭୋଗରେ ଆନନ୍ଦ,
ଗରବିତା ପଣେ ଉପହାସେ ଗଦ ଗଦ । ୪ ।
ଲୁଚିଅଛ ସ୍ୱାମୀ ଲତା ବନ ଗିରିକନ୍ଦ,
ଦେଇ ଏକାକ୍ଷର ପଦ,
ଦତ୍ୟ ସଙ୍ଗତେ ଭକ୍ତଙ୍କୁ କରାଉଛ ଯୁଦ୍ଧ । ୫ ।
ସ୍ୱର୍ଗ ମର୍ତ୍ତ୍ୟ ପାତାଳ ତ୍ରିପୁର କରି ସାଧ,
ନାମ ମହିମା ଅଗାଧ,
କହେ ଭୀମଭୋଇ କର ଏକଠାରେ ମେଦ । ୬ ।

॥ ୫୫ ॥

ସତ୍ୟ ଧର୍ମକୁ ଚହିଁ

ସତ୍ୟ ଧର୍ମକୁ ଚହିଁ,
ନାମ ଶବଦ ଆକାରେ କମ୍ପୁଅଛି ମହୀ । ଘୋଷା ।
ଅଣରୂପ ହୋଇଥିଲେ ମହା ଶୂନ୍ୟେ ରହି,
ଅବତାର କଲେ ଦେହୀ,
ଭକ୍ତବୃନ୍ଦ ରବିତଳେ ଛନ୍ତି ଜନ୍ମ ହୋଇ ଯେ । ୧ ।
ପଳାଇଲେ ଚରି ଧର୍ମେ ବାରତା ନ କହି,
ପ୍ରଭୁ ଆଣିଲେ ଫେରାଇ,
ଗୁପତରେ ଚରିଦିଗେ ବସାଇଲେ ନେଇ ଯେ । ୨ ।
ବ୍ରହ୍ମାଣ୍ଡେ ସ୍ଥାପିଲେ ଧୂନି ଘୃତ ଯେ ପକାଇ,
ଶାନ୍ତିଶୀଳ ଦୟା ବହି,
ଭକ୍ତଜନ ଭଗବାନ ସାଧୁ ସନ୍ଥ ଦୁଇ ଯେ । ୩ ।
ଜଗତର ପାପ ଭରା ଛେଦିବାର ପାଇଁ,
ବୀର ବଧୂବାନା କହି,
ଏତେଦୂର ଦଶା କଳିଯୁଗ ଥିଲା କାହିଁ ଯେ । ୪ ।
ତିଆର ହେଉଅଛନ୍ତି ଯୁଝିବେ ନିଠାଇ,
ଧନୁ ହୁଲେ ଗୁଣ ଦେଇ,
ବ୍ରହ୍ମବାଣେ ଛିଡ଼ିଯିବେ ଖଣ୍ଡ ଖଣ୍ଡ ହୋଇ ଯେ । ୫।
ଗୁରୁ ଶିଷ୍ୟଙ୍କର ବେନି ଚରଣକୁ ଧ୍ୟାୟି,
ଶରଣ ମାଗୁଛି ତ୍ରାହି,
ଭଣେ ଭୀମ ଅରକ୍ଷିତ ସ୍ୱାମୀପଦ ଧ୍ୟାୟି ଯେ । ୬ ।

॥ ୫୬ ॥

ଅନାଦି ମଣ୍ଡଳରୁ ସର୍ବେ ସଞ୍ଚରି

ଅନାଦି ମଣ୍ଡଳରୁ ସର୍ବେ ସଞ୍ଚରି,
ରୂପ ଅରୂପ ନାମ ବ୍ରହ୍ମକୁ ଧରି । ଘୋଷା ।
ମହାଶୂନ୍ୟ ପୂର୍ଣ୍ଣ ବ୍ରହ୍ମ କର୍ତ୍ତା ପୁରୁଷ,
ରୂପ ରେଖ ବର୍ଣ୍ଣ ଚିହ୍ନ ନ ଥିଲା ଦୃଶ,
ଅବନା ଅଣାକ୍ଷରୁ, ଦୁର୍ଗମ ହେଲା ଜାତ,
ଦୁର୍ଗମରୁ ଜନ୍ମିଲା, ଅନାମ ଅବ୍ୟକତ,
ଅନାମରୁ ଜନ୍ମିଲା, ନିଗମ ଭେଦ ତତ୍ତ୍ୱ,
ନିଗମରୁ ଜନ୍ମିଲା, ସ୍ୱାହା ଶବଦ ଘାତ,
ଶବଦରୁ ଜନ୍ମିଲା, ଓଁକାର ସାରସ୍ୱତ,
ଓଁକାରୁ ରା ରା କାର, ଜନ୍ମିଲା ଆଦିଶକ୍ତି,
ରା ରା କାରରୁ ରାମ - ନାମ ପଦ ଉଦିତ,
ଉଜାଣି ଠୁଳ ଶୂନ୍ୟ ପରେ ବିହରି । ୧ ।

ଊର୍ମ ଧୂର୍ମ ଜ୍ୟୋତି ଜ୍ୱଳା କେହି ନ ଥିଲେ,
ଅରୂପାନନ୍ଦଙ୍କ ସ୍ୱାମୀ ଆଜ୍ଞାରେ ହେଲେ,
ଠୁଳ ଶୂନ୍ୟରୁ ଜନ୍ମହେଲା ଦିଗ ଅକାଶ,
ଆକାଶରୁ ଜନ୍ମିଲା ପବନ ଅଣଋଶ,
ଅଣଋଶରୁ ଜନ୍ମ ହେଲା ଅଗ୍ନି ହୁତାଶ,
ହୁତାଶନରୁ ଜଳ ବୁନ୍ଦେ ହେଲା ପ୍ରକାଶ,
ଜଳରୁ ଜ୍ୟୋତି ରୂପ ବର୍ଣ୍ଣ ହୋଇଲା ଦୃଶ,
ଜ୍ୟୋତି ରୂପରୁ ଜନ୍ମହେଲେ ଭୂତ ଭବିଷ,
ଭବିଷରୁ କାମନା କଳ୍ପଣା ହେଲା ଜାତ,
ତହିଁ ଉତ୍ତାରୁ ଧରତି ବସୁନ୍ଧରା । ୨ ।

ଅହି ପରେ ପୃଥ୍ୱୀ ରୁହାଇଲେକ ମାଡ଼ି,
ସେଠାରୁ ରଞ୍ଜିଲା ଜ୍ୟୋତି ଯୁଗଳ ଯୋଡ଼ି,
ସୁମନ ଶାନ୍ତିମନ, କ୍ଷମାଦି ବିଚରଣ,
ଶୀଳ ଦୟାକୁ ଘେନି, ହୋଇଲେ ପାଞ୍ଚଜଣ,
ପାଞ୍ଚମନରୁ ଜାତ ହେଲେ ପ୍ରକୃତିଗଣ,
ପଚିଶ ପ୍ରକୃତିରୁ, ବିକୃତି ଉଦ୍ୟାପନ,
ବିକୃତିରୁ ଜନ୍ମିଲା ହାସ୍ୟ ପ୍ରେମ ପ୍ରଧାନ,
ପ୍ରଧାନରୁ ଜନ୍ମିଲା ରେତ ରସାଦି ମାନ,
ରେତ ରସରୁ ଜନ୍ମ ହୋଇଲା ରଜୋଗୁଣ,
ସ୍ଥୂଳେ ରସସାଗରେ ରହିଲା ପୂରି । ୩ ।

ପରମ ମଜ୍ଜାରୁ ଶୂନ୍ୟ ଶିଖୁଁ ଖସିଲା,
ଗର୍ଭଗତେ ଛଡ଼ଦଳେ ବିଶ୍ରାମ କଲା,
ପୀତ ଶୋଣିତ ଶ୍ୱେତ, ଶୁକଳ ପ୍ରାୟେ ଦିଶି,
କଳା କୁଙ୍କୁମ ରଙ୍ଗ ଧବଳ ଆଠ ମିଶି,
ଗୌର ନୀଳ ଲୋହିତ, ଶାମଳ ପରକାଶି,
ଜୀବ ଯୁବତୀ କର୍ମ, କାମନା ଫଳେ ରସି,
ପିଣ୍ଡ ଆବୋରି ଛନ୍ତି, କାଳ ବିକାଳ ଆସି,
ପରମ ସାକ୍ଷୀ ରୂପେ, ଜାଗ୍ରତେ ଦିବାନିଶି,
ସେ ଯେବେ ଛାଡ଼ିଯିବେ ଏ ପିଣ୍ଡ ଯିବ ଭାସି,
ବାର କଳାରେ ପିଣ୍ଡରଞ୍ଜନା କରି । ୪ ।

ପିଣ୍ଡ ବ୍ରହ୍ମାଣ୍ଡକୁ ସପ୍ତ ସିନ୍ଧିରେ କଲା,
ଶାଖାରୂପେ ଚରିବେଦ ଜାତ ହୋଇଲା,
ବାମ ଡ଼ାହାଣ ଜାନୁ, ରକ ସାମ ସେ ସ୍ଥାନୁ,
ଦ୍ୱିତୀୟ ଭୁଜ ମୂଳୁ, ଯଜୁ ଅର୍ଥବ ତେଣୁ,
ଧନୁର୍ବେଦ ଯା କହି, ଅଟଇ ଏହି ତନୁ
ମୁଖେ ତୋ ଶିଶୁବେଦ, ଶୂନ୍ୟ ରହିଲା ଗ୍ୟାନୁ,
ନିରଞ୍ଜନ ଲଲାଟ, ଚକ୍ରେ ଉଦୟେ ଭାନୁ,

କୋଟିଏ ଯୁଗ ଗଲେ, ଗୋଟିଏ ହୁଏ ମନୁ,
ତଥିପରେ ଅଲେଖ, ପୁର ନିର୍ବାଣ ଶୂନ୍ୟ,
ସ୍ୱର୍ଗ ମର୍ତ୍ତ୍ୟ ପାତାଳ ତ୍ରିପୁରକୁ ଧରି । ୫ ।

ତିନିପୁର ମଧ୍ୟେ ବନଗିରି ସ୍ଥାପିଲା,
ତେଣୁକରି ପାଖୁଡ଼ାରେ ଲତା ଫୁଟିଲା,
ପିତା ବୀଜକୁ ଅସ୍ଥି, ପିଞ୍ଜରା ହାଡ଼ କଲା,
ମାତା ରଜ ରକତ, ମାଂସ ଘୋଡ଼ାଇଲା,
ଶିରା ଶାଙ୍କୋଳି ଗଣ୍ଠି, ମୁଠ ବନ୍ଧନ କଲା,
ରୋମ ଚର୍ମକୁ ରୁଅ, ବତା ଛାଏଣି କଲା,
ଦଶମ ଦ୍ୱାରୁ ନବ ଦ୍ୱାରକୁ ଫିଟାଇଲା,
ଏହି ସଂସାରେ ସାର, ମାନବ ଜନ୍ମ ହେଲା,
ସ୍ଥିତି ଦେଇ ଉତ୍ପତ୍ତି, ପ୍ରଳୟ କରି ନେଲା,
ଭଣେ ଭୀମ ଅର୍କ୍ଷିତ ଜ୍ଞାନ ବିଚାରି । ୬ ।

|| ୫୭ ||

ଦୁର୍ଲ୍ଲଭ ଜନ୍ମ ପିଣ୍ଡେ ସକଳ ସିଦ୍ଧି

ଦୁର୍ଲ୍ଲଭ ଜନ୍ମ ପିଣ୍ଡେ ସକଳ ସିଦ୍ଧି,
ଏହି ଶରୀରେ ଜ୍ଞାନ ପାରିଲେ ସାଧି । ଘୋଷା ।

ଅନୁମାନ କରି ସର୍ବ କର୍ମ ଜାଣିଲା,
ଓଲଟ ଜଙ୍ଗମ ବୃକ୍ଷ ନାମ ବହିଲା,
ପାଦପଙ୍କଜେ ଛନ୍ତି, ସେ ଅଷ୍ଟକୁଳା ନାଗ,
ଶିରରେ ରହିଅଛି ସପ୍ତ ବ୍ରହ୍ମାଣ୍ଡ ସ୍ୱର୍ଗ
ଅସାଧନା ସିଦ୍ଧିରେ ଘେନି ତପସ୍ୟା ଯୋଗ,
ଭିତରେ ପୂରିଅଛି ସପତ ସିନ୍ଧୁ ମାର୍ଗ,
ଚଳନ୍ତେ ଦୁମୁ ଦୁମୁ ଶବ୍ଦ କରୁଛି ନାଦ,
ଶ୍ରୋତା ବକତା ଦୁହେଁ ଚଳୁଅଛନ୍ତି ଅଙ୍ଗ,
ନେଇ ଆଣୁ ଅଛନ୍ତି ସେହି ସମ୍ବାଦି । ୧ ।

ଦୁଇ ପଖା ଏକଠାରେ କରାଇ ମେଳ,
ବେନି ଜାନୁ ସନ୍ଧି ପଦ୍ମଇନ୍ଦ୍ରି ମଣ୍ଡଳ,
ସେଠାରେ କାମ କାମୀ, ଫୁଟିଅଛନ୍ତି କଢ଼ି,
କାମ କଞ୍ଚଣା ମଧ୍ୟେ, ରହି ଅଛନ୍ତି ଜଡ଼ି,
ପ୍ରକୃତି ପବନରେ, ଦେଇ ଅଝାଲ ଧାଡ଼ି,
ତପ୍ତ ଅନଳ ତେଜ, ଜଳୁଅଛି ଦିହୁଡ଼ି,
ରେତ ଜଳ କୁହୁଡ଼ି, ମାରୁଅଛି ଲହଡ଼ି,
କ୍ଷଣ କ୍ଷଣକେ ଧାପ, ନାଗ ସରପ ପରି,
ଯୋଖି ନାରାଜ ବିନ୍ଧୁଛି ମରମ ଭେଦି । ୨ ।

ନାଭି କମଳରେ ବ୍ରହ୍ମା ବେଦାନ୍ତ ପତି,
ହୃଦୟରେ ଜଗନ୍ନାଥ ବସି ଅଛନ୍ତି,
ସପତ ବ୍ରହ୍ମାଣ୍ଡକୁ, ବାଣ୍ଟି ଚଉଦ ପୁର,
ନବ ଦ୍ୱାର ସ୍ଥାପିଲେ, ଦୀର୍ଘ ପ୍ରତି ଓସାର,
ଦଶ ଦିଗରେ କଲେ, ଜଗତ ପ୍ରତିପାଳ,
ଛପନା କୋଟି ଜୀବ, ଦେବୀ ଦେବାନ୍ତ ସୁର,
ଚାରି ଯୁଗ ଭିତରେ, ଭିଆଇ ସାତ ବାର
ପିଣ୍ଡ ପ୍ରାଣକୁ ଗଢ଼ି, ସଞ୍ଚିଲେ କ୍ଷୀର ନୀର,
ଚାରି ରସ ଭିତରେ କରାଇ ବନ୍ଦୀ । ୩ ।

କଣ୍ଠତଟେ ସଦାଶିବ ଅଛନ୍ତି ରହି,
ଅଷ୍ଟାଙ୍ଗ ଯୋଗ ସମାଧି ନାମକୁ ଧ୍ୟାଇ,
ରୁଦ୍ର ଅନଳ ଜ୍ୱାଳା, ଉଠୁଅଛି ହୁତାଶ,
ସେଠାରେ ଉପୁଜୁଛି, ଅନର୍ଥ କୋପ ରୋଷ,
ବକତା ରଡ଼ି ଛାଡ଼, ଅଛି ଶବଦ ଘୋଷ,
କଣ୍ଠ ଶୁଖି ଯିବାରୁ, କରୁଅଛି ପିଆସ,
କ୍ଷଣେ ଯେ ସ୍ଥିର ନୋହେ, ବଚନ ପରକାଶ,
ପାଣି ପବନ କିଛି, ପଡ଼ିଲେ ହୋଏ ତୋଷ,
ତହିଁ ଉପରେ ଅଛି ତ୍ରିକୂଟ ସନ୍ଧି । ୪ ।

ଠୂଳ ଶୂନ୍ୟେ ନିରାକାର ରହି ଅଛନ୍ତି,
ତହିଁ ଏକୋଇଶ ପୁର ତଳକୁ ପୃଥ୍ୱୀ,
ବାମ ଡାହାଣ କାନ୍ଥ, ଶ୍ରୀରାମ ଜଗନ୍ନାଥ,
ପୂର୍ବରେ କୃଷ୍ଣଚନ୍ଦ୍ର, ପଛ ଭାଗେ ଅନନ୍ତ,
କୁଢ଼ କୁଢ଼ ପଡ଼ିଛି ଶାହାସ୍ର ଗନ୍ଥ ଗୀତ,
ରୋମ ମୂଳରେ ମାଳ ମାଳ ମେଦିନୀ ଜାତ,
ସେଠାରୁ ଉଦ୍ୟାସନ, ହେଉଛି କବି କୃତ୍ୟ
ମୂଦା ପଡ଼ିଛି କୁଞ୍ଜ, ଫୁଟିଅଛି ଫୁଲତ,
ବହି ଆସୁଅଛି ସଧୀରେ ଏ ଚାରି ନଦୀ । ୫ ।

ତାଲୁକା ଦୁଆର ଶିଖେ ଅଲେଖ ପୁର,
ଅଖଣ୍ଡିତ ପୂର୍ଣ୍ଣବ୍ରହ୍ମ ବିଜେ ସେଠାର,
ସେ ଗୁରୁଦେବ ସ୍ୱାମୀ, ଅଣଶେଷ ମହିମା,
ମୁଁ କିସ ସାମରଥ ବର୍ଣ୍ଣିବାକୁ ଉପମା,
ଏକୋଇଶ ପୁରେ ଯାର, ନ ଜାଣେ ଗୁଣ ସୀମା,
ଅବନା ଅଣାକାର, ଅନାମେ କର ଠଣା,
କହେ ଭୀମ ଅର୍କ୍ଷିତ, କି ରୂପକୁ ବର୍ଣ୍ଣିମା,
ସେ ଯେ ମହାଶୂନ୍ୟ ପୁରୁଷ ଅନାଦି । ୬ ।

॥ ୫୮ ॥

ଅମନ ମନ୍ଦିରକୁ କର ଗମନ

ଅମନ ମନ୍ଦିରକୁ କର ଗମନ,
ମାୟାରେ ପଡ଼ି ବାୟା ନୁହଁ ସୁଜନ । ଘୋଷା ।
ଅଲେଖ ମନ୍ଦିରକୁ ଫିଟିଛି ବାଟ,
ଜୀବ ପରମର ଅନ୍ତେ ଯହିଁରେ ଭେଟ,
ଭବସାଗରେ ଭାସି ଯିବାର ହେଉଅଛି
ନାବ ଆଣି କୈବର୍ତ୍ତ, ତୀରରେ ଖଟାଇଛି,
ପାରି ହୁଅ ନାବରେ, ନିଜ ମହିମା ବାଛି,
ମୂଲ କଉଡ଼ି ତହିଁରେ, ନ ଲାଗୁଅଛି କିଛି,
ଦୁଆରୀ ଜଗିଅଛି, ଗଳି ନ ପାରେ ମାଛି,
ଶତେ କବାଟ ଲାଗି, ମୁଦା ପଡ଼ିଛି କଞ୍ଚି,
ହସ୍ତରେ ନ ଫିଟଇ, ଅନୁଭବେ ଫିଟୁଛି,
ଗ୍ୟାନୀ କି ଗ୍ୟାନନେତ୍ରେ, ଝଟ ଝଟ ଦିଶୁଛି,
ଛଡ଼ବେଦ ପରେ ବାନ୍ଧିଛନ୍ତି ଆସନ । ୧ ।

ଏକାକ୍ଷରକୁ ହୃଦେ ନିରତେ ଜପ,
ଫୁଙ୍କାବନ୍ଧ ପରେ ନୃତ୍ୟ ନୟନେ ଦେଖ
ବାଂଶରୀ ନାଦ ସ୍ୱନ, ଷୋଳ ଗୋପୀ ଅଗ୍ୟାନ,
ବେନି ହସ୍ତେ ତାଳନ, ଅର୍ଘ ସ୍ଥାଳୀ ବନ୍ଦାଣ,
ଶିରେ ଖଞ୍ଜନ୍ତି ଗଭା, ବିବିଧ ପୁଷ୍ପମାନ,
ଘେନି ବୁଲନ୍ତି ସଙ୍ଗେ, ମନମଥ ରଞ୍ଜନ,
ଲୀଳାମୃତ ଗର୍ଜନ, ଶୁଭୁଛି ଘନ ଘନ,
ଅତ୍ୟନ୍ତ ଶୋଭାବନ, ଦିଶଇ ସେ ଭୁବନ,
ଏ ରୂପ ମୁନିଗଣେ ଧ୍ୟାୟନ୍ତି ଅନୁକ୍ଷଣ,
ଯାହାର ଥିବ ପୂର୍ବ ସୁକୃତ ମାନ । ୨ ।

ବଜାଇ ତାଳ ମୃଦଙ୍ଗ ବୀଣା ଛନ୍ଦରେ,
ଗହ ଗହ ନିତ୍ୟସ୍ଥଳି ରାସ ମନ୍ଦିରେ,
ଢୋଲ ଦମା ଟମକ, ଝଙ୍ଗୁ ନିଶାଣ ଭେରୀ,
ଶଙ୍ଖ ଶିଙ୍ଘା ନଫେରି, ମହୁରୀ ବୀରତୁରୀ,
ଶିରେ ଶ୍ୱେତ ଛତିରି, ଆଲଟ ଝମଞ୍ଜରୀ,
ନୃତ୍ୟରେ ଉନ୍ମାଦନୀ ଷୋଳସସ୍ର କୁମାରୀ,
ପାଦେ ନୃତ୍ୟ ଚତୁରୀ, ମୁଖେ ନାମ ଗାୟରି,
କମ୍ପୁଛି ବସୁନ୍ଧରା, ଶବ୍ଦ ଘଣ୍ଟି ଘାଗୁଡ଼ି,
ସର୍ବେ ଆନନ୍ଦେ ପୂରି, ସ୍ୱାମୀ ନାମ ଉଚ୍ଚାରି,
ଦେଖ ଦ୍ୱାଦଶ ବନ୍ଧେ ତହିଁ କୀର୍ତ୍ତନ । ୩ ।

ଅନ୍ତର୍ଯ୍ୟାମୀ କରତା ସେ ଆପେ ନିର୍ମାଣ,
ଭଗତ ଜନଙ୍କ ଧନ ମନ ଜୀବନ,
ଯାହାର ରୋମମୂଳେ, ମାଳ ମାଳ ମେଦିନୀ,
ବର୍ଣ୍ଣି ନାହାନ୍ତି ଯାକୁ, ସାରଳା ସିଦ୍ଧ ମୁନି,
ବ୍ରହ୍ମାଣ୍ଡ କରତା ସେ ଅବ୍ୟକ୍ତ ଶିରୋମଣି,
ଯା ଗର୍ଭେ ପୂରିଅଛି, ସପ୍ତଦ୍ୱୀପା ଧରଣୀ,
ଗଙ୍ଗା ଯମୁନା ନଦୀ, ବହୁଅଛି ତ୍ରିବେଣୀ,
ତତ୍ତ୍ୱ ନ ଜାଣି ପ୍ରାଣୀ, ମାୟା ମୋହ ଭ୍ରମଣୀ,
ଗ୍ୟାନୀ ଜନେ ନ ଚିହ୍ନି, ମୂର୍ଖକୁ କହିଁ ପୁଣି,
ପ୍ରତେ ହେଲେ ହେବେ ପଣ୍ଡିତ ସୁଗ୍ୟାନୀ । ୪ ।

ତହିଁର ମହିମାମୁଖେ କହିବି କିସ,
ଯହିଁ ଚାରିବେଦ ହୋଇଅଛି ପାବଛ,
ଋକ ବେଦରୁ ବିନ୍ଦୁ, ମହୀ ସପତ ସିନ୍ଧୁ,
ସାମବେଦ ଚରିତ, ଶୂନ୍ୟେ ମରୁତ ଫାନ୍ଦୁ,
ଅଥର୍ବ ବେଦ ବିଦ୍ୟା, ଦଶ ଦିଗକୁ ଛନ୍ଦୁ,
ଯଜୁର୍ବେଦରୁ ସାମ ଯୁକ୍ତ, ହେଲାକ ଅର୍ଦ୍ଧୁ,

ଶିଶୁବେଦ ଆସ୍ଥାନ, ଅନାମ ଦୀନବନ୍ଧୁ,
ଭଗତ ଭାବେ ବଶ, କରୁଣା କୃପାସିନ୍ଧୁ,
ଅଭୟ ଶ୍ରୀପୟରୁ, ଝରୁଛି ସୁଧା ମଧୁ,
ଶ୍ୱେତଶୁକଳ ରୂପ ବର୍ଣ୍ଣ ଉଦ୍ଧାନ । ୫ ।

କୁଗ୍ୟାନୀକି ବିଷ ଭକ୍ତଜନଙ୍କୁ ରସ,
ସୁଗ୍ୟାନୀକି ଅନୁଭବ ଚିତ୍ତେ ଅଦୃଶ୍ୟ,
ଭଣେ ଭୀମ ଅର୍କ୍ଷିତ, ସେ ଧନେ ସାରସ୍ୱତ,
ଗୁରୁ ମୋ ଅବଧୂତ, ଜାଣନ୍ତି ତଦଗତ,
କାରଣ ଗତିମୁକ୍ତି, ସେ ପ୍ରଭୁଙ୍କ ମର୍ଜୀତ,
ଅରୂପ ଅନ୍ତର୍ଯ୍ୟାମୀ, ଭଗତ ଭାବେ ରତ,
ଅତି ନିଗମ ପଥ, ଗମିବାକୁ ସାମର୍ଥ,
ଦିଶିବ ଯେବେ ମୋର, ପୂର୍ବ ଜନ୍ମ ସୁକୃତ,
ତପସ୍ୟା କରିଥିଲେ, ସେବି ଭୃତ୍ୟର ଭୃତ୍ୟ,
ଅନୁସରି ବହନ, ସାଧୁଜନ ପଶ୍ଚାନ୍ତ,
ଭାଗ୍ୟଥିଲେ ଯିବି ଅଲେଖ ଭୁବନ । ୬ ।

।। ୫୯ ।।

ସୁଦୟା କର ଶୂନ୍ୟ ସ୍ୱରୂପ ବାସୀ

ସୁଦୟା କର ଶୂନ୍ୟ ସ୍ୱରୂପ ବାସୀ,
ଉଦ୍ଧରି ଧର ଜୀବ ଗଲାଟି ଭାସି । ଘୋଷା ।
ମାତା ପିତା ଦୁହିଙ୍କର ଯୁଗଳ ବେଳେ,
ମୁଦିତ ହୋଇଲା ବ୍ରହ୍ମ ପଦ୍ମର ଫୁଲେ,
ରଜ ବୀଜ ସଂଯୁକ୍ତ, କରିଣ ଏକତୁଲେ,
ଆପେ ପିଣ୍ଡକୁ ସ୍ୱାମୀ, ଗଢ଼ିଲ ତେତେବେଳେ,
ମୀନ ପରାୟେ ବୁଲୁଥିଲି ଗର୍ଭ ଭିତରେ,
ଅନ୍ଧକାର ସେ ଭୂମି ନ ଦିଶୁଥିଲା ଡୋଳେ,
ଉର୍ଦ୍ଧ୍ୱମୁଖେ ମୁଁ ଧ୍ୟାନ, କରୁଥିଲି ନିରୋଳେ,
ଏବେ ସେ କଥାମାନ, ପାସୋର ଗଲା ଢାଳେ,
ବନ୍ଧା ହେବାରୁ ମାୟା, ସଂସାର ମୋହ ଜାଲେ,
ଜନ୍ମ ହେବାରୁ ମର୍ତ୍ତ୍ୟ ମଣ୍ଡଳେ ଆସି । ୧ ।

ଯେତେବେଳେ ଗର୍ଭଗତୁଁ ପଡ଼ିଲି ମୁହିଁ,
ତିରଣ ପରାୟେ ଦିଶୁ ଥିଲା ଏ ମହୀ,
ଅଷ୍ଟକୋଟି ବେଦନା, ଛନ୍ତି ଚୌଷଠୀ ରୋଗ,
ଯେ ଯାହା ସମୟରେ, କରୁଅଛନ୍ତି ଭୋଗ,
ଦୁର୍ବଳ କାଳେ ଆତ୍ମା, ଉପରେ ହୋନ୍ତି ସିଙ୍ଘ,
କାମ କଞ୍ଚଣା ଆଣ୍ଟେ, ମନକୁ କରି ବାଗ,
ଚର୍ମ ନୟନେ ପଶି, କରାଉଅଛି ଭୋଗ,
ସର୍ବ ଗୁଣରେ ଜିଣା, ସ୍ତିରୀଙ୍କ ରୂପ ରଙ୍ଗ,
କଣ୍ଠେ ଲଗାଇ ଘିଞ୍ଚୁଛି ଏ କାଳ ଫାଶି । ୨ ।

ଯେବଣ ପ୍ରାଣୀ ସଂସାରେ ଦେହକୁ ବହେ,
ଲୋଭ ମୋହ କାମ କ୍ରୋଧ ସମ୍ଭାଳି ନୋହେ,
ଜନ୍ମ ହେବାରୁ ମର୍ତ୍ତ୍ୟେ, ମାନବ ଦେହ ବହି,
ମନେ ପଡିଲେ କଥା, ଲାଗୁଛି ତ୍ରାହି ତ୍ରାହି,
ଅଗାଧ ଭବ-ସିନ୍ଧୁ, ତରି ଯିବ କି ହୋଇ,
ତରିବାକୁ ଉପାୟେ, ଭରସା ଦିଶୁ ନାହିଁ,
ଛପନା କୋଟି ଜୀବ, ଅଛନ୍ତି ବନ୍ଦୀ ହୋଇ,
ଯେ ବ୍ରହ୍ମା, ବିଷ୍ଣୁ, ଶିବ, ଅଟନ୍ତି ତିନି ଭାଇ,
ମାୟାରେ ପଡ଼ି ସୃଷ୍ଟି, କଲେ ରଞ୍ଜନା ସେହି,
ଛଡ଼ ବ୍ରହ୍ମ ବାସୀଙ୍କି, ପ୍ରକୃତି ଛାଡ଼ି ନାହିଁ,
ଲେଶେ ହେଲେ ମାୟାରେ, ପଡି ଅଛନ୍ତି ସେହି,
ମୋତେ କେବଣ ବାଟ ଦେଉଅଛସି । ୩ ।

ଶୂନ୍ୟ ଶୂନ୍ୟ ଅଣାକାର ପରମ ଜ୍ୟୋତି,
ମାୟା ରଚନାରେ ସ୍ୱାମୀ ସର୍ଜିଲ ପୃଥ୍ୱୀ,
ନିଶବ୍ଦରୁ ଶବଦ, କ୍ଷରୁଛି ବିନ୍ଦୁ ନାଦ,
ଓଁ କାରରୁ କ୍ଷରିତ, ହୋଇଲା ଚ୍ଚରି ବେଦ,
ଚ୍ଚରି ବେଦରୁ, ଶ୍ଳୋକ, ହେଲା ଶାସ୍ତ୍ର ସମ୍ବାଦ,
ଶାହାସ୍ତ୍ରରୁ ଜନ୍ମିଲା, ଅଥର୍ବ ପଦ ଭେଦ,
ଭେଦକୁ ତୋଳି ନେଇ, ଅନାମେ କଲା ମୁଦ,
ଅନାମୁ ଉପୁଜିଲା, ସୁପକ୍ୱ ଫଳ ସ୍ୱାଦ,
ସ୍ୱାଦରୁ ଶ୍ରୁତି ଯୋଗ, ଉଦୟେ ପୂର୍ଣ୍ଣ ବେଦ,
ଯୁଗକୁ ଭିଆଇଲା, ଭୋଗକୁ କଲା ଛେଦ,
ଶୂନ୍ୟ ମଣ୍ଡଳରେ ବିଜୟେ ପୂର୍ଣ୍ଣ ଶଶୀ । ୪ ।

ଶୂନ୍ୟ ମଣ୍ଡଳରୁ ବାନା ଆସିଛି ଚ୍ଚଲି,
ଭକ୍ତଗଣ ରଖିବେ ଶରଣ ସମ୍ଭାଳି,
ମୋତେ କି ଯୋଗ ଅଛି, ଆଗ୍ୟାଁ କିପାଁ ନୋହୁଛି,
କି ଯଶ ଅପଯଶ, କର୍ମେ ମୋ ଲେଖା ଅଛି,

କର୍ମ୍ମ ଯୋଗର କଥା, ନ ଜାଣଇ ମୁଁ କିଛି,
କି ଅନକୂଳ ବେଳା, କି କଳା ଲାଗିଅଛି,
ଗୁରୁ ମୋ ସାମରଥ, ବାଛି ଦେବେ ବୋଲୁଛି,
ଅନୁସରି ରହିଛି, ଯେହ୍ନେ ଚାତକ ପକ୍ଷୀ,
କୃପା କରି ବୋଇଲେ ଏ ମନେ ପ୍ରତେ ଅଛି,
ଜନ୍ମ ଯୁଗାନ୍ତେ ଚରଣ ତଳେ ବାସୀ । ୫ ।

ଭକ୍ତି ହିତକାରୀ ସ୍ୱାମୀ ଗତି ମୁକତି,
ଚଉଦିଗେ ଫେରି ଅଛି ଯଶ କିରତି,
ଭଣଇ ଭୀମଭୋଇ, ଗୁରୁ ଚରଣ ଧ୍ୟାୟୀ,
ବ୍ରହ୍ମାଣ୍ଡ ପାପ ଭାରା ଛେଦ ହେ ଶୂନ୍ୟ ଦେହୀ,
ଆଦି ଅନାଦି ରୂପେ, କରୁଣା ଜଳ ଦେଇ,
କ୍ଷମା କର ଦୁସ୍ତରୁ, ମାୟାଜାଲ ଛିଣ୍ଡାଇ,
ପାଞ୍ଚମନ ପ୍ରକୃତି, ନାମ ବ୍ରହ୍ମେ ଜଡ଼ାଇ,
ରଖ ଭଗତକୁଳ, ତ୍ରିଗୁଣରୁ ଛଡ଼ାଇ,
ଅସ୍ଥି ମାଂସକୁ ବ୍ରହ୍ମ-ଅଗ୍ନି ମଧ୍ୟେ ପୋଡ଼ାଇ,
ଦେଖୁଁ ଦେଖୁଁ ଘୋଟିଲାଣି ଏ କାଳ ଫାଶି । ୬ ।

॥ ୬୦ ॥

ଗୁରୁ କଟାକ୍ଷ କଲେ ଯହୁଁ ହୃଦରେ

ଗୁରୁ କଟାକ୍ଷ କଲେ ଯହୁଁ ହୃଦରେ,
ପାଇ ପରଚେ ଭଜିଲି ମୁଁ ନିରନ୍ତରେ । ଘୋଷା ।
ଫିଟାଇ କିଳଣି ଯନ୍ତ୍ର ଜ୍ଞାନ ମନ୍ତ୍ରରେ,
ଖେଳୁଛି ଶିଶୁମେଳେ, ଦଧି ସମୁଦ୍ର କୂଳେ,
ବୀଣା ବଂଶୀ ବାଜୁଛି, କଦମ୍ବ ତରୁ ମୂଳେ,
ସୁରତି ଲୀଳା ରସ, ସତୀ ରାଧିକାତୁଲେ,
ନିତ୍ୟ ଲୀଳା ହେଉଛି, ପଡ଼ି ଅଛନ୍ତି ଭୋଳେ,
ଅକ୍ଷଏ ଅଣାକାର, ବିଜୟେ ସେ ଠାବରେ
ପଞ୍ଚ ପ୍ରକାରେ ବାଦ୍ୟ ବୀଣା ଛନ୍ଦରେ । ୧ ।
ନବ ମୁନିଗଣେ କରି ମଣ୍ଡଳି ସଭା,
ତହିଁ ପରେ ବିଜେ ଶୂନ୍ୟ ପୁରୁଷ ଦେବା,
ସେଠାରେ ନବ ଋଷି, ସତ୍ୟ ସାର ପ୍ରକାଶି,
ଯାକୁ ଯେମନ୍ତ ଦିଶି, ଲିହି ପୁରାଣେ ଘୋଷି,
ବ୍ରହ୍ମଗ୍ୟାନରେ ମିଶି ନାମେ ଅଛନ୍ତି ବସି,
ଅବ୍ୟକ୍ତ କର୍ମେ ପଶି ଯୋଗ ଧ୍ୟାନରେ ମିଶି,
ଶାସ୍ତ୍ର ଶ୍ଳୋକାଦି ଗ୍ରନ୍ଥ ନବ ପ୍ରକାରେ । ୨ ।

ସଭା ମଣ୍ଡାଇଛି ସୁରପତି ନାଏକା,
ଚନ୍ଦ୍ରାତପ ଚମତ୍କାର ଦିଶେ ଧାଡ଼ିକା,
ରମ୍ଭା ନାରୀ ସୁନ୍ଦରୀ, ମେନକା ଅପସରୀ,
ଅମର-ବିଳାସୁଣୀ, କିନ୍ନରୀ ବିଦ୍ୟାଧରୀ,
ସଭା ଆସ୍ଥାନ ମଧ୍ୟେ, ନୃତ୍ୟ ମଙ୍ଗଳକାରୀ,
ଦେବ ସଭା ବିହରି, ଶଚି ବଲ୍ଲଭ ନାରୀ,
ରତ୍ନକନକ ମଣ୍ଡପର ଉପରେ । ୩ ।

ବିଷ ଜ୍ୱାଳାରେ ଅଚେତ ସେ ଶୂଳଧର,
ପଡ଼ି ଅଛନ୍ତି ସ୍ୱସ୍ଥାନ ଭୂମି ମଧର,
ଅନାଦି ଆଦିସୁର, ଭୂତ ପ୍ରେତ ଈଶ୍ୱର,
ଅଷ୍ଟାଙ୍ଗ ଯୋଗଧାର, ଦେଲେ ସେ ନିରାକାର,
ସମ୍ପଦେ ଅଧିକାର, ପାର୍ବତୀ ପ୍ରାଣେଶ୍ୱର,
ଯେ ଯାହା ବାଞ୍ଛା କରେ, ବାଛି ଦେଉଛି ବର,
ଯୋଗୀ ଯୋଗାନ୍ତୀ ହୋଇ ଯୋଗ ଧ୍ୟାନରେ । ୪ ।

ବ୍ରହ୍ମା ବେଦବର ଅଷ୍ଟ ନୟନ ତାର,
ଚାରିବେଦ ଚତୁର୍ମୁଖେ କରି ପ୍ରଚାର,
କରିଛି ଆତଯାତ, ଯା ଯେତେ କର୍ମବିତ୍ତ,
ପାପୀ ନର୍କେ ଲିପତ, ଧର୍ମାଦି ସ୍ୱର୍ଗ ପଥ,
ଯା ଯେତେ ଫଳ ଶ୍ରୁତି, ଲଲାଟରେ ଲିହିତ,
ଏ ତ୍ରିପୁର ଜଗତ, କଳ୍ପଣା କରି ନିତ୍ୟ,
ରଚନା କରି ଧ୍ୟାନ ଦିବା ନିଶିରେ । ୫ ।

କୁଞ୍ଜବନେ ନୃତ୍ୟ କରେ ନଟବରନା,
ଦେଖ ଛବି ଛଡ଼ବେଦ ପରେ ଭାବନା,
ଭଣିଲେ ଭୀମଭୋଇ, ପରମାର୍ଥରେ କହି,
କଦମ୍ବ ବୃକ୍ଷ ଯେହି ଓଲଟେ ଅଛି ରହି,
ଗୁରୁ ଚରଣେ ଧ୍ୟାୟି, ବାରମ୍ବାର କହଇ,
ତେତିଶ କୋଟି ଦେବ ଶ୍ରବଣ ଡେରି ରହି
ଶୁଣି ଲୀଳା ବିନୋଦ ଶୂନ୍ୟ ମନ୍ଦିରେ । ୬ ।

॥ ୬୧ ॥

ଦିନ ପାହିଲା ଯୁଗ ହେଲାଣି ଶେଷ

ଦିନ ପାହିଲା ଯୁଗ ହେଲାଣି ଶେଷ,
ଖଣ୍ଡି ଅପରାଧ କ୍ଷମା କର ମୋ ଦୋଷ । ଘୋଷା ।
ଅଲେଖ ମହିମା ସ୍ୱାମୀ ବିଜେ ସଂସାରେ,
କ୍ଲେଶ ପାଉଛନ୍ତି ଭକ୍ତଙ୍କ ନିମନ୍ତରେ ।
ଧନ୍ୟ ଏ କଳିଯୁଗ କି ଭାଗ୍ୟ କରିଥିଲା,
ପ୍ରତ୍ୟକ୍ଷରେ ପ୍ରଭୁଙ୍କ ନିଜରୂପ ଦେଖିଲା ।
ନିର୍ବେଦ କର୍ମେ ପ୍ରଭୁ ଲଗାଇଛନ୍ତି ଲୀଳା,
ଆତ୍ମା ଭକତି ଭାବ କାହିଁ ଦେଖା ନ ଥିଲା ।
ରୂପ ଦେଖି ଜଗତେ ହେଉଅଛନ୍ତି ଭୋଳା,
ଅଗ୍ୟାନୀ ଜନମାନେ ବୁଜନ୍ତି ବେନି ଡୋଳା ।
ମୁକ୍ତି ପସରା ତାଙ୍କୁଣି ହୋଇଅଛି ମେଲା,
ଚିହ୍ନି ଭଜିବ ଯେ ହେବ ଅବଧୂତ କଳା ।
ବେଳହୁଁ ଲାଗିଅଛି ଅକ୍ଷୟ ବ୍ରହ୍ମକଳା,
ହେଳା କଲେ ସହଜେ ବୁଡ଼ିଯିବଟି ଭେଳା,
ଜାଣୁ ଜାଣୁ ମୁଁ ନିଷ୍ଟେ ହେଲି ବିନାଶ । ୧ ।

ଛପନା କୋଟି ଜୀବଙ୍କୁ ତାରିବା ପାଇଁ,
ନିଜ ରୂପେ ବିଜେ କେ ଜାଣିବାକୁ ନାହିଁ ।
ବ୍ରହ୍ମାଣ୍ଡେ ସ୍ୱାମୀ ମୋର ପାଉଛନ୍ତି କଷଣ,
କର୍ଣ୍ଣେ ଶୁଣି ମୋ ପିଣ୍ଡେ ନ ରହୁଛି ଜୀବନ ।
ସ୍ଥିର ମୋ ହୃଦୟରେ ନ ରହେ ପଞ୍ଚପ୍ରାଣ,
ଭାଳି ମରୁଛି ନିଜେ ଝୁରୁଛି ରାତ୍ରଦିନ ।
କିସ ବର୍ଣ୍ଣିବି ପଦ ମାଡୁଅଛି ରୋଦନ,
ନୟନୁ ଅଶ୍ରୁଜଳ ବହୁଛି ଘନ ଘନ ।
ତିନି ବ୍ରହ୍ମାଣ୍ଡ ମୋତେ ଦିଶୁଛି ଧୂମବର୍ଣ୍ଣ,

ପାପ ଘୋଟିଲା ପୃଥ୍ୱୀ ଉଦେ କରାଅ ପୂଣ୍ୟ।
ଆଜ୍ଞା ପଡୁ ମୋଠାରେ କରିଯିବ ଦର୍ଶନ,
ଜାଣିଲଇଁ ଏଥର ଜଗତ ହେବ ଶୂନ୍ୟ।
ନିଷ୍ଠେ ପାଦପଦ୍ମକୁ କରିଛି ଆଶ । ୨ ।

ଆଜ୍ଞା ଦେଇଥିଲ ପ୍ରଭୁ ଯେତେ ଦିନକୁ
ପ୍ରଘଟ ହେଲାଣି ଯୁଗ ବେଳୁଁ ବେଳକୁ।
ଅଭୟ ମଣ୍ଡଳରେ ଅନାଦି ଯୋଗେଶ୍ୱର
ବିଚାର କଲାବେଳେ ଥିଲି ମୁଁ ଶ୍ରୀଛାମୁର।
ଆଜ୍ଞା ଦେଲ "ମୁଁ ହେବି କଳଙ୍କି ଅବତାର,
ମୁହିଁ ବୋଇଲି ମୋତେ ମର୍ତ୍ତ୍ୟରେ ଜାତ କର।
କୃପା କରି ବୋଇଲ ଯାଅସି ରେ କୁମର,
ମୁହିଁ ଯାଉଛି ଆଗେ ତୁ ପଛେ ଶୁଭ କର।
ଅନନ୍ତ କୋଟି ସାଧୁ ଚୌଷଠି ସିଦ୍ଧ ମୋର
ଅଚେତା ହୋଇ ଜନ୍ମିଛନ୍ତି ଗୃହ ଭିତର।
ଭେଟ ପାଇବୁ ଦୀକ୍ଷା ଉଦେ ନବ ଅଙ୍କର
ବସି ବର୍ଣ୍ଣିବି ପଦ ତୋହ ହୃଦପଦ୍ମର।
ଶୂନ୍ୟ ମହିମାଧ୍ୱନି ହେବ ପ୍ରକାଶ । ୩ ।

ତେର ଅଙ୍କରୁ ଆକୁଳେ କମ୍ପୁଛି ଦେହ,
ସତର ଅଙ୍କ ହେଲାଣି ବହୁଛି ଲୁହ।
ମୁଁ ଯେ ଯୌବନ ନାରୀ ବହୁତ ଆଶା କରି,
ଛାମୁକୁ ଅନୁସରି ଭେଟିବଇଁ କିପରି।
ବନେ ବନେ ଖୋଜୁଛି ଚିଆଁ ଚୈତନ୍ୟ ଧରି,
କିମ୍ପା କରୁଛ ମୋତେ ବିଛେଦ ଯୁବା ପରି।
ପିନ୍ଧିଲାର ବସନ ହେଲାଣି ମୋତେ ଭାରି,
ବହି ନ ପାରେ ପିଣ୍ଡ ଚକଟା ମୃତପରି
ମାୟା ମୋହରେ ପଡ଼ି ନିତ୍ୟେ ହେଉଛି ଘାରି।
କେତେ ଦିନକୁ ଆଜ୍ଞା ହେବ ଶୂନ୍ୟବିହାରୀ,
ଯେହ୍ନେ ଜଳକୁ ଅନୁସରି ପୀୟୁଷ । ୪ ।

ହେଳା କଲେ ଭେଳା ବୁଡ଼ି ଭାସିଲା ଜୀବ,
କେତେ ଦିବସକୁ ସିଦ୍ଧି କରୁଛ ଶୁଭ।
ଅନାଦି ବ୍ରହ୍ମ ବିଜେ କରିଛ ରବିତଳେ,
ପାରି କରିବ ପରା ଏ ଘୋର କଳିକାଳେ।
ଛାଡ଼ି ଦେଇଛ ମୋତେ ଦୁଷ୍ଟଗଣଙ୍କ ମେଳେ,
ଢାଉରଙ୍ଗ ପସରା ଦେଖି ପଡୁଛି ଭୋଳେ।
ଭାସି ଯାଉଛି ମୁହିଁ ଅଗାଧ ସିନ୍ଧୁ ଜଳେ,
ଦେଖ ଦେଖ ମୁଁ ପଡ଼ିଗଲିଟି ରସାତଳେ।
ପିଣ୍ଡ ପ୍ରାଣ ସମର୍ପି ଦେଇଛି ପାଦତଳେ,
ସହି ନ ପାରି ଉଚ୍ଚେ ଡାକୁଅଛି ବିକଳେ।
ଚଳିଯିବାକୁ ମୋର ବେନି ପାଦ ନ ଚଳେ,
ଅଭୟ ଶୂନ୍ୟବାନା ଉଡୁଛି ଏତେବେଳେ
ବାରେ ଉଦ୍ଧରି ଧର ଶୂନ୍ୟ ପୁରୁଷ । ୫ ।

ଆକାଶକୁ ଚହିଁ କେତେ ବର୍ଣ୍ଣିବି ପଦ,
କଳିଯୁଗ ମୋରଠାରେ ଲାଗିଛି ବାଦ।
ଭଣେ ଭୀମ ଅର୍କ୍ଷିତ ମଥାରେ ଦେଇ ହସ୍ତ,
ଚଣ୍ଡୀ ଚାମୁଣ୍ଡାଗଣେ ଆସୁଅଛନ୍ତି ନିତ୍ୟେ।
ଆସନ ଚଉକତି ବେଢ଼ିଛନ୍ତି ଏକାନ୍ତ,
ଜଗିଛନ୍ତି ନିର୍ବନ୍ଧେ ଛାଡ଼ି ନ ଦ୍ୟନ୍ତି ପଥ।
ପ୍ରଥମ ଆସନରେ ହେଉଛି ଏତେ କୃତ୍ୟ,
କାଳ ବିକାଳ ଆସୁଅଛନ୍ତି ଭୂତ ପ୍ରେତ।
ବିଷ୍ଣୁ ମାୟା କୂଟରେ ରହୁ ନାହିଁ ମହତ,
କଟାଳ କରି ମୋତେ ଜାଗୁଛନ୍ତି ନିଅତ।
ପିଣ୍ଡ ବ୍ରହ୍ମାଣ୍ଡ ସ୍ୱାମୀ କର ହେ ରକ୍ଷାଗତ,
ଦୟା କର ହେ ସ୍ୱାମୀ ଅଲେଖ ଅବଧୂତ।
ତିନି ବ୍ରହ୍ମାଣ୍ଡେ ମୋର ନୋହୁଛି ବାସ । ୬ ।

|| ୬୨ ||

ଦର୍ଶନ କର, ଧାଇ ଶ୍ରୀଗୁରୁ ପୟର

ଦର୍ଶନ କର, ଧାଇ ଶ୍ରୀଗୁରୁ ପୟର । ଘୋଷା ।
ନିର୍ବେଦ ଅମୃତ ସୁଧା, ଥିଲା ଯେ ଅଲେଖ ବିଦ୍ୟା,
ଖିଲ ପଡ଼ିଥିଲା ମୁଦା, ଏବେ ବହୁଅଛି ଧାର । ୧ ।

ସେ ଠାବକୁ ହେଲେ ଲକ୍ଷ୍ୟ, ବୋଲାଇବ ବ୍ରହ୍ମଲୋକ,
ଜିଣିବ ତିନି ତ୍ରୈଲୋକ୍ୟ, ତେବେ ହୋଇବ ଅମର । ୨ ।

ଶ୍ରୀପୟରୁ ବହୁଅଛି, ବସୁଧାରେ ଜଡୁଅଛି,
ଅନୁସରି ପିଅ କିଛି କୋଟି ଜନ୍ମ ପାପ ହର । ୩ ।

ବାହ୍ୟରେ କଲେ ପ୍ରକାଶ, ଯୁଗ ଯହୁଁ ହେଲା ଶେଷ,
ବୁନ୍ଦେ ବୁନ୍ଦେ କର ଗ୍ରାସ, ମାୟା ମୋହ ଯିବ ଦୂର । ୪ ।

ଯେ ସର୍ଜିଲା ପିଣ୍ଡ ପ୍ରାଣ, ସେହି ସେ କରତା ଜାଣ,
ସେବା ଲାଗି ନିଅ ଦିନ, ଅଛି ଯେବେ ପ୍ରତିକାର । ୫ ।

ସ୍ୱାମୀ ମହିମା ଅଶେଷ, ଭଣେ ଭୀମ ହୀନ ଦାସ,
ଉଦ୍ଧାର ହେବ ଅବଶ୍ୟ, ଦୃଢ଼ ବନ୍ଧେ ଧର ଧର । ୬ ।

॥ ୬୩ ॥

ଭଜ ସ୍ୱାମୀଙ୍କି, ଚର୍ମ ନୟନରେ ଦେଖି

ଭଜ ସ୍ୱାମୀଙ୍କି, ଚର୍ମ ନୟନରେ ଦେଖି । ଘୋଷା ।

ଶୁଷ୍କତରୁ ପଲ୍ଲବୁଛି, ଫୁଟି ପୁଷ୍ପ ବାସୁଅଛି
ଚହିଁଲେ ନେତ୍ରେ ଦିଶୁଛି ଏତେ ଅପ୍ରତେ କାହିଁକି । ୧ ।
ପାତକ ଭାରା ଛେଦନ, ଉଦୟ ହେଲାଣି ଗ୍ୟାନ,
ଦେଖ ଦେଖ ସର୍ବଜନ ମନକୁ ଥବିରେ ରଖି । ୨ ।
ମିଛ ମାୟା ଗାଳି ଗର୍ବ, ଛେଦନ ହେଲାଣି ସର୍ବ,
ପଶିଲାଣି ସତ୍ୟଯୁଗ ଆସି ରହିଲାଣି ବାକି । ୩ ।
ଆଗ୍ୟାଁରେ ଚରି ଦିଗରେ, ରହିଲାଣି ବଚନରେ,
ପ୍ରଚାରି ବ୍ରହ୍ମ କର୍ମରେ ସ୍ୱକାମକୁ ଦୂରେ ଫିଙ୍ଗି । ୪ ।
ଶ୍ରୀପୟରୁ ସୁଧାପାନ, ପାଇଲେଣି ଭକ୍ତଗଣ
ମନ ବାଞ୍ଛା କରି ପୂର୍ଣ୍ଣ, ଲଭିଲେ ସଦ ଗତିକି । ୫ ।
ପ୍ରଭୁ ନାମକୁ ନିରୋପି, କହୁଛି ଜଗତେ ଡାକି
ଭଣେ ଭୀମ ଅରକ୍ଷିତ ପିଣ୍ଡ ପରାଣକୁ ବିକି । ୬ ।

॥ ୬୪ ॥

ମହିମା ଦେଖ ଯାର ନାହିଁ ରୂପ ରେଖ

ମହିମା ଦେଖ ଯାର ନାହିଁ ରୂପ ରେଖ । ଘୋଷା ।
ନିଶବ୍ଦ ଘରୁ ଶବଦ ଜଡ଼ା କହେ ଚାରିବେଦ
ଶୁଦ୍ର ହୋଇ ବ୍ରହ୍ମ ପଦ ପ୍ରକାଶ ହେଉଛି ମୁଖ । ୧ ।
ମୂର୍ଖେ ହୋଇଲେ ପଣ୍ଡିତା ବେଦ ଶାସ୍ତ୍ରେ ନାହିଁ ଶ୍ରୋତା
ଅଗ୍ୟାନୀ ହୋଇଲେ ଚେତା ବୁଦ୍ଧିକି କରି ବିବେକ । ୨ ।
ଗୃହୀମାନେ ହେଲେ ଋଷି ତପରେ ବ୍ରହ୍ମକୁ ତୋଷି
ବୋଲାଇଲେ ଦାସ ଦାସୀ କ୍ଷୟ କରି ପାପ ଦୁଖ । ୩ ।
ମଲା ପିଣ୍ଡ ଉଠିଲାଣି ପାଷାଣ ପାଣି ହେଲାଣି
ଗୁପ୍ତକଥା ଫିଟିଲାଣି ମିଛ ନୋହେ ସତବାକ୍ୟ । ୪ ।
ପଙ୍ଗୁଗିରି ଲଙ୍ଘି ଯାଇ, ଅନ୍ଧ ଚକ୍ଷୁଦାନ ପାଇ।
ଅପୁତ୍ରିକ ପୁତ୍ର ହୋଇ ଏଥିକି ନେବ ପରୀକ୍ଷା । ୫ ।
ଭଣେ ଭୀମ ଅରକ୍ଷିତ, ଧାଇ ଗୁରୁ ପାଦଗତ
ସେ ଅଲେଖ ଅବଧୂତ ଲଭିବାକୁ ନାହିଁ ସକ୍ଷ । ୬ ।

।। ୬୫ ।।

ପାକ ଛଡରସରେ, ଭୁଞ୍ଜୁଅଛି ସତୀ

ପାକ ଛଡ଼ରସରେ, ଭୁଞ୍ଜୁଅଛି ସତୀ
ପରଶୁଛି ପତି, ଅତି ହରଷ ମତିରେ । ଘୋଷା ।
ଦୋପଖା ଚୁଲାରେ ବସିଅଛି ଭାଣ୍ଡ, ନୀର ଫୁଟୁଛି ତହିଁରେ ।
କାଷ୍ଠ ନାହିଁ ଅଗ୍ନି, ହୁତାଶେ ଜଳୁଛି, ଖୋଳା ବିମ୍ବର ଭିତରେ । ୧ ।
ଦୋପଖାରେ ପାକ ରନ୍ଧନ ହେଉଛି ଏକ ଗୋଟି ତଣ୍ଡୁଳରେ ।
ଭାଣ୍ଡ ପୂରି ମଣ୍ଡ ଉଛୁଳି ପଡୁଛି, ନିର୍ଦ୍ଧୁମ ଅଗ୍ନି ଜାଳରେ । ୨ ।
ଭୁଞ୍ଜାଉଛି ଘୃତ, ହରୁଛି ସର୍ବତ୍ର, ମନ ଧ୍ୟାନ ଭଣ୍ଡାରରେ ।
ଦିଗୁଣେ ନେଉଛି, ତିନିଗୁଣେ ଦେବ, ଦୁର୍ଲ୍ଲଭ ରତ୍ନ ଦାନରେ । ୩ ।
ପୁରାଜଳ ଭାଣ୍ଡେ, ସଲିଳ ପ୍ରଚଣ୍ଡେ ବିନ୍ଦୁ ବ୍ରହ୍ମ ଲୀଳା କରେ ।
ଚନ୍ଦନ ଅର୍ଗଳି, ତିଳମାତ୍ରେ ଗଳି, ମୁଦ୍ରିତ ଛଡ଼ ଦଳରେ । ୪ ।
ସେ ତପତ କୁଣ୍ଡ, ସଞ୍ଚରିଛି ପିଣ୍ଡ, ପ୍ରଚରୁଛି ବ୍ରହ୍ମଗ୍ୟାନରେ ।
ଭଣେ ଭୀମକନ୍ଧ, କବି କୁଳ ଚନ୍ଦ, ଜ୍ଞାନ ରସ ସମ୍ବାଦରେ । ୫ ।

॥ ୬୬ ॥

ସୁବେଶକୁ ଜାଗିଛି

ସୁବେଶକୁ ଜାଗିଛି ।
କ୍ଷରି ପଦ୍ମପୁଷ୍ପ, ପୂରି ମଧୁରସ, ବିନ୍ଦୁରେ ବଶ କରୁଛି । ଘୋଷା ।
ଜ୍ୟୋତି ମୂର୍ତ୍ତି ଘେନି, କ୍ଷିତି ପ୍ରକାଶିଛି, ଥଳରେ ଜଳ ରହିଛି,
ଜଳ ମଧ୍ୟେ ଛଡ଼ ପାଖୁଡ଼ା ଦଳରେ, ଅନାଡ଼େ ପୁଷ୍ପ ଫୁଟିଛି । ୧ ।
ଅହି କାଳସର୍ପ, ଆମୋଦ ପୁଷ୍ପକୁ, ବେଢାଇ ତହିଁ ରହିଛି ।
ଆଧାର ନ ଅଣ୍ଟି, ବିସ୍ତାରିଛି ପାଟି, ବିନ୍ଦୁ ଗ୍ରାସ କରୁଅଛି । ୨ ।
ବଞ୍ଚିବାର ଯୋଗେ, କହିଅଛି ପଦେ, ନିତ୍ୟେ ଭୋଜନକୁ ବାଛି ।
ତ୍ରିପୁରର ଧନ, କରୁଛି ଆପ୍ୟାନ, ଉଦର ତା ନ ପୂରିଛି । ୩ ।
ଶିରୀଷର ପୁଷ୍ପ, କରିଅଛି ବାସ, ତିନିଭୁବନ ମୋହୁଛି ।
କଢ଼ିର ସଙ୍ଗେ, ଆବୋରି ଭ୍ରମର, ମଧୁପାନ କରୁଅଛି । ୪ ।
ଲାଗିଅଛି ତହିଁ, ଇଛାକୁ କବାଟ, କଞ୍ଚି ଖିଲ ନାହିଁ କିଛି ।
ମାଛି ଗଳିବାକୁ, ନ ମିଳଇ ସଜ, ମତ୍ତଗଜ ଛନ୍ଦୁଅଛି । ୫ ।
ଏ ଜଗତ ରୂପ, ଭବାର୍ଣ୍ଣବ କୂପ, ଛଡ଼ ରଚନା କରିଛି,
ଭଣେ ଭୀମଭୋଇ, କୁଢ଼ ରସେ ବାଇ, ଦିବସ ସରି ଯାଉଛି । ୬ ।

।। ୬୭ ।।

ଅନାହତବିହାରୀ, ଆବୋରିଛ କାୟେ

ଅନାହତବିହାରୀ, ଆବୋରିଛ କାୟେ,
ଜଳ କୁମ୍ଭ ପ୍ରାୟେ, ଭିତର ବାହାରେ ପୂରି । ଘୋଷା ।
ବିନା ଚକେ ରଥ, ବୁଲେ ଅବିରତ, ମନୁ ଦଣ୍ଡ ଯୋଚି କରି।
ତହିଁର ବାହାରେ, ହଦ ପଙ୍କ ଜଳ, ଶ୍ରୋଣି ସେ ତ ଭବବାରି । ୧ ।
ଚନ୍ଦ୍ର ମଧ୍ୟେ ବ୍ରହ୍ମ, କରିଛି ଆଶ୍ରମ, ଜଳରେ ପାଷାଣ ପରି।
ଗଙ୍ଗା ଯମୁନା ସରସ୍ୱତୀ ବହୁଛି, ବଙ୍କୁ ନାଳ ଶିଖେ ଝରି । ୨ ।
ସପ୍ତଦ୍ୱୀପା ମହୀ, ରଚନା କରୁଛି ଚତୁର୍ଦ୍ଦଶ ପୁର କରି।
ଚଉଦ ବ୍ରହ୍ମାଣ୍ଡ, ଭିତର ବାହାରେ, ଅଛି ସପ୍ତସିନ୍ଧୁ ପୂରି । ୩ ।
ଅସ୍ଥି ମାଂସ ଚର୍ମ, ରୋମ ୟେକ କରି, ଲତା ବନକୁ ଆବୋରି।
ଏ ତିନି ବ୍ରହ୍ମାଣ୍ଡେ, ଯେ କରିଛି ପିଣ୍ଡ, ସର୍ବ ଘଟେ ବିଜେ କରି । ୪ ।
ଏ କୀଟପ ଜୀବ, କରୁଅଛି ଭାବ, ଅରୂପକୁ ଅନୁସରି।
କହେ ଭୀମଭୋଇ, କୃପା ଯେବେ ହେବ ଭବସିନ୍ଧୁ ଯିବି ତରି । ୫ ।

॥ ୬୮ ॥

ବ୍ରହ୍ମ ଯହିଁ ଅଛି କର ନିରୂପଣ

ବ୍ରହ୍ମ ଯହିଁ ଅଛି କର ନିରୂପଣ ହେ ସାଧୁଜନ । ଘୋଷା ।

ଅଲେଖରୁ ଲେଖା ହେଲେ   ବୃଦ୍ଧ ଅଙ୍ଗେ ବିରାଜିଲେ
ସଂସାର ବାହ୍ୟକୁ ହୋଇଛନ୍ତି ଶୂନ୍ୟ,
ଅନାଦି ଈଶ୍ୱର ଯେହୁ   କ୍ଷୟ ବୃଦ୍ଧି ନୁହେଁ ସେହୁ
କଉଁ ବେଦେ ଶୁଣିଛ କି ଲଭନ୍ତି ସେ ମରଣ । ୧ ।
ଅଜନ୍ମ ପୁରୁଷ ସେହି   ଜନ୍ମ ମୃତ୍ୟୁ ତାଙ୍କ ନାହିଁ
କାହିଁ ଜନ୍ମ ହୋଇଛନ୍ତି କେ କେ ଜାଣ।
ସମସ୍ତଙ୍କୁ ପଚାରୁଛି   ଜାଣିଥିଲେ କହ କିଛି
ଚିନ୍ତା କରି ହୃଦୟରେ ସରୁ ନାହିଁ ମୋ ଦିନ ହେ । ୨ ।
ସେ ପ୍ରଭୁ ଯହିଁରେ ଛନ୍ତି   ସୁର ନର ନ ଜାଣନ୍ତି
ବିଶ୍ୱାସ ଲଗାଇ କର ପରଶନ।
ନିଷ୍କାମ ହୋଇଲେ ମନ   ଦୃଶ୍ୟ ହେବେ ନାରାୟଣ
ଅଳ୍ପଦିନେ ମିଳିବ ପାଦପଦ୍ମେ ଦର୍ଶନ ହେ । ୩ ।
ଅଲେଖ ବୋଇଲେ ମୋତେ   ରୋଦନ ମାଡୁଚି ଚିତ୍ତେ
ଶୋକ ସନ୍ତାପେ ପୋଡୁଛି ମୋ ଜୀବନ।
ସେ ଯେ ଅଣରୂପ ସ୍ୱାମୀ   ସର୍ବଦା ସେ ଅନ୍ତର୍ଯ୍ୟାମୀ
ରୂପ ହୋଇଛନ୍ତି ପରା କୋଟି ମଦନ ହେ । ୪ ।
ସେ ଅଲେଖ ଅଣାକାର   କାହାକୁ ନାହିଁ ଗୋଚର
ଅଙ୍ଗରେ ହୁଅନ୍ତି ବିରାଜିତମାନ
ଭଗତଙ୍କ ଧନ ସେହି   ତିନିପୁରେ ଛନ୍ତି ଧାଇ
ସତ୍ୟାଦି ଧର୍ମରେ ଏକା ହୁଅନ୍ତି ସେ ବନ୍ଧନ ହେ । ୫ ।
ଭଣେ ଭୀମ ଅରକ୍ଷିତ   ଶ୍ରୀଗୁରୁ ଚରଣେ ଚିତ୍ତ
ଅଲେଖକୁ ସମର୍ପିଛି ପିଣ୍ଡପ୍ରାଣ
ମରିଗଲେ ବୋଲୁଛନ୍ତି   କିରୂପେ ରହିଛି ପୃଥ୍ୱୀ
କଦାଚିତରେ ପରତେ ନ ପାଉଛି ମନ ହେ । ୬ ।

॥ ୬୯ ॥

ତାଙ୍କୁ ଭେଦ କର

ତାଙ୍କୁ ଭେଦ କର, ରବିତଳେ ଥିବେ ହେ କଳିଯୁଗେ । ଘୋଷା ।

ବନ୍ଦଇ ଅଲେଖ ବ୍ରହ୍ମ ଅନାମୁ କ୍ଷରିଲା ନାମ
ରୂପ ରେଖ ବର୍ଣ୍ଣ ନାହିଁ ଥିଲା ପୂର୍ବେ
ଘରବାହାରେ ଅଲେଖ ପିଣ୍ଡ ବ୍ରହ୍ମାଣ୍ଡରେ ଦେଖ
ଘଟେ ଘଟେ ଜୀବରୂପେ ପୂରି ସର୍ବଠାବେ ହେ । ୧ ।

ଘରିଯୁଗେ ସେ ଅଲେଖ ନ ଲାଗେ ମାୟା କଳଙ୍କ
ନରଅଙ୍ଗେ ବିରାଜିତ ଗୁପ୍ତ ଭାବେ
ଇଚ୍ଛାରେ ଆସନ୍ତି ବ୍ରହ୍ମ ପରକାଶ ସତ୍ୟଧର୍ମ୍ମ
ଚିହ୍ନା ପଡିଅଛନ୍ତି ସେ ସମ୍ଭାଳି ଧର ଏବେ ହେ । ୨ ।

ଖେଳ କରିବା ନିମନ୍ତେ ଆସି ବିଜୟ ଜଗତେ
ସଂସାର ତାରିବା ପାଇଁ ସର୍ବ ଶୁଭେ
ଭକ୍ତଙ୍କ ହାରି ଗୁହାରି ବାଞ୍ଛା କାମନା ଯାହାରି
ନିର୍ଦ୍ଦୟା ନ କରି ସ୍ୱାମୀ ତତ୍‌ପରେ ବୁଝିବେ ହେ । ୩ ।

ଶୂନ୍ୟ ବୋଲି ଯାହା କହି ବେଦର ଭ୍ରମଣ ସେହି
ଆକାଶକୁ ସର୍ବେ ଘହିଁ ଅଛ ଲୋଭେ
ଅନନ୍ତ କୋଟି ସାଧୁ ସଙ୍ଗେ ଚଉଷଠୀ ସିଦ୍ଧ ଅଙ୍ଗେ
ଏହି ଭିତରେ ଲୋଡ଼ିଲେ ନିଶ୍ଚେ ଧରା ପଡିବେ ହେ । ୪ ।

ଥିବିର କର ମନକୁ କାଟ ଚିତ୍ତୁଁ ବଡିମାକୁ
ତତ୍ତ୍ୱ କରି ଜପ ମନ ଧ୍ୟାନ ସଙ୍ଗେ
ବାଇ ହେଉଛ ସମସ୍ତେ ବୁଝାଇ କହିବି କେତେ
ସତ୍ୟ ଧର୍ମ୍ମକୁ ପରୀକ୍ଷା ମାଗିବ ଜଣେ ଆଗେ ହେ । ୫ ।

ଯେ ଅଛ ସାଧୁ ସୁଜନ କିମ୍ବା ହେଉଛ ଅଜ୍ଞାନ
ଅନୁସରି ଲୋଡ଼ି ଠାବ କର ବେଗେ
ଭଣେ ଭୀମ ଅରକ୍ଷିତ ନିର୍ଣ୍ଣୟେ କହୁଛି ସତ୍ୟ
ଗୁପତରେ ଛନ୍ତି ପ୍ରଭୁ ଅନନ୍ତର ଗର୍ଭେ । ୬ ।

॥ ୭୦ ॥

ଦୃଢ଼େ ଧର ଅପ୍ରତେ ନ କର ହେ

ଦୃଢ଼େ ଧର ଅପ୍ରତେ ନ କର ହେ ଚିହ୍ନ ଭଲ କରି । ଘୋଷା ।

ଅନନ୍ତ ପୁରୁଷ ସେହି ଆଦିଅନ୍ତ ତା ନ ପାଇ
ଭଗତ ହିତରେ ମର୍ତ୍ତେ ଅବତରି
ଅଶେଷ ମହିମା ଗାଦି ଶିଶୁ ଅନନ୍ତ ସମାଧି
ଚାରି ଯୁଗେ ରହି ଆସୁଛନ୍ତି, ଏ ସଂସାରେ ହେ । ୧ ।

ସେ ଅଲେଖ ଅବଧୂତ ଧରନ୍ତି ଅତିଥି ମତ
ଧର୍ମ୍ମ ତାଙ୍କର ଅଟଇ ନିର୍ବିକାର
ଯେ ଯେମନ୍ତ ଖଟିଛନ୍ତି ନ ଥାଇ ସଂଶୟ ଭୀତି
ସମାନେ ଦୟା ବହନ୍ତି ନ କରନ୍ତି ଅନ୍ତର ହେ । ୨ ।

କେ ପାରେ ଏ କର୍ମ୍ମମାନ ଛତିଶ ପାଟେ ଭଜନ
ସମ କରିବାକୁ ଅଛି ଶକ୍ତି କାର
ବ୍ରହ୍ମ ଯେବେ ଚିହ୍ନି ଥାଇ କିଞ୍ଚିତମାତ୍ରେ ହୁଅଇ
ଆଜ୍ଞା ଯେବେ ଶ୍ରୀମୁଖରୁ ପଡିଥାଇ ତାଙ୍କର ହେ । ୩ ।

ଯେଉଁ ବୃଦ୍ଧରୂପ ଗୋଟି ଦିଶଇ କ୍ଷୀଣ ରୂପଟି
ସେ ପ୍ରଭୁ କାହିଁ ରହିବେ ହେତୁ କର
ବୈଷ୍ଣବ ଜଣେ ବୋଇଲେ ଯୋଗୀ ପରାୟେ ମଣିଲେ
ମାନବ ଶକତି ନୋହେ ଅନାଦି ଈଶ୍ୱର ହେ । ୪ ।

ରଜ ବୀର୍ଯ୍ୟେ ଲାଗିଥାଇ ବିଲଗେ ଅଲଗା ହୋଇ
ଆପେ ଏ ଘଟକୁ କରିଛନ୍ତି ତିଆର ହେ
ଆତ୍ମାରୂପେ ରହିଅଛି କହୁଅଛି ନ ଦିଶୁଛି
ଇଚ୍ଛାରେ ବାସନା ଭୋଗ କରୁଛନ୍ତି ସେ ଆହାର ହେ । ୫ ।

ଅବିଶ୍ୱାସ ହେଲେ ଯହୁଁ ଅପମାନେ ମହାବାହୁ
ତେଜି ହୋଇ ଯାଉଥିଲେ ସେ ବାହାର ହେ
ଭଣେ ଭୀମ ହୀନ କନ୍ଧ ସୁଜନେ ନ ବୁଝ ମନ୍ଦ
ଧାଇଁ ପଡ଼ ସେ ପ୍ରଭୁର ଛନ୍ଦିଛି ପୟର ହେ । ୬ ।

॥ ୭୧ ॥

ଅନାଦି ଗୁରୁ ଅଣକ୍ଷରୁ

ଅନାଦି ଗୁରୁ ଅଣକ୍ଷରୁ ନାମ ବୋଲାଇଲ ମହିମା ମେରୁ ॥ ଘୋଷା ॥

ଅଲେଖ ବୋଲିବା ଯେବଣ ଶବଦ
ବ୍ରହ୍ମଗ୍ୟାନୀ ଜନେ କର୍ଣ୍ଣେ ଶୁଣି ଭେଦ
ଚରି ଯୁଗେ କବି ଲେଖି ନ ପାରିଲେ,
ଅଲେଖ ବୋଲିଣ ନାମ ତହୁଁ ଦେଲେ।
ପ୍ରକାଶ ହୋଇଲା କି ଶବ୍ଦରୁ । ୧ ।

ଶୂନ୍ୟ ବୋଲିବାର ଯେବଣ ବିଭୁତି,
ଊର୍ଦ୍ଧ୍ୱକୁ ଚହିଁଲେ କିଛି ନ ଦିଶନ୍ତି।
ସର୍ବଭୂତେ ପୁରି ଅଛନ୍ତି ଆବୋରି
ଏ ପିଣ୍ଡବ୍ରହ୍ମାଣ୍ଡ ଯେତେ ସୀମାରୁ । ୨ ।

ଅନନ୍ତ ପୁରୁଷ ବୋଲିବା ନିର୍ଣ୍ଣୟେ
ଚରି ଯୁଗେ ଆଦ୍ୟଅନ୍ତ ପାଇ ନୋହେ
ନୁହଇ କବି ତ ଅଭୂତରେ ଯୁକ୍ତି
ଅଚଳ ଶକତି କେ ବର୍ଣ୍ଣିପାରୁ । ୩ ।

ସ୍ୱାମୀ ବୋଲିବାର ଯେବଣ ବିଭୂତି
ଛପନା କୋଟିର ଅଟନ୍ତି ସେ ପତି
ସେ ଜଗତନାଥ ସମସ୍ତଙ୍କ ହିତ
ଅବତାର ହୋନ୍ତି ଅଣରୂପରୁ । ୪ ।

ଗୁରୁ ବୋଲିବାର ଯେବଣ ଅରଥ
ଗ୍ୟାନବୁଦ୍ଧି ହେତୁ ଦେବାକୁ ସମର୍ଥ
ଘେନି ସେବାଭକ୍ତି ଦ୍ୟନ୍ତି ସଦଗତି
ତାରଣ କରନ୍ତି ଭବସାଗରୁ । ୫ ।

କର୍ତ୍ତା ବୋଲିବାର ଯେଉଁ ରୀତିମତ
ପିଣ୍ଡ ବ୍ରହ୍ମାଣ୍ଡକୁ କରିଛନ୍ତି ଜାତ
ଭଣେ ଭୀମକନ୍ଧ ମନରେ ଆନନ୍ଦ
ସର୍ଜନା କଳ୍ପଣା ଶୂନ୍ୟ ମନ୍ଦିରୁ । ୬ ।

॥ ୭୨ ॥

ପରମବ୍ରହ୍ମ ସତ୍ୟାଦି ଧର୍ମ୍ମ

ପରମବ୍ରହ୍ମ ସତ୍ୟାଦି ଧର୍ମ୍ମ ଭଗତି ଭାବକୁ ବହନ୍ତି ନାମ । ଘୋଷା ।
ଯେ ଆଦିଅନାଦି ବୋଲିବା ବିଧାନ
ଏ ଦୁଇ ଶବଦ ନାହିଁ ପ୍ରତି ଭିନ୍ନ
ଏକ ଅଙ୍ଗ ସେହି ଖଣ୍ଡ ଖଣ୍ଡ ନୋହି ବିଚାରି ବୁଝିଲେ ଏକତ୍ୱ ସମ । ୧।

ଅଶେଷ ବ୍ରହ୍ମଙ୍କୁ କେ ବୋଲିବ ଶେଷ
ନୁହନ୍ତି ସ୍ତିରୀ ଯେ ନୁହନ୍ତି ପୁରୁଷ
ସେ ନିଗମ ବେଦ କେ କରିବ ଭେଦ ନରତନୁ ବହି କାହାର କ୍ଷମ । ୨ ।

ଏକାକ୍ଷର ବ୍ରହ୍ମ ଗ୍ୟାନମତବାଣୀ।
ଅଧାଧୂନ୍ଦ ନୋହ ସାଧୁସନ୍ଥ ପ୍ରାଣୀ
ଏକବର୍ଣ୍ଣ ଶୁକ୍ଳାମ୍ବର ନିରାଧାର ଅଧେ ମାଈ ତହିଁ ଅଧେକ ଅଣ୍ଡୀର
ବାରି ନୁହେ ତହିଁ ଡାହାଣ ବାମ । ୩ ।

ଅଲେଖ ମହିମା ପଦ ନିରୂପଣ
ଖଡ଼ି ଘେନି ହସ୍ତେ ଗାର କାଟି ଗଣ
ଛଡ଼କ୍ଷର ଯାକ ଏକାକ୍ଷରେ ଯୋଗ ଭଜିବାର ତେବେ ସୁଫଳ କାମ । ୪।

ଚିହ୍ନାଇ କହୁଛି ଭଲ କରି ଚିହ୍ନ
ମହିଁମା ନାମଟି ଅନନ୍ତ ଭୁବନ
କୋଟି କୋଟି ଜାତ କୋଟି କୋଟି ହତ ପ୍ରଳୟ ଶବଦେ ଅଟନ୍ତି ଯମ ।୫।
ନିଶବଦପୁର ଅମନ ମନ୍ଦିର
ପେଲି ପଶିବାକୁ ଶିଷ୍ୟ ନାହିଁ ଆର
ଭଣେ ଭୀମକନ୍ଧ କବିକୁଳଚନ୍ଦ ମୋଠାରୁ ସଂସାରେ ନାହିଁ ଅଧମ ।୬।

।। ୭୩ ।।

କର ବିଚାର ସୁଗ୍ୟାନୀ ନର

କରବିଚାର ସୁଗ୍ୟାନୀ ନର ବ୍ରହ୍ମଠାରୁ ଆଉ ନାହିଁନା ସାର । ଘୋଷା ।
ମହାବ୍ରହ୍ମ ବୋଲି ବାରମତ ରୀତି
ନିର୍ମ୍ମାୟା ପ୍ରଭୁ ସେ ନ ଭେଦେ ପ୍ରକୃତି
ଆପଣା ମାୟାକୁ ଆପେ ଅଛି କିଣି
ତେଣୁ ତା ପକ୍ଷିରେ ନ ଲାଗଇ ପାଣି
ଭିଆଣ କରିଛି ଭବସାଗର । ୧ ।

ଅବଧୂତ ବୋଲିବାର ବାକ୍ୟ ପ୍ରତି
ଅଭୂତରୁ ଯେଣୁ ଉଦିତ ହୁଅନ୍ତି
ପାପଭାରା ହେଲା ନବଦ୍ୱୀପା ପୃଥୀ
ଅତିଥିରୂପରେ ଭ୍ରମି ସଂସାର । ୨ ।

ସର୍ବ ଅଭ୍ୟାଗତ ବୋଲିବା ଚରିତ
ପୃଥ୍ୱୀ ପ୍ରାୟେ ଶହେ ଅଣହିଁସା ମତ
ଜୀବ ପରେ ଦୟା ନାମରେ ଶରଣ
ସଦଗୁରୁ ସେବାକରେ ପ୍ରତିଦିନ
ପିଣ୍ଡ ବ୍ରହ୍ମାଣ୍ଡରେ ନାହିଁ ବିକାର । ୩ ।

ସଦଗ୍ୟାନ ବୋଲି ଯାହାକୁଟି କହି
ସମୁଦ୍ର ପରାୟେ ବୁଦ୍ଧି ଥିର ହୋଇ
ଆକାଶ ପରାୟେ ବିଚାର ବିବେକ
କପଟ ନ ରଖି ନ କରଇ କୋପ
ଧୀରାନ୍ତ ପଣକୁ ଅଟେ ଗଭୀର । ୪ ।

ସତ୍ୟଧର୍ମ ବୋଲିବାର ଯଉଁ ନାମ
ବ୍ରହ୍ମ ଶକ୍ତିରୁ ହୁଅଇ ଜନମ
ନୋହେ ମିଥ୍ୟାପଦ ସାକ୍ଷାତେ ସେ ପାଦ
ସେବା ଭଗତିରେ ଚେତା ସୁମର । ୫ ।

ତତ୍ତ୍ୱପଦ ବୋଲିବାର ଯେ ବଚନ
ପଞ୍ଚଭୂତ ମନୁ ହୁଏ ଉଦ୍ଦୀପନ
କର ଦୃଢ଼ବ୍ରତ ସୁଗ୍ୟାନ ପଣ୍ଡିତ
ଗୁରୁପାଦପଦ୍ମେ ରଖ ନେଇ ଚିତ୍ତ
ଭଣେ ଭୀମଭୋଇ ହୀନ ପାମର । ୬ ।

॥ ୭୪ ॥

ପରମେଶ୍ୱର ଏହିଟି ସବୁ

ପରମେଶ୍ୱର ଏହିଟି ସବୁ; ତାଙ୍କ ବିନୁ ନାହିଁ ଦ୍ୱିତୀୟ ପ୍ରଭୁ । ଘୋଷା ।
ମେରୁ ମନ୍ଦରକୁ ଗହିଁ ଆଗ୍ୟାଁ ଦେଲେ
ନବଖଣ୍ଡ ମହୀ ଧରିଥା ବୋଇଲେ
ଆମ୍ଭ ଆଗ୍ୟାଁ ଘେନ ପ୍ରତିପାଳ ହୁଅ
ଧରଣୀକି ଶିର ପରେ ବହିଥାଅ
ନିସତ ହୋଇଲେ ଦ୍ରୋହ ପାଇବୁ । ୧ ।

ଜଳ ସାଗରକୁ ଆଗ୍ୟାଁ ଦେଲେ ଗହିଁ
ପୂରିଥିବୁ କୁଳ ଲଙ୍ଘିବୁ ତୁ ନାହିଁ
କହୁଅଛି ତୋତେ ହେତୁ କରି ଚିତ୍ତେ
ଛପନା କୋଟିକୁ ଅଣ୍ଟିଥିବୁ ନିତ୍ୟେ
ଆଗ୍ୟାଁ ନ ମାନିଲେ ଅପ୍ରାଧୀ ହେବୁ । ୨ ।

ପବନକୁ ହମରାଇ ଆଗ୍ୟାଁ ଦେଲେ
ପିଣ୍ଡ ବ୍ରହ୍ମାଣ୍ଡରେ ବୁଲୁଥା ବୋଇଲେ
ଦେଉଥିବୁ ସୁଖ ନୋହିବୁ ବିମୁଖ
ଯେମନ୍ତ ପ୍ରକାରେ ନ ପାଇବେ ଦୁଃଖ
ଚଳିବାର ତୁ ହୋ ହେଳା ନୋହିବୁ । ୩ ।

ଅନଳକୁ ଆଗ୍ୟାଁ ଦେଲେ ପ୍ରତିବାକ୍ୟ
ପିଣ୍ଡ ବ୍ରହ୍ମାଣ୍ଡରେ କରୁ ଥାଅ ପାକ
ଆଗ୍ୟାଁ ମାନିଥିବୁ ଅବଜ୍ଞା ନୋହିବୁ
ଘରକ୍ଷଣ କାଳେ ବାହାର ହୋଇବୁ
ବଚନ ଏଡ଼ିଲେ ଦୋଷୀ ହୋଇବୁ । ୪ ।

ଚନ୍ଦ୍ରସୂର୍ଯ୍ୟଙ୍କୁ ଯେ ଆଗ୍ୟାଁ ଦେଲେ ଜାଣ
ଉଦେ ଅସ୍ତ ତୁମ୍ଭେ ହୁଅ ପ୍ରତିଦିନ
ଆଗ୍ୟାଁ ବହିଥିବ ଆକାଶରେ ଯିବ
ଦିବସ ରଜନୀ ବାରିଣ ପଡ଼ିବ
ତିଆରି ତୁମ୍ଭଙ୍କୁ କହୁଛି ବାବୁ । ୫ ।

ସେ ଆଦ୍ୟ ଅନନ୍ତ ପରମ ଅଲେଖ
ଯହିଁ ନିରୂପିଲେ ତହିଁ ଛନ୍ତି ଦେଖ
ବ୍ରହ୍ମମଯେ ଭୂତ ତ୍ରିପୁର ଜଗତ
ଭେଦାଭେଦ କରି ବୁଝି ସାଧୁସନ୍ଥ
ଭଣେ ଭୀମ କନ୍ଧ ମୁରୁଖ କାବୁ । ୬ ।

॥ ୭୫ ॥

ଶୂନ୍ୟ ଅଣରୂପ ନିର୍ବେଦ ହେ

ଶୂନ୍ୟ ଅଣରୂପ ନିର୍ବେଦ ହେ
ବର୍ଣ୍ଣଚିହ୍ନ ନାହିଁ ତହିଁ ସମ୍ବାଦ ହେ । ଘୋଷା ।
ଅଣାକ୍ଷର ବ୍ରହ୍ମ ସେହି   ମାତ୍ରାକ୍ଷର ନ ବସଇ
ଅକ୍ଷୟ ଅଖଣ୍ଡ ଦେହୀ ନିଶବ୍ଦ ହେ । ୧ ।
ଅମନମନ୍ଦିରେ ବାସ   ଭ୍ରମଣ କରେ ଆକାଶ
ନାହିଁ ତା ରାତ୍ର ଦିବସ ଉଇଁଅଛି ଚନ୍ଦ ହେ । ୨ ।
ପଡୁଛି ତାର କିରଣ   ଛପନା କୋଟିରେ ଜାଣ
ସକଳ ଘଟରେ ସମ ପୂରିଛି ବିଭେଦ ହେ । ୩ ।
ଅତି ଅଗୋଚର ପନ୍ଥା   ନିଗମ ବ୍ରହ୍ମ ଦେବତା
କେ କଳିପାରୁ ମହିଁମା ସାଗର ଅଗାଧ ହେ । ୪ ।
ସେହି ଏକା ବଡ଼ ପ୍ରଭୁ   ଆଉ ଯେତେ ମିଥ୍ୟା ସବୁ
ରଜ ବୀଜ ନ ଅଟଇ ନିଷ୍କାମ ନିର୍ବେଦ ହେ । ୫ ।
ନୁହଇ ସ୍ତିରୀ ପୁରୁଷ   ଥୟ ମୁଁ କରିବି କିସ
ଭଣେ ଭୀମ ହୀନ ଭକ୍ତି ନ ପାଇଲା ଆଦ୍ୟ ହେ । ୬ ।

॥ ୭୬ ॥

କେ ପାରିବ କରି ଦର୍ଶନ ହେ

କେ ପାରିବ କରି ଦର୍ଶନ ହେ,
ଏକ ବ୍ରହ୍ମ ଦୂତି ନାହିଁ ନ କହେ ବଚନ ହେ । ଘୋଷା ।
ନୁହଇ ଜନମ ଯୋନି ନାହିଁ ତାର ପାଦ ପାଣି
ମୂରତି ନୁହନ୍ତି ସେହି କି ହେବେ ପ୍ରସନ୍ନ ହେ । ୧ ।
ନାହିଁ ତା ଉଦର କଟି ନିଦା ବ୍ରହ୍ମ ଲିଙ୍ଗ ଗୋଟି
ଅନାମୁଁ ହୋଇଛି ଜାତ ବ୍ରହ୍ମାଣ୍ଡ ରଞ୍ଜନ ହେ । ୨ ।
ନାହିଁ ତା ଶ୍ରବଣ ଆକ୍ଷି ଅଟେ ସମସ୍ତଙ୍କ ସାକ୍ଷି
ଭଗତ ଗୁହାରି କର୍ଣ୍ଣେ ଶୁଣନ୍ତି ବଚନ ହେ । ୩ ।
ସର୍ବଭୂତେ ପୂରିଛନ୍ତି ରୂପରେଖ ନ ଦିଶନ୍ତି
ବ୍ରହ୍ମକୁ ନ ଲାଗେ ମାୟା ଅଙ୍ଗରେ ବନ୍ଧନ ହେ । ୪ ।
ସେହି ସତ୍ୟଧର୍ମ ସାର, କରୁଅଛନ୍ତି ଉଦ୍ଧାର
ବେଳହୁଁ ହୋଇଛି ଶୂନ୍ୟ ନିଶ୍ଚିନ୍ତେ ଗୋପ୍ୟାନ ହେ । ୫ ।
ସେ ପ୍ରଭୁଙ୍କୁ ଧ୍ୟାନ ଦେଇ ଭଣେ ଭୀମ ହୀନ ଭୋଇ
ଭରସା ନୋହିଲା ଚିତ୍ତେ ହୋଇଲି ମଉନ ହେ । ୬ ।

॥ ୭୭ ॥

ଆରେ ମୂର୍ଖ ବାଇ

ଆରେ ମୂର୍ଖ ବାଇ, ମାନି ସେବା କଲେ ସିନା ଗ୍ୟାଁନ ପାଇ । ଘୋଷା ।
କୋଟି ବ୍ରହ୍ମା ବିଷ୍ଣୁଶିବ ଗଲେ ଆପ ବଡ଼ିମାରେ ନ ପାଇଲେ
ଭାବେ ଭୋଳେ ପଡ଼ି ଭବେ ଗଲେ ବୁଡ଼ି
ବ୍ରହ୍ମେ କେହି ଲୀନ ହୋଇ ନାହିଁ ରେ । ୧ ।
ନାମେ ଆତଯାତ ଜୀବ ଜନ୍ତୁ ସଦଗୁରୁ ପାଦେ ନାହିଁ ହେତୁ
ଅନେକ ସାଧିଲେ ଅନ୍ତ ନ ପାଇଲେ
ବାହାରି ଗଲେଣି ଦେହ ବହି । ୨ ।
ଲକ୍ଷେ କଳ୍ପ ଗଣ୍ଡା ଯୁଗ ତେଣୁ କୋଟି କୋଟି କଳ୍ପାନ୍ତର ମନୁ
କେହୁଣି ଯୁଗରେ ନ ପାଇ ଠାବରେ
ବ୍ରହ୍ମ ଆସ୍ଥାନକୁ କେ ନ ପାଇ । ୩ ।
ମନକୁ କରି ପାରିଲେ ସରୁ ତେବେ ଭେଟ ହେବେ ସଦଗୁରୁ
କବାଟ ଅର୍ଗଳି ଶିଶୁ ରନ୍ଧ୍ରେ ଗଳି
ବିଝରିଲେ ନିକଟରେ ଥାଇ । ୪ ।
ମାଂସ ପୁଟେ ଏ ଦେହରେ ଅଛି ବଜ୍ରହୁଁ କଠିଣ ବୋଲାଉଛି
ଜଳ ପବନର ଭେଦାଭେଦ ନାହିଁ
ନିଗମ ଭୁବନ ବୋଲି କହି । ୫ ।
ଭଣେ ଭୀମ ଅରକ୍ଷିତ କନ୍ଧ ସେଠାକୁ ସୁଗ୍ୟାନୀ ଜନେ ଭେଦ
ବାହ୍ୟରେ ଖୋଜିଲେ କେବେ ନାହିଁ ମିଳେ
ଘଟ ଭେଦାନ୍ତରେ ଭେଟପାଇ । ୬ ।

॥ ୭୮ ॥

ନାମ ଦୂଆରୀ ହେ ଶୁଣ ସୁପଣ୍ଡିତା

ନାମ ଦୂଆରୀ ହେ ଶୁଣ ସୁପଣ୍ଡିତା
ନିଜ ଅଙ୍ଗ ଧରି ସ୍ୱାମୀ କହୁଛନ୍ତି କଥା । ଘୋଷା ।
ନ କରନା ମିଛ, ଲାଗିଥାଅ ପଛ,
ବୁଦ୍ଧ ଅବତାର ହୋଇଅଛନ୍ତି କରତା । ୧ ।
ବ୍ରହ୍ମଟି ମହିମା, ଗଞ୍ଜିଛି ଗାରିମା,
ଅଲେଖ ଅଦଭୂତ ଅଖଣ୍ଡିତ ଗ୍ୟାନଦାତା । ୨ ।
ଅନୁମାନେ ବୁଝ, ଅନ୍ତର୍ଗତେ ଖୋଜ,
ଭେଦ ମାର୍ଗେ ଧର ଦେହୁଁ ନ ବୁଡ଼ାଅ ଚେତା । ୩ ।
ରୂପରୁ ଛଡ଼ାଅ, ଅରୂପେ ଜଡ଼ାଅ,
ଜନ୍ମରୁ ମରଣ ଯାଏ ଲାଗିଅଛି ଲତା । ୪ ।
ପଡୁଛି କଷଣ କମ୍ପୁଛି ଆସନ,
ପରୀକ୍ଷ ଉଠିଲେ କାର ନ ରହିବ ପତା । ୫ ।
ବୋଲେ ଭୀମଭୋଇ, ଗୁରୁପାଦ ଧ୍ୟାୟି,
ସ୍ଥିତି ହେବାଯାଏ ପୃଥ୍ୱୀ ଲାଗିଅଛି ଚିନ୍ତା । ୬ ।

॥ ୭୯ ॥

ଅଦେହୁଁ ଦେହେଁ ଅଛି ସେ ଯେ ନ ଦିଶୁଛି

ଅଦେହୁଁ ଦେହେଁ ଅଛି ସେ ଯେ ନ ଦିଶୁଛି।
ଆତ୍ମା ଭୂତପ୍ରାୟେ ଆବୋରିଛି କାଏ ସକଳଠାରେ ଅଛି । ଘୋଷା ।

ଘଟ ନିରୂପଣରେ ହେ ସୁଜନ ବ୍ରହ୍ମକୁ ଧର ବାଛି।
ସର୍ବାଙ୍ଗ ଶରୀରେ ଭିତର ବାହାରେ ଭେଦ କଲେ ହେଉଛି । ୧ ।

ଆତ୍ମାରେ ନିମଜ୍ଜ ସୁଧାରସ ଭୁଞ୍ଜ ଆମେ ନୁହଇ କିଛି।
ମନ ମଧ୍ୟେ ତତ୍ତ୍ୱକୁ ଏବେ କର ହେତୁ ଗୁପତରେ ରହିଛି । ୨ ।

ପରମ ପଦକୁ ସୁମର ଆଦ୍ୟକୁ ଅର୍ଥରେ ଧର ଘିଞ୍ଚି।
ଶୂନ୍ୟ ବୋଲିବାରୁ ସବୁ ବୋହିଗଲା ତୋଳି ନେଇ ଯାଉଛି । ୩ ।

ସେ ବ୍ରହ୍ମ ପୁରୁଷ ଘଟେ ଘଟେ ବାସ ରୂପରେ ବିହରୁଛି।
ପିଣ୍ଡ ପ୍ରାଣ ଗୁରୁ ଅଟନ୍ତି ଆଦ୍ୟରୁ ଗୁଣ ନୋହେ ମୂରୁଛି । ୪ ।

ଯହିଁ ତହିଁ ଦେଖ ମହିମା ଅଲେଖ ସର୍ବ ଭୂତେ ପୂରିଛି।
ଗୁରୁ ନାମ ସାର ଦୃଢ଼ କରି ଧର ତେଣୁ ମୁଁ ବତାଉଛି । ୫ ।

ଭଣେ ଭୀମ ହୀନ ପାମର ଅଗ୍ୟାନ ଭବକୂପେ ପଡ଼ିଛି।
ଅଲେଖ ପ୍ରଭୁଙ୍କୁ ଭଜି ଲଭିବାକୁ ଭାଗ୍ୟ ମୋ କାହିଁ ଅଛି । ୬ ।

॥ ୮୦ ॥

ଆକାଶକୁ ନ ଯାଇ ପ୍ରଭୁ ଅଛନ୍ତି ରହି

ଆକାଶକୁ ନ ଯାଇ ପ୍ରଭୁ ଅଛନ୍ତି ରହି
ତନୁତ୍ୟାଗ କରି ଘଟେ ଘଟେ ପୂରି ଉଲଟି ଦେହ ବହି । ଘୋଷା ।

ହୃଦେ କରି ଦୃଢ଼ କର ତାଙ୍କୁ ଲୋଡ଼ ଏ ନବଦ୍ୱୀପା ମହୀ ।
ତିନିପୁରେ ଖୋଜ ବାହ୍ୟ ଅନ୍ତେ ବୁଝ ଶକତ ଅଛି ଯେହି । ୧ ।

ଶୂନ୍ୟ ହେଲେ ବୋଲି ନ ପାର ବୋବାଲି ମନେ ଅପ୍ରତେ ନହୋଇ
ଏ ପିଣ୍ଡ ବ୍ରହ୍ମାଣ୍ଡେ ବିରାଜି ଅଛନ୍ତି ଏବେ ମୁଁ ଦେଲି କହି । ୨ ।

ବଞ୍ଚୁଛନ୍ତି ଦିନ କଷୁଛନ୍ତି ମନ ମାୟା ଗୋଟି ଭିଆଇ ।
ଜଗତ ଭଗତ ଭାବ ବୁଝୁଛନ୍ତି ସତ୍ୟ ଧର୍ମ ଦିଆଇ । ୩ ।

କେହି ନ ଗଛନ୍ତି ସମସ୍ତେ ହସନ୍ତି ଯେବଣଠାରେ ଥାଇ ।
ଅଶେଷ ମହିମା ସେଠାରୁ ପ୍ରକାଶ ଚିହ୍ନି ପାରିଲେ ପାଇ । ୪ ।

ବ୍ରହ୍ମ ଯାକୁ କହି ମରଇ କି ସେହି ସର୍ବେ ହୋଇଛ ବାଇ ।
ଅଖଣ୍ଡ ବ୍ରହ୍ମକୁ ଖଣ୍ଡିତ ନ କର ଏକରୁ ନାହିଁ ଦୁଇ । ୫ ।

ଆଦ୍ୟ ବୃକ୍ଷ ମୂଳ ସୁମରି ସୁଫଳ ଅନୁସରିଛି ଧାୟି ।
ଭଣେ ଭୀମହୀନ ପାମର ଅଗ୍ୟାନ ଗୁରୁ ଛାମୁରେ କହି । ୬ ।

॥ ୪୧ ॥

ପରକାଶ, ଅଲେଖ ଶୂନ୍ୟ ପୁରୁଷ

ପରକାଶ, ଅଲେଖ ଶୂନ୍ୟ ପୁରୁଷ
ବ୍ରହ୍ମାଣ୍ଡ ରଖିବା ପାଇଁ ଧଇଲେ ବୈଷ୍ଣବ ବେଶ । ଘୋଷା ।

ଯାର ନାହି ରୂପରେଖ ପ୍ରତ୍ୟକ୍ଷେ ନେତ୍ରରେ ଦେଖ ବକଳ ବେଶ
ଆଣି ଅବନାମଣ୍ଡଳେ ଥାପିଦେଲେ ରବିତଳେ ସତ୍ୟାଦିଧର୍ମ୍ମର ଯଶ ।୧।

ଅବଧୂତ ଦୀକ୍ଷାଦେଲେ ମହିମା ଭଜ ବୋଇଲେ ଯେ ନିଜଦାସ
ଗୃହପନ୍ଥାମାନ ଛାଡ଼ି ସାତ୍ତ୍ୱିକ୍ୟ କର୍ମରେ ବୁଡ଼ି
ନ ଲାଗଇ କାଳଫାଶ । ୨ ।

ନିଷ୍କାମ କରି ମନକୁ ଭଜ ଏକା ସେ ବ୍ରହ୍ମଙ୍କୁ ହୃଦରେ । ଘୋଷା ।
ମାତୃହରଣ ଯେ ଦୋଷ ପିତାର ହେ ଅଭିଶାପ
ତେବେ କ୍ଷମା ହେବ ଦୋଷ । ୩ ।

କଳିକାଳରୁ ତରିବ ସତ୍ୟଯୁଗକୁ ପାଇବ ବୁଦ୍ଧ ଆଶିଷ୍ୟ
ସତର ହାତ ମନୁଷ୍ୟ ବୃଦ୍ଧ ନବୀନ ବୟସ
ସର୍ବଦା ବସନ୍ତ ମାସ । ୪ ।

ଛପନା କୋଟି ଜୀବକୁ ଶରଣ ସମ୍ଭାଳିବାକୁ ବାନାବିକାଶ
ପ୍ରଳୟ ଆଗତ ଜାଣି ସେ ପ୍ରଭୁ ଅବ୍ୟକ୍ତ ମଣି
ବିପତ୍ତିକି କଲେ ନାଶ । ୫ ।

ପିଣ୍ଡ ବ୍ରହ୍ମାଣ୍ଡ ବଞ୍ଚାଇ ଶ୍ରୀଅଙ୍ଗେ କଷଣ ସହି ପବନଗ୍ରାସ
ବୋଲେ ଭୀମ ଅରକ୍ଷିତ ଶତେବାର ପ୍ରଳମ୍ବିତ
ଗୁରୁପଦ୍ମପାଦେ ଆଶ । ୬ ।

॥ ୪୨ ॥

ଶେଷରେ, ଘଟିଛି କଳିଯୁଗରେ ହେ

ଶେଷରେ, ଘଟିଛି କଳିଯୁଗରେ ହେ
ବୁଝାଉଅଛି ନିରନ୍ତରେ, ନିଷ୍କାମ ଭକ୍ତି ନିମନ୍ତରେ ହେ । ଘୋଷା ।

ପରଦାରା ଘେରୀ ମିଥ୍ୟା ନ ଧର ମନରେ
ହିଂସା ଅହଂକାର ଛନ୍ଦ ନିବାର ଦୂରରେ ହେ । ୧ ।

କୁଟ କପଟ ଖଟକୁ ନ ରଖ ପାଶରେ
କାମ କ୍ରୋଧ ତେଜି ରହିଥାଅ ମଉନରେ । ୨ ।

ଶାନ୍ତି ଶୀଳ ଦୟା କ୍ଷମା ହୃଦୟରେ
ଗୁରୁ ଧର୍ମ ଆଶ୍ରେ କରି ନିଷ୍କାମ ପଥରେ । ୩ ।

ବୁଦ୍ଧ ଅବତାରେ ଗୁରୁ ବୁଲି ଯେ ସଂସାରେ
ସତ୍ୟଧର୍ମ ଦେଇ ଯାଇଛନ୍ତି ଘରେ ଘରେ । ୪ ।

ଯାର ପୂର୍ବଭାଗ୍ୟ ଥିବ ଏ ନର ଅଙ୍ଗରେ
କୋଟି ଜନ୍ମ ପାପ ଯିବ ଗହିଁଲା ମାତ୍ରରେ । ୫ ।

ଶୟନ କରି ଅଛନ୍ତି ଅବନା ମନ୍ଦିରେ
ବୋଲେ ଭୀମ ଅରକ୍ଷିତ ଶ୍ରୀଗୁରୁ ପୟରେ । ୬ ।

।। ୮୩ ।।

ଦେଖିବ, କଲଙ୍କି ହୋଇବେ ରାଘବ

ଦେଖିବ, କଲଙ୍କି ହୋଇବେ ରାଘବ
ଏ କଳିକାଳ କ୍ଷୟେ ଯିବ। ନିଶ୍ଚେ କରିବେ ସତ୍ୟଯୁଗ ହେ । ଘୋଷା ।

ବେନି ପୟରେ ସପତ ପାତାଳ ପୂରିବ
ମର୍ତ୍ତ୍ୟରେ ଉଦର ଶିର ଆକାଶେ ଲାଗିବ ହେ । ୧ ।

କଟି ଯମ ଦାଢ଼ ଭିଡ଼ି ଢାଲ ପୃଷ୍ଠ ଭାଗ
ସହସ୍ରେ ହାତର ଖଣ୍ଡା କର ହସ୍ତେ ଥିବ ହେ । ୨ ।

କାଳାନ୍ତକ ରୂପ ଅଦଭୂତ ପ୍ରକାଶିବ
ଭଇରବୀ ବିକଟାଳ ମୂରତି ଦିଶିବ ହେ । ୩ ।

ନବଖଣ୍ଡ ମେଦିନୀରେ ଉଲକାପାତ ହେବ
ରୂପକୁ ଦେଖିବ ଯେବେ ମନକୁ ଆସିବ ହେ । ୪ ।

ଏବେ ଆସି ଘଟିଲାଣି ଅନକୂଳ ଶୁଭ
ଚରିଦିନ ଟାକିଥାଅ ଛପ୍ନା କୋଟି ଜୀବ ହେ । ୫ ।

ତିନି ଭୁବନରେ ମହାଭୟ ଉପୁଜିବ
ବୋଲେ ଭୀମ ଅରକ୍ଷିତ ଥୟ ନ ରହିବ ହେ । ୬ ।

॥ ୮୪ ॥

ସକଳ ଖଟିବେ ଦଶ ଦିଗପାଳ

ସକଳ ଖଟିବେ ଦଶ ଦିଗପାଳ ହେ, ସଙ୍ଗତରେ ଦେବା ଦେବୀ ବଳ
ଅନେକ ଥିବେ କ୍ଷତ୍ରିକୁଳ ହେ । ଘୋଷା ।

ରଥୀ ମହାରଥୀ ତହିଁ ଥିବେ ମହାମଲ୍ଲ
ଉଚ୍ଛେ ସିଂହରଡ଼ି ଦେବେ ଶୁଭିବ ଚହଳ ହେ । ୧ ।

ରଙ୍ଗ ବର୍ଣ୍ଣ ଦିଶୁଥିବ ଏ ମହୀମଣ୍ଡଳ
ରକତର ନଦୀ ବହିଯିବ ଖଳ ଖଳ ହେ । ୨ ।

ସନ୍ଥକୁ ପାଳିବେ ସଂହାରିବେ ଦୁଷ୍ଟକୁଳ
ଜୟ ଶଙ୍ଖ ଦେବେ ବୀର କ୍ଷତ୍ରି ଅର୍ଗଳ ହେ । ୩ ।

ସତ୍ୟ ପ୍ରକାଶିବ ମନ ହୋଇବ ନିର୍ମ୍ମଳ
ସର୍ବ ମୁଖେ ତ୍ରାହି ତ୍ରାହି ଶୁଭିବ ମଙ୍ଗଳ ହେ । ୪ ।

ସହସ୍ର ତେଜରେ ଫାଟିଯିବ ମହୀମାଳ
ପୂଣ୍ୟରେ ବ୍ରହ୍ମାଣ୍ଡ ଦିଶିବ ଉଜ୍ଜ୍ୱଳ ହେ । ୫ ।

ଆଦିରୂପ ପ୍ରକାଶିବେ ସେ ଅନାଦିମୂଳ
ବୋଲେ ଭୀମ ଅରକ୍ଷିତ ଦେବେ ଭକ୍ତେ ଫଳ ହେ । ୬ ।

॥ ୮୫ ॥

କେ ଭଜି ପାରିବ ନାମ ଅରୂପ ହେ

କେ ଭଜି ପାରିବ ନାମ ଅରୂପ ହେ,
ଘଟଣା ହୋଇଛି ଶୂନ୍ୟ ସ୍ୱରୂପ ହେ । ପଦ ।

ଶୂନ୍ୟେ ଚଳୁଛନ୍ତି ନାହିଁ ପାଦପାଣି,
ବାନା ଉଡ଼ାଉଛି ତିନି ତ୍ରୈଲୋକ୍ୟ ହେ । ୧ ।

ହସ୍ତ ନାହିଁ ତାଙ୍କ ସର୍ବ କରୁଛନ୍ତି,
ନାମଠାରୁ କିସ ନେବ ପରୀକ୍ଷ ହେ । ୨ ।

ପିଠି ନାହିଁ ତାଙ୍କ ମାଡ ସହୁଛନ୍ତି,
ଚିଆଉଁଛି ଦେହେ ବ୍ୟଥା ଚମକ ହେ । ୩ ।

ମୁଖ ନାହିଁ ଭାଷା କହୁଛନ୍ତି କଥା,
ପଢ଼ାନାହିଁ ବର୍ଣ୍ଣୁଛନ୍ତି ଶୋଳକ ହେ । ୪ ।

ନାସାପୁଡ଼ା ନାହିଁ ଫୁଲ ଶୁଙ୍ଘୁଛନ୍ତି,
ହରି ନେଉଛନ୍ତି ବାସ ଗନ୍ଧକ ହେ । ୫ ।

ଚକ୍ଷୁ ନାହିଁ ତାଙ୍କ ସର୍ବ ଦେଖୁଛନ୍ତି,
ଦୃଷ୍ଟି ପଡୁଅଛି ଚଉଦିଗକ ହେ । ୬ ।

ଭଣେ ଭୀମ ହୀନ ପାମର ଅଗ୍ୟାନ,
ଅନୁସରି ଅଛି ପାଦ ଉଦକ ହେ । ୭ ।

॥ ୮୬ ॥

ନିର୍ବେଦେ ରହିଛି ଅଣଅକ୍ଷର ହେ

ନିର୍ବେଦେ ରହଛି ଅଣଅକ୍ଷର ହେ,
ଅନାମିକାପଦ ଅଣବିକାର ହେ । ପଦ ।

ଅଶ୍ରୁତି ଅମୂର୍ତ୍ତି ନାହିଁ ରୂପକାନ୍ତି,
ନିରନ୍ତରେ ଲଭି ସତ୍ୟ ସୁମର ହେ । ୧ ।

ବେଶ ହୋଇଛନ୍ତି ନାହିଁ ଅଳଙ୍କାର,
ଭୂଷଣ ନ ଥାଇ ଶୋଭା ସୁନ୍ଦର ହେ । ୨ ।

ରହିଛନ୍ତି ପାଶେ ଭଗତ ବିଶ୍ୱାସେ
ନେଇଆଣି ଲଗୁଛନ୍ତି ସଙ୍ଗର ହେ । ୩ ।

ଅଲେଖ ଅବଧୂତ ନିର୍ବେଦେ ଗୁପତ,
କେ ଅନ୍ତ କରିବ ବ୍ରହ୍ମସାଗର ହେ । ୪ ।

ନାହିଁ ହାଇଛାଇ କେ ପାରିବ ଚାହିଁ,
ବିଜେ କରିଛନ୍ତି ଶୂନ୍ୟମନ୍ଦିର ହେ । ୫ ।

ଭଣେ ଭୀମ ଭୋଇ, ଶ୍ରଣାଗତ ଯାଇ,
ବଚନ ଭାଷିଲେ କେଡ଼େ ମଧୁର ହେ । ୬ ।

॥ ୮୭ ॥

ବିଜୟେ ଶ୍ରୀଗୁରୁ ଅବନା ମନ୍ଦିରୁ

ବିଜୟେ ଶ୍ରୀଗୁରୁ ଅବନା ମନ୍ଦିରୁ, ଶୂନ୍ୟେ ଯା ବାନା ପ୍ରକାଶ
ଜ୍ଞାନନେତ୍ରେ ଦେଖି ଉଠିଲି ଚମକି ରୂପ ବିଜୁଳିର ତ୍ରାସ ହେ,
ପୁଣ୍ୟ କାର୍ତ୍ତିକ ମାସ ଶୁକ୍ଲପକ୍ଷ ଦଶମୀ ଦିବସ
ତହିଁ ଭେଟହେଲେ ଗୁରୁଶିଷ୍ୟ, କୃପାଭକ୍ତ ବାନ୍ଧବ ବିଶ୍ୱାସ ହେ । ୧ ।
ଏ ମାନବ ନର ନିନ୍ଦିଲେ ଅପାର, ଦୀକ୍ଷା କିପାଁ କଲ ଉଦେ
ଏ ଜଗତଜନ ସର୍ବେ ହତଜ୍ଞାନ ପଡ଼ି ମାୟାମୋହ ମଦେ ହେ,
କିସ କରିବି ବୁଦ୍ଧି ପୃଥ୍ୱୀ କି ରୂପେ ହୋଇବ ସାଧି
କଲି ସତ୍ୟ ସଙ୍ଗେ ହେଲା ବାଦୀ, ନିନ୍ଦା ଅଙ୍ଗକୁ ଯାଉଛି ଭେଦି
କେତେ ଦିବସରେ ସର୍ବସିଦ୍ଧି । ୨ ।
ଶୁଣିଣ ବିଚାର ଦଇନି ଉତ୍ତର ଆଦିବ୍ରହ୍ମ ଅବଧୂତ
କଳିଯୁଗ ନରେ କାଳକ ଅନ୍ତରେ ହେବେ ପିଚାଶୁଣୀ ଭୂତ ହେ
କାହୁଁ ଜାଣିବେ ଭାବ, ଅଛି ବହୁତ ଅବସ୍ଥା ଯୋଗ
ତାଙ୍କୁ କୁମ୍ଭୀନର୍କେ ଅଛି ଠାବ। ନାହିଁ ମୁକତି ପସରା ଲାଭ
ପାର ନାହିଁ ବିନୁ ସାଧୁସଙ୍ଗ । ୩ ।
ଠାବେ ଠାବେ ଦ୍ୱନ୍ଦ ହିଁସା ବାଦଛନ୍ଦ କଲେ ନର ଦେବବୃନ୍ଦ
ନିର୍ବେଦ ବିକାଶି ଦେଲ ବ୍ରହ୍ମରାଶି ଯା ମୁଖଁ ଶୁଣିଲୁ ମନ୍ଦ ହେ
ତୁମ୍ଭ ଭଗତଗଣ ହେଉଛନ୍ତି ବଡ ହୀନିମାନ
ଦୀକ୍ଷା-ଦେଲ ନିର୍ବେଦ ସାଧନ, ନ ପାଇଲେ ସ୍ଥିତି ବସ୍ତିମାନ
କର୍ତ୍ତା ହେଲେ ବୁଝିବ ଆପଣ । ୪ ।
ଚାରିପାଦେ ଧର୍ମ୍ମ ପ୍ରତିମାରେ ବ୍ରହ୍ମ ସ୍ଥାପିବି ଯେଉଁ ଦିବସେ
ନିଜ ରୂପଧରି ମର୍ତ୍ତ୍ୟେ ଅନୁସରି ଛାମୁକୁ ଆସିବେ ତେବେ ସେ
ନେଉଟାଇବି ଯୁଗ, ଅଷ୍ଟ ଖଣ୍ଡ ଭାରତ ହୋଇବ ଯେ
ତେଣୁ ଭଗତଙ୍କୁ ଦେବି ଠାବ, ସମୟକେ ଯେହୁ ବ୍ରତୀ ଥିବ
ଜଣେ ଜଣେ ଦେବି ରାଜ୍ୟ ଭୋଗ ହେ । ୫ ।

ଶିର କର ଯୋଡ଼ି ପାଦତଳେ ପଡ଼ି କହେ ବିନୟ ବଚନ
ନ କରିବ କୋପ ଅନାଦି ଅଲେଖ ମୋ ବିନତି ବାରେ ଘେନ ହେ
କିପାଁ ଭ୍ରମୁଛ ମହୀ, ଅନ୍ନ ନାହିଁ କ୍ଷୀର ନୀର ଖାଇ
କି କାରଣେ ଏତେ ଦୁଃଖ ସହି, ଦିବାନିଶି ଦଣ୍ଡେ ସୁସ୍ଥ ନାହିଁ
ବେଶ ଦେଖି ରୋଦନ ମାଡ଼ଇ । ୬ ।
ଅବନୀର ଭାରା ନ ସହିଲୁ ପରା ଉଦୟ ହୋଇଲୁ ଆସି
ଏ ତିନି ବ୍ରହ୍ମାଣ୍ଡ ପୃଥ୍ୱୀ ନବଖଣ୍ଡ ଏକାଙ୍ଗେ ସାଧିବୁ ବସି ହେ
ରୁହାଇବି ମହିମା, ଭାଙ୍ଗିଦେବି ଦୃଷ୍ଟଙ୍କ ଗାରିମା
କେଉଁ ବାପ ରଖିବ ଜଣିମା, ସାକ୍ଷୀ ଥାନ୍ତୁ ଚନ୍ଦ୍ର ସୂର୍ଯ୍ୟ ବ୍ରହ୍ମା
ଜଳ ପୃଥ୍ୱୀ ବେଦାନ୍ତ ସୁଧର୍ମା ହେ । ୭ ।
ଦୁଃଖ ସୁଖ କଥା ଗୁପତ ବାରତା ଶ୍ରୀଗୁରୁ ଶିଷ୍ୟ ସମ୍ବାଦ
ଶିଷ୍ୟ ପଚ୍ଚରିଲେ ଶ୍ରୀଗୁରୁ କହିଲେ ଏଠାବକୁ ଅଷ୍ଟ ପଦ ହେ
ଭଣେ ଭୀମସେନ ଭୋଇ, ଚିହ୍ନ ଅନାଦି ପୁରୁଷ ସେହି
ଯାର ଆଗ୍ୟାରେ କମ୍ପୁଛି ମହୀ, ବ୍ରହ୍ମତେଜ ପାଶେ ନୋହେ ରହି
ସାଧୁଜନେ ଶୁଣ ମନ ଦେଇ ହେ । ୮ ।
ଭାବ ଗଦଗଦେ ମନରେ ସାନନ୍ଦେ ପୁଣି ପୁଣି ପଚ୍ଚରଇ
ଏ ଜଗତ ଲୋକେ ବୋଲୁଛନ୍ତି ଥୋକେ ପରୀକ୍ଷା ଦେଖିବା ପାଇଁ
ସର୍ବ ଘରେ ଭକ୍ଷିଲେ, କୁଳଧର୍ମ୍ମ ଜାତି ଗୋତ୍ର ନେଲେ
ବେଦ ଶାହାସ୍ତ୍ରକୁ ନିନ୍ଦା କଲେ, ପାପ ପୁଣ୍ୟ ସମାନ ମଣିଲେ
ଏହା ଭାଷୁଅଛନ୍ତି ସକଳେ ଯେ । ୯ ।
ନିନ୍ଦା କଲେ ନର କିସ ଯିବ ମୋର ମୁଁ ଅଟେ ଅରୂପ ହରି ।
କୋଟିଏ ପୂରୁଖା ବେଦେ ନାହିଁ ଦେଖା ବାନାକୁ ଚିହ୍ନି ନ ପାରିଯେ
କିସ ପରୀକ୍ଷା ଦେବି ? ଅଧିକରେ ବ୍ରହ୍ମାଣ୍ଡ ଜାଳିବି ଯେ ।
ବେଶ ଧରିଛି ବୈଷ୍ଣବଯୋଗୀ ଯେ; ପୃଥୀ ଧୂଳି ପାଉଁଶ କରିବି ଯେ
କି କାରଣେ ଦତ୍ୟଙ୍କୁ ପାଳିବି ଯେ । ୧୦ ।
ଏହା ଶୁଣି ମୁଁ ତ ମନରେ ଚକିତ ଶ୍ରୀଚରଣ ତଳେ ପଡ଼ି
ଶ୍ରୀମୁଖ ବଚନ କେ କରିବ ଆନ, ବ୍ରହ୍ମବାକ୍ୟେ ପୁଞ୍ଜି ବୁଡ଼ି ଯେ ।
ଗଲେ ସମସ୍ତେ ନାଶ; କାହୁଁ ଆଣିବ ମାନବ ଅଂଶ ?

ଗୃହଧର୍ମ ନୋହିବ ପ୍ରକାଶ। ଭକ୍ତ ହେଲେ ଦିଗାମ୍ବରୀ ବେଶ
ନିଷ୍ଠା ଭଗତିକି କରି ଆଶ ହେ । ୧୧ ।
ଯେ ମୋର ଭଗତ ବାନ୍ଧବ ବିଶ୍ୱାସ ସୁକୃପା କରି ରଖିବି
ଅଧେ ଯୋଗୀବେଶ ଅଧେ ଗୃହବାସ, ଧନପୁତ୍ର ନାରୀ ଦେବି ଯେ
ସେହୁ କହିବେ ସତ୍ୟ, ନାମ ଭଜନକୁ ସାମରଥ।
ଗୋପଲକ୍ଷ୍ମୀହେବ ପରାପତ, ତାଙ୍କଠାରୁ ଜଗତ ଉଦିତ।
ଗୃହଧର୍ମ ପାଳିବେ ବିହିତ । ୧୨ ।
ତ୍ରିପୁର ଜଗତ ନ ପାଇଲେ ଅନ୍ତ କେବଣ ପୁରୁଷ ତୁହି
ମର୍ତ୍ତ୍ୟେ ଜାତ ହେଲି କବିକୃତ କଲି ଚିହ୍ନି ନ ପାରିଲି ମୁହିଁ ଯେ
ତୁମ୍ଭ ବିଭୂତି କହ, ଶୁଣି ସନ୍ତୋଷ ହେଉ ମୋ ଦେହ
ଘୁଞ୍ଚିଯାଉ କାଳମାୟା ମୋହ; ଦାନ ଦେଲି ପିଣ୍ଡପ୍ରାଣ ନିଅ
କୃପା ଅଭୟପଞ୍ଜରେ ଥୁଅ ହେ । ୧୩ ।
ଶୁଣ ସାବଧାନେ କହୁଁ ତୋ ବଚନେ ନିଜ ବିଭୂତି ବୃତ୍ତାନ୍ତ
ଶୂନ୍ୟେ ଆତଯାତ ଶୂନ୍ୟରେ ସମ୍ଭୂତ ଆଦ୍ୟ ବ୍ରହ୍ମ ଅବଧୂତ ହେ
ବାସ ଶୂନ୍ୟ ମନ୍ଦିରେ, ଅଛି ତିନି ବ୍ରହ୍ମାଣ୍ଡ ବାହାରେ
ସ୍ଥିତି ଅବନାପୁର ମନ୍ଦିରେ, ଠିକ ବତିଶ ସସ୍ରକୁଣରେ।
ଭଜ ଅଜପା ଅଣଅକ୍ଷରେ ଯେ । ୧୪ ।
କୋଟି କୋଟି ଚନ୍ଦ୍ର କୋଟି କୋଟି ସୂର୍ଯ୍ୟ ପୃଥ୍ୱୀ ଆପ ତେଜ ବାଇ
ବ୍ରହ୍ମା ବିଷ୍ଣୁ ଶିବ କୋଟି କଳ୍ପଯୁଗ ପାଦତଳେ ଗଲେ ବହି ଯେ।
ମୋତେ ଚିହ୍ନି ନ ପାରି, ଗଲେ ନାଗାନ୍ତୀ ଯୋଗାନ୍ତୀ ମରି।
କର୍ମେ କୁମ୍ଭୀନର୍କେ ଠାବ କରି, ନିର୍ବେଦରେ ଭଜନା ନ କରି
ଆଦି ତପସ୍ୱୀ ବେଦଆଚାରୀ ଯେ । ୧୫ ।
ଦୁଃଖ ସୁଖ କଥା ଗୁପତ ବାରତା ଶ୍ରୀଗୁରୁ ଶିଷ୍ୟ ସମ୍ବାଦ
ଶ୍ରୀଛାମୁ ଆଗ୍ୟାଁରୁ ସମ୍ପୂର୍ଣ୍ଣ ହୋଇଲା ଏଠାବକୁ ଷୋଳ ପଦ ଯେ
ଭଣେ ଭୀମ ଅକ୍ଷିତ, ଗୁରୁ ପାଦେ କରି ପ୍ରଳମ୍ବିତ ହେ
ଅନ୍ତର୍ଦ୍ଧାନ ହେଲେ ଅବଧୂତ, ନାମ ଭଜନକୁ ସାମରଥ
ଗତି ମୁକ୍ତି କରି ସମାପତ । ୧୬ ।

॥ ୮୮ ॥

ମହିମା ଅଲେଖ ଅନନ୍ତ ଭାବୁଛି

ମହିମା ଅଲେଖ ଅନନ୍ତ ଭାବୁଛି,
ପ୍ରଭୁ ପଦ୍ମପାଦକୁ ଆଶ୍ରେ କରିଛି । ପଦ ।
ଗୁରୁଦେବ କୃପା କଲେ ତରିବି ବୋଲି
ହୃଦପଦ୍ମେ ଭାବୁଅଛି ଯତନ କରି
ହେ ସ୍ୱାମୀ ନମସ୍ତୁତେ କରୁଣା କର ମୋତେ
ପଦ୍ମପାଦର ବିନୁ ଅନ୍ୟ ନ ଦିଶେ ମୋତେ
ତୁମ୍ଭ ବିନୁ ଅନ୍ୟ ଆଉ ନ ଜାଣେ କିଛି । ୧ ।
ଶ୍ରୀଗୁରୁଙ୍କ ନାମ ଧରି ଜପି ହୃଦରେ ।
ନିଶ୍ଚଳ କରି ଭେଟିବି କେବଣଠାରେ
ଏ ଭବୁଁ ପାରି କର ଭୟ ନ ଥାଉ ଆର
ମାଡୁଛି ବଡ଼ ଡର ହେ ଗୁରୁ କୃପା କର
କରୁଣା ବାରେ କିପାଁ ନୋହୁଛି । ୨ ।
ଚାରିବେଦ ପଢ଼ି ପଢ଼ି ହେଉଛି ବଣା
ଏମାନେ ଜାଣନ୍ତି ଭାବ ଚରିତ୍ର ସିନା
ଚାରି ଶାହାସ୍ତ୍ର ବେଦ ନାହିଁ ଶ୍ରୀଗୁରୁପାଦ
ସଦଗୁରୁଙ୍କୁ ଖୋଜ ବେଦରେ କିସ କାର୍ଯ୍ୟ
ବିଷୟା ଧନ୍ଦେ ମନ ଭୁଲୁଛି । ୩ ।
ସପ୍ତଫେଣି ପରେ ବିଜଏ ବ୍ରହ୍ମରୂପ
ଅନନ୍ତ ମହିମା ଅବଧୂତ ଅଲେଖ
ଅଟ ଭଗତ ରକ୍ଷ ଅଭେଦ କର୍ମେ ମୁଖ୍ୟ
ନ କରନ୍ତି ବିବେକ ଅସାର ବୁଝି ଲୋକ
ମହିମା କେ କଳଣା କରିଛି । ୪ ।
ଅଲେଖ ପୁରୁଷ ନାମ ଦୀକ୍ଷା ବୋଲାଇ
ସାର ଅସାର କଥାକୁ ଅନ୍ତର ନୋହି

ଅଯୋନିର ପୁରୁଷ ଶୂନ୍ୟେ କରିଛି ବାସ
ପାଦେ କରିଛୁ ଆଶ ଦେଖାଅ ଜ୍ଞାନ ଅଂଶ
କେତେ ଦିନକୁ ଦୟା ହେଉଛି । ୫ ।
କେମନ୍ତ ଭାବେ ଭଜିବା ନ ଦିଶେ ବାଟ
ଶ୍ରୀମୁଖରୁ ଆଗ୍ୟାଁ ହେଉ ଫେଡ଼ ସଂକଟ
ଦେଖାଅ ଗ୍ୟାନବାଟ ଫିଟିଯାଉ ସଂକଟ
ଉଛୁର ହେଉଛି ତ ଆଗ୍ୟାଁ ହେଉ ତୁରିତ
ଏ ରୂପେ ମନ ମୋର ଭାବୁଛି । ୬ ।
ଦୟା ଯେବେ, ନ ହୋଇବ ହେ ସଦଗୁରୁ
ଏ ମହୀମଣ୍ଡଳେ ମୋତେ କେ ରକ୍ଷା କରୁ
କରିଣ ନିଷ୍ଠାଭକ୍ତି ହୃଦୟ ପଦ୍ମେ ଚିନ୍ତି
ନିର୍ମଳ କରି ମତି ଭଜୁଛି ଦିବାରାତି
ଛାମୁ ଆଗ୍ୟାଁକୁ ଟାକି ରହିଛି । ୭ ।
ନିଷ୍ଠାଭଗତିକି ଲଭି ନ ପାରେ ମନ
ମାୟାମୋହ ଧନ୍ଦେ ପଡ଼ି ଯାଉଛି ଦିନ
କୃପା କର ହେ ପ୍ରଭୁ ଅଗ୍ୟାନ ଖଣ୍ଡ ସବୁ
ନିଶ୍ଚେ ଦର୍ଶନ ଶୁଭୁ ଏ ଜୀବ ଗ୍ୟାନ ଭାବୁ
ତରିବି ବୋଲି ଅନୁସରିଛି । ୮ ।
ନାମବ୍ରହ୍ମହୃଦେ ଜପି ଯୋଗୀନ୍ଦ୍ରମାନେ
ନିଶ୍ଚିନ୍ତେ ଧ୍ୟାଇ ରହିଲେ ଗୁରୁଚରଣେ
ଆସନେ ବସି ଭକ୍ତେ ଭାବୁଛନ୍ତି ନିରତେ
ଏକ ରୂପକୁ ନିତ୍ୟେ ସେ ଧ୍ୟାନ କରେ ଚିତ୍ତେ
ଏକାନ୍ତେ ହୃଦପଦ୍ମେ ଭାବୁଛି । ୯ ।
ଦଶ ପଦ ପୂର୍ଣ୍ଣ ବ୍ରହ୍ମଜ୍ଞାନ ସୁଆଦ।
ଆହେ ସୁଜ୍ଞଜନେ ଭଜ ଶ୍ରୀଗୁରୁପାଦ
ଭଣେ ଭୀମ ଅର୍ପିତ ଗୁରୁ ଚରଣେ ଚିତ୍ତ
ପ୍ରଭୁନାମ ଭଜିତ ହେଉଛି ଆନନ୍ଦିତ
ଏକାହିଁ ନିଷ୍ଠା ଭକ୍ତି କରୁଛି । ୧୦ ।

॥ ୮୯ ॥

ଖେଳୁଅଛି ଏକପାଦେ ବ୍ରହ୍ମଧର୍ମ୍ମ ଆଚରି

ଖେଳୁଅଛି ଏକପାଦେ ବ୍ରହ୍ମଧର୍ମ୍ମ ଆଚରି
ଗୋଡ଼ାଇଛି ମୁକ୍ତି ପଛେ ତାହାରି । ଘୋଷା ।

ପଶ୍ଚିମଦ୍ୱାରେ ଅନନ୍ତ ଆଗ୍ୟାଁ ପାଇ ହୋଇ ଜାଗ୍ରତ
ସେ ଜ୍ୟୋତି ସିଦ୍ଧାନ୍ତ, ସହସ୍ରେ କବାଟ ଅର୍ଥ କଞ୍ଚିଲ
ମୁଦାଝର ମୁଣ୍ଡେ ଛନ୍ତି ଆବୋରି । ୧ ।

ଦକ୍ଷିଣରେ ଶ୍ରୀଜଗନ୍ନାଥ ଆଗ୍ୟାଁପାଇଁ ହୋଇ ଜାଗ୍ରତ
ସେ ଦ୍ୱାରରକ୍ଷକ, ବେନିକର୍ଣ୍ଣ ଡେରି ଶବଦକୁ ବାରି
ଶାନ୍ତି ବଚନେ ଛନ୍ତି ଅନୁସରି । ୨ ।

ଉତ୍ତରଦ୍ୱାରେ ରାମନାଥ ଆଗ୍ୟାଁପାଇ କରିଛି ସତ୍ୟ
ସେ ବଚନ ତତ୍ତ୍ୱ, ଉତ୍ତର କବାଟ ଅତିହିଁ ଆକଟ
ଠାବେ ଠାବେ ଉଜାଗର ପାହାରୀ । ୩ ।

ପୂର୍ବଦ୍ୱାରେ ଶ୍ରୀକୃଷ୍ଣଚନ୍ଦ୍ରେ ଜଗିଛନ୍ତି ଜାଉଁଳିରନ୍ଧ୍ରେ
ସେ କିଳିଣିବନ୍ଧେ, ସ୍ୱୟଂ ବ୍ରହ୍ମରାଶି ନିର୍ବେଦରେ ପଶି
ଯୋଗଧାନେ ଛନ୍ତି ନାମ ସୁମରି । ୪ ।

ଚତୃ ଦୁଆରେ ଚରି ଦୁଆରୀ ମଧ୍ୟେ ବ୍ରହ୍ମ ବିଜୟ କରି
ସେ ଅନାମୁଁ କ୍ଷରି, ବୋଲେ ଭୀମ ଭକ୍ତ ନ ଜାଣୁଛି ମୁଁ ତ
ଛଳି ଦେଇ ପ୍ରଭୁ ଯିବେ ବାହାରି । ୫ ।

॥ ୯୦ ॥

କଳିଯୁଗେ ମହିଁମାନାମ ହେଲା ବିପତ୍ତି

କଳିଯୁଗେ ମହିଁମାନାମ ହେଲା ବିପତ୍ତି
ଭଜ ଗୁରୁପାଦେ ନୁହଁ ଅପ୍ରୀତି । ଘୋଷା ।
(ନ ଦଣ୍ଡିବ- ଯମ ହେଲେ ଭକତି)

ବ୍ରହ୍ମରୂପେ ରହିଛି ଘୋଟି । ଚିଠିପତ୍ର ଦେଉଛି କାଟି;
ପ୍ରତିଦିନ ନିତି ଚନ୍ଦ୍ରସୂର୍ଯ୍ୟ ବେନି, ଯା ବଚନ ଘେନି
ଫେରୁଛନ୍ତି ଯାର ଆଗ୍ୟାଁ ନ ମେଣ୍ଟି । ୧ ।
ଠାବେ ଠାବେ ସମ୍ପଦ କୋଟି; ଅଧିକାରୀ ଅଛନ୍ତି ଖଟି
ସେ ଦିବସ ରାତି ।
କୁଟୁମ୍ବ ଜଞ୍ଜାଳ କେବେ ନାହିଁ ଭଲ ।
ଚିନ୍ତାରେ ମନହେଉଅଛି ବାଣ୍ଟି । ୨ ।
ନ ବସିଲେ ବୈଷ୍ଣବ କତି । ଅର୍ଜିବାରେ ନିରତେ ମାତି ।
ସେ କିଣା ପାଲଟି ।
ପଣଧନେ ବଡ଼ ହେବେ ପାପୀ ମୂଢ଼;
ନ ଜାଣିବେ ଆତ୍ମା ଉଦ୍ଧାରଗତି । ୩ ।
ନ ପାଇ ବ୍ରହ୍ମଜ୍ଞାନର ଗତି, ଯେଉଁ ପଦେ ମୋକ୍ଷ ମୁକତି ।
ସେ ହୃଦେ ନ ଚିନ୍ତି ।
ବୋଲେ ଭୀମଭୋଇ ହେଉଛନ୍ତି ବାଇ ବିଷ୍ଣୁ,
କୁଟମାୟା ଧନ୍ଦାରେ ମାତି । ୪ ।

॥ ୯୧ ॥

ଆନନ୍ଦେ ନାମବ୍ରହ୍ମେ ବିଚର

ଆନନ୍ଦେ ନାମବ୍ରହ୍ମେ ବିଚର, କର୍ମ କାମନାରେ ଭ୍ରମି ନ ମର । ଘୋଷା ।
ଯେତେବେଳେ ବ୍ରହ୍ମ ଏକପାଦେ ଥିଲା ନଥିଲା ମାତ୍ରା ଅକ୍ଷର ।
ହୋଇ ନିଶବଦ ନ ଥିଲା ଶବଦ ମହାଘୋର ଭୟଙ୍କର । ୧ ।

ନ ଥିଲା ଏ ଜଳ ନ ଥିଲା ପବନ ନ ଥିଲା ସଚରାଚର
ଜ୍ୟୋତି ନିରାକାର ଥୁଳ ଶୂନ୍ୟେ ଘର ନ ଥିଲା ଶୂନ୍ୟ ସଞ୍ଚାର । ୨ ।

ନଥିଲା ଏ ଜ୍ୟୋତି ଯୁଗଳ ସରାଗ ରଙ୍ଗରେଖା ବି ରଙ୍ଗର ।
ତରୁଜ ଗରୁଜ ଅରୁଜ ସରୁଜ ନ ଥିଲା ଦୀର୍ଘ ପ୍ରତିର । ୩ ।

ନ ଥିଲା ଏ ପିଣ୍ଡ ନ ଥିଲା ବ୍ରହ୍ମାଣ୍ଡ ବଚନ ନ ଥିଲା ସାର ।
ସିଦ୍ଧିତ୍ୟ ଅକ୍ଷର ବିଦିତ୍ୟେ ଗୋଚର କେ କଲା ବେଦ ବିଚାର । ୪ ।

ନ ଥିଲା ଏ ଚାରି ଯୁଗ ଚାରି ଭୋଗ ନ ଥିଲା ଜପ ମନ୍ତର ।
ପ୍ରଭୁ ଆସ୍ଥାନକୁ ମନ୍ତ୍ର ଯନ୍ତ୍ର ଧ୍ୟାନ ସହସ୍ରେ ଯୋଜନ ଅନ୍ତର । ୫ ।

ବେଦ ବିଦ୍ୟା ଆଦି ମନ୍ତ୍ର ମଉଷଧି କି କରିବ ଏମାନର ।
ବୋଲେ ଭୀମଭୋଇ ଗୁରୁପଦ ଧ୍ୟାଇ ଏକା ମୋ ଗୁରୁ ପୟର । ୬ ।

|| ୯୨ ||

ଆହେ ପ୍ରଭୁ ମହିମା ମେରୁ

ଆହେ ପ୍ରଭୁ ମହିମା ମେରୁ ଅଟ ଆପଣ
ଆରତେ ଡାକିଲେ କିପାଁ ନ ଶୁଣ । ଘୋଷା ।
ଦୁଃଖୀଜନଙ୍କ ଦୁଃଖ ନିବାରଣ
କଳିଯୁଗେ ଯେତେକ ଜନ, ମିଥ୍ୟାଭାଷୀ ଦାମ୍ଭିକ ମନ
ସେ ହେବେ ଅଗ୍ୟାଁନ।
ପାପ ପଙ୍କେ ପଡ଼ି, କାମଜଳେ ବୁଡ଼ି
କାଳିକା ଖପରେ ହେବେ ଦହନ । ୧ ।

ଦେଖି ପ୍ରଭୁ ଆଗ୍ୟାଁ ବହନ। ଜନମିଲେ ଭଗତ ଜନ
ତପୁସି ହୋଇଣ
କରି କ୍ଷୀରପାନ ଦୁଃଖେ ନେଲେ ଦିନ
ପାପିମାନଙ୍କ ପାପ ଉଦ୍ଧାରଣ । ୨ ।

ଜମ୍ବୁଦ୍ୱୀପ ମଧ୍ୟରେ ଜାଣ। ମାଳବିହାରପୁର ସ୍ଥାନ
ପୂର୍ବେ ଥିଲା ଧାମ।
ଚାରିପାଖ ଗିରି ମଧ୍ୟେ ଅଛି ପୁରି
କାଳନ୍ଦୀ ହ୍ରଦ ପ୍ରାୟେ ଶୋଭାବନ । ୩ ।

ତଥିପରେ ପୁର ନିର୍ମାଣ। ସ୍ୱୟେଂ ବିଶ୍ୱକର୍ମା ଘଟଣ
କରିଛ ଆପଣ।
ହୀରା ନୀଳା ମୋତି ମାଣିକ୍ୟ ଲାଗିଛି
ପାପିମାନଙ୍କୁ ଦିଶେ ଭିନ୍ନାଭିନ୍ନ । ୪ ।

଼ଏକ ଘର ଷୋଳଦ୍ୱାର ଋରିଦିଗେ ହେଲେ ବାହାର
ଦିଶେ ମନୋହର।
ଲାଗିଅଛି ଧୂନି   ଜଗିଛନ୍ତି ମୂନି
ଅଲେଖ ବାନାକୁ କରିଣ ଧାନ। ୫।

ଧନ୍ୟ ଧନ୍ୟ ଧନ୍ୟ ସେ ସ୍ଥାନ, ଷୋଳକଳା ଘେନି ଆପଣ
ବିଜେ ଆଦି ବ୍ରହ୍ମ,
କହେ ଭୀମଭୋଇ   ମହିମାକୁ ଥାୟି
ସେ ଗୁରୁ ଚରଣେ ରହୁ ମୋ ମନ। ୬।

॥ ୯୩ ॥

ମହିମା ଆଜ୍ଞା ଜଗତେ ଖ୍ୟାତ

ମହିମା ଆଗ୍ୟାଁ ଜଗତେ ଖ୍ୟାତ ।

ଏ କଳିଯୁଗରେ ନାମ ବିଖ୍ୟାତ । ଘୋଷା ।

କଳିଯୁଗେ ସାତ୍ତ୍ୱିକ ମତ । ଏକାକ୍ଷର ହୋଇଲା ଜାତ ।

ଶୂନ୍ୟରୁ ସମ୍ଭୂତ, ସେ ପୁରୁଷ ଜାତ

ନର ଦେହରେ କେ କରିବ ଅନ୍ତ । ୧ ।

କ୍ଷୀର ପାନେ ତୋଷିଲ ଚିତ୍ତ । ମହୀ ଭ୍ରମଣରେ ଉଷତ

ବାଛି ଭଗତଙ୍କୁ ଆଗ୍ୟାଁ ଦେଲେ ତାଙ୍କୁ

ବୋଇଲ ହୁଅ ଅବଧୂତ ମତ । ୨ ।

ମାଳବେହାରପୁର ସତ; ପୂର୍ବେ ଥିଲା ସ୍ଥାନ ଗୁପତ

ମାଳ ମାଳ ଗିରି; ମଧ୍ୟେ ଛନ୍ତି ପୂରି ।

ମାନ ସରୋବର ପ୍ରାୟେ ଶୋଭିତ । ୩ ।

ସେ ଠାବରେ ଧୂନି ସମ୍ଭୂତ । ଅଣାକାର ପରେ ଯା ସ୍ଥିତ

କି ଭାଗ୍ୟ ଅର୍ଜିଲେ ନର ଦେହ ପାଇ ।

ଦର୍ଶନ ମାତ୍ରକେ ହେଲେ ମୁକତ । ୪ ।

ପାପ ଆତ୍ମା ଦାମ୍ଭିକ ଚିତ୍ତ । ସେ ସ୍ଥାନେ ନୁହେଁ ଉପଗତ

ଯହିଁରେ ପାବଚ୍ଛ ସତ ରଜ ତମ

ସେଠାରେ ପାତକ ହେଉଛି ହତ । ୫ ।

ଧୂନି ପୂରିଅଛି ସମସ୍ତ; ସେ ଧୂନିରେ ଦିଅ ତୁ ଚିତ୍ତ

କହେ ଭୀମ ଭୋଇ ଶ୍ରୀଗୁରୁଙ୍କୁ ଧ୍ୟାୟି

ରଖ ବା ନ ରଖ ମୁଁ ତୁମ୍ଭ ଭୃତ୍ୟ । ୬ ।

।। ୨୪ ।।

ଅଣହିଂସା ଧର୍ମ ଏହି

ଅଣହିଂସା ଧର୍ମ ଏହି; ହିଂସା ନାହିଁ;
ଡାକି କହୁଛି ବୁଝାଇ । ଘୋଷା ।
ପୃଥ୍ୱୀ ପରାୟେ ସହିଲେ ଧୀର ବଚନ କହିଲେ
ଶାନ୍ତି ଶୀଳ ଦୟା କ୍ଷମା ବହିଲେ ଯାଇ।
ସମୁଦ୍ର ପ୍ରାୟେକ ବୁଦ୍ଧି। ସଦବ୍ରହ୍ମ ହେଲେ ସିଦ୍ଧି
ସାଧୁସନ୍ଥ ବୋଲି କହି । ୧ ।
ଆକାଶ ପ୍ରାୟ ବିବେକ। ପରକାଶ ବ୍ରହ୍ମବାକ୍ୟ
ମୁଖେ ବଚନ ଭାସିଲେ ବେଦ ଜନ୍ମଇ
ପିଣ୍ଡବ୍ରହ୍ମାଣ୍ଡ ଏକତ୍ୱ। ମଣିଥାଇ ଏକମତ
ତେଣୁ ଯୋଗୀନ୍ଦ୍ର ଅଟଇ।୨ ।
ରହୁଁ ଥାଇ ଚନ୍ଦ୍ରପଣେ। କରୁଣାଜଳ ନୟନେ
ଦୁଷ୍ଟ ସନ୍ଥ କାହାକୁ ଅନ୍ତର ନ ଥାଇ।
ମନେ ନ କରି ବିକାର। ସର୍ବ ଭୂତେ ନିର୍ବିକାର
ତେବେ ଅତିଥ ବୋଲାଇ । ୩ ।
ଧୀରପଣେ କହେ ସତ। ବୀରପଣେ ସାମରଥ
ବାଚ୍ଚ ବିଚଳିତ କଦାଚିତ ନୁହଇ।
ସକଳ ଭୂତରେ ଏକ। ଏକ ଆତ୍ମା ପାଏ ଦେଖ।
ଗୁରୁପଣକୁ ଯୋଗାଇ । ୪ ।
ପାଳୁଥାଇ ଇନ୍ଦ୍ରପଣେ। ଅନ୍ତର ନ ଥାଇ ମନେ
ଛପନା କୋଟିକି ପଡ଼ି ବାଣ୍ଟି ଦିଅଇ।
ବ୍ରହ୍ମଗ୍ୟାନ ତତ୍ତ୍ୱ କୁହେ। ବଚନରେ ତାରି ନିଏ।
ସାଧୁର ଲକ୍ଷଣ ଏହି । ୫ ।
ସମସ୍ତଙ୍କୁ ବୋଲେ ମୋର। ମୁହିଁ ଅଟଇ ତୁମ୍ଭର
ଆପଣା ଆତ୍ମାକୁ ଶିଷ୍ୟଭାବେ ରଖଇ।
ଭଣେ ଭୀମ ଅରକ୍ଷିତ। ସେହିଟି ଏକା ଅତିଥ
ତା ପାଦ ଧରିବି ଯାଇଁ । ୬ ।

॥ ୯୫ ॥

ଗୁରୁଙ୍କୁ ପରା ସେବୁଛ

ଗୁରୁଙ୍କୁ ପରା ସେବୁଛ, ଜାଣୁଅଛ
ସତ୍ୟକୁ ମିଥ୍ୟା ମଣୁଛ । ଘୋଷା ।
ବ୍ରହ୍ମ ଯାହା ବୋଲିବାର ରଜବୀଜରୁ ବାହାର
ପୂରି ରହିଅଛି ସ୍ୱର୍ଗ ପାତାଳ ମଞ୍ଚ ।
ଧର୍ମ ପୁରୁଷ ଅଟଇ ଜନ୍ମ ମୃତ୍ୟୁ ନ ଲାଗଇ
ନୁହନ୍ତି କାହାରି ବଶ । ୧ ।
ଭଗତ ଅଙ୍ଗରେ ସିନା ପଡ଼େ ଏହୁ ଧର୍ମ ଚିହ୍ନା
ଭକ୍ତ ଭଗବାନ ଦିଶନ୍ତି ସମକକ୍ଷ ।
ଚାରି ଯୁଗେ ଏହି ପରି ଭୁଲାଉଛି ମାୟା କରି
କେହି ଜାଣି ନ ପାରୁଛ । ୨ ।
ଅଗ୍ନିର କାନ୍ତି ପରାଏ ବିରାଜନ୍ତି ଭକ୍ତ ଦେହେଁ
ଭଗତକୁ ଆଗ କରି ଆପଣ ପଛ
ଭଗତ ଅଙ୍ଗରେ ଥାନ୍ତି ଅଶେଷ ସେବା ଘେନନ୍ତି
କିମ୍ପାଇ ଭିନ୍ନ କରୁଛ । ୩ ।
ହୃଦୟ ପଦ୍ମରେ ବାସ ଆତ୍ମାରୂପେ ତାର ବାସ
ଭଗତ ଅଙ୍ଗଟି ସିଂହାସନ ପାବଚ୍ଛ
ମଣିମୟ ମଣ୍ଡପରେ ପ୍ରଭୁ ବିଜଏ ତହିଁରେ
ଡେଙ୍ଗା ଜଗତୀରୁ ଉଞ୍ଚ । ୪ ।
ତାଳୁକା ଦୁଆର ଶିଖେ ଫୁଙ୍କା ବନ୍ଧ ହଦ କକ୍ଷେ
ଶୂନ୍ୟାଦି ମଣ୍ଡଳ ନିର୍ଭା ହୋଇଛି ସଞ୍ଚ
ଶନ୍ୟ ଅବନା ମନ୍ଦିର ଅଲେଖ ଅବର୍ଣ୍ଣ ପୂର
ଯେସନେ ମୟୂର ପୁଚ୍ଛ । ୫ ।
ସେ ପ୍ରଭୁ ଅନାଦି କନ୍ଦ ଏକାକ୍ଷର ପାଦ ବିନ୍ଦ
ପିଣ୍ଡ ପ୍ରାଣ ସେ ଠାବରେ ଦେଇଛି ଲାଞ୍ଚ
ଭଣେ ଭୀମସେନ ଭୋଇ ବ୍ରହ୍ମେ ଲୀନ ହେବା ପାଇଁ
ଶ୍ରୀଗୁରୁ ପାଦରେ ନେଞ୍ଚ । ୬ ।

॥ ୯୬ ॥

ସମ୍ଭାଳ ସତ୍ୟ ଧର୍ମକୁ

ସମ୍ଭାଳ ସତ୍ୟ ଧର୍ମକୁ ବ୍ରହ୍ମାଣ୍ଡକୁ
କହୁଅଛି ସମସ୍ତଙ୍କୁ । ଘୋଷା ।
ଧର୍ମ ଅବତାର ଗୁରୁ ଫେରୁ ଅଛନ୍ତି ଶୂନ୍ୟରୁ
କଳିଯୁଗେ କେହି ନାହିଁ ଜାଣିବାକୁ
ରୂପ ବର୍ଣ୍ଣ ଛନ୍ତି ହୋଇ ମନରେ ପରତେ ନାହିଁ
ବେନି ନେତ୍ରେ ଦେଖୁଁ ଦେଖୁଁ । ୧ ।
କିସ ମୁଁ ପରୀକ୍ଷା ଦେବି ଅଧିକରେ କି କହିବି
ଭଜନାରେ ବୁଝାଇ କହୁଛି ଏ ସଂସାରକୁ
ବେନି କର୍ଣ୍ଣ ଥାଉଁ ଥାଉଁ ଭେଦ ନ ପଶିଲା ଆଉ
ନ ଗଲା ତାଙ୍କ ମନକୁ । ୨ ।
ପାଷାଣ ତରଳି ଗଲା ଶୁଷ୍କତରୁ ପଲ୍ଲବିଲା
ଲେଶେ ଗ୍ୟାନ ନ ଭେଦିଲା ଲୋକମାନଙ୍କୁ ।
ଦୁର୍ଲ୍ଲଭ ଜନମ ପାଇ ଅଗ୍ୟାନରେ ହେଲ ବାଇ
ନ ଚିହ୍ନିଲ ସେ ପ୍ରଭୁଙ୍କୁ । ୩ ।
ଏବେ ଦୃଢ଼ କରି ଧର ସତ୍ୟାଦି ଧର୍ମେ ବିଚର
ଅନେକ ପ୍ରକାରେ କହୁଅଛି ତୁମ୍ଭଙ୍କୁ ।
କବି ପଣେ ବସିଥିଲା କିଛି ସମସ୍ୟା ନ ଦେଲା
ନିନ୍ଦା ନ ଦେବ ପ୍ରଭୁଙ୍କୁ । ୪ ।
କେତେଦିନ ସଂସାରରେ ଥିବା ମହୀମଣ୍ଡଳେ
ଆସ ସମସ୍ତେ ସେବିବା ସଦଗୁରୁଙ୍କୁ
ଧନ ନୋହେ ମାଳ ମାଳ ଜୀବ ନୋହେ କାଳକାଳ
ଲୋଡ଼ ସେ ଶୂନ୍ୟ ପ୍ରଭୁଙ୍କୁ । ୫ ।
ସେ ଅଲେଖ ଅଣାକାର କଲେ ଯେତେ ଅବତାର
ଚିର କରି ରଖି ଦେଇ ନାହିଁ କାହାକୁ
ଭଣେ ଭୀମସେନ ଭୋଇ ପିଣ୍ଡ ପ୍ରାଣ ଦାନ ଦେଇ
ଶ୍ରୀଗୁରୁ ପାଦତଳକୁ । ୬ ।

॥ ୯୭ ॥

ଭ୍ରମି ଯାଉଛ ଚିତ୍ତରେ

ଭ୍ରମି ଯାଉଛ ଚିତ୍ତରେ ଅଜ୍ଞାନରେ
ଜାଣୁ ଜାଣୁ ସନ୍ଦେହରେ । ଘୋଷା ।
ଅଲେଖ ଶବଦ ଡାକ ତିନିପୁର ତ୍ରୈଲୋକ
ମହିମା ନାମ ମିଶାଇ ଦୁଇ ପ୍ରକାରେ
ନିଜ ବ୍ରହ୍ମରେ ଭଜନ ଆତଯାତ ଅନୁକ୍ଷଣ
ଦିବାନିଶି କଳ୍ପାନ୍ତରେ । ୧ ।
ନର ନାରାୟଣ ରୂପ ବିସ୍ତାର ବ୍ରହ୍ମ କଳାପ
ମୂର୍ତ୍ତିବନ୍ତ ହୋଇ ବିରାଜୁଛ ମହୀରେ ।
ଜଗତଜନଙ୍କ ହିତେ ଧର୍ମ ସ୍ଥାପିବା ନିମନ୍ତେ
ଖୀନ ବୁଦ୍ଧ ଅବତାରେ । ୨ ।
ପ୍ରବୁଧ ବୁଦ୍ଧ ସ୍ୱରୂପ ମାନବ ଶରୀର କଳ୍ପ
ନିଜ ଶକତି କି ଘେନି ନବ କ୍ଷିତିରେ
ଏକ ବ୍ରହ୍ମ ଦୁତୀ ରୂପ ଗୁରୁ ଶିଷ୍ୟ ପ୍ରାୟେ ଦେଖ
ଆସିଛନ୍ତି ଗୁପତରେ । ୩ ।
ଶ୍ରୀଗୁରୁ ବଚନ ମାନି ଛାମୁ ଆଜ୍ଞା ଶିରେ ଘେନି
ଏକମତ ହୋଇଚାଲ ଧର୍ମ ପଥରେ
ଧରି ସଦଗୁରୁ ପାଦ ମନରୁ ସଂଶୟ ଛେଦ
କପଟ ଛାଡ଼ି ଅନ୍ତରେ । ୪ ।
ଅଶ୍ରୁତି ହୋଇ ଯାଉଚ ହେତୁ ଚେତା ବୁଡ଼ାଉଚ
ସମସ୍ତେ ଭାସି ଯାଉଚ ମାୟାସାଗରେ
ଅନ୍ତର୍ଯ୍ୟାମୀ ଗୁରୁଦେବ ଛାଡ଼ିଛନ୍ତି ଧର୍ମ ନାବ
ଏ ଘୋର କଳିଯୁଗରେ । ୫ ।
ବେନି ଜନ ଏକମତ ବାରିଲେ ବାରି ନୋହେ ତ
ମନର ଭିତରେ ଜଣାଉଛି ଅନ୍ତରେ
ଭଣେ ଭୀମ ଅରକ୍ଷିତ ଶତେ ବାର ପ୍ରଳମ୍ବିତ
ଶ୍ରୀଗୁରୁ ଶିଷ୍ୟ ପୟରେ । ୬ ।

॥ ୯୮ ॥

କର ନିଷ୍କାମ ଭକ୍ତି ସୁଚିତ୍ତେ ଗୋ

କର ନିଷ୍କାମ ଭକ୍ତି ସୁଚିତ୍ତେ ଗୋ
ଦେହ-ଧାରୀ ଯେତେ ଅଛ ଜଗତେ ଗୋ । ଘୋଷା ।

ଭଗତଙ୍କ ହିତକାରୀ, ଅନାଦି ଅରୂପ ହରି
ବ୍ରହ୍ମାଣ୍ଡକୁ ରଖିବାର ନିମନ୍ତେ ଗୋ । ୧ ।

ଏହି କଳିଯୁଗେ ଜାଣ, ବୁଦ୍ଧ ରୂପେ ନାରାୟଣ,
ଭାଗ୍ୟ ଥିଲେ ବାନ୍ଧି ରଖ ପଣନ୍ତେ ଗୋ । ୨ ।

ଅରୂପ ବ୍ରହ୍ମକୁ ଭାବ, ପାଇବ ଯେମନ୍ତେ ଠାବ,
ଅନନ୍ତ ଗର୍ଭେ ରହିବ ନିଶ୍ଚିନ୍ତେ ଗୋ । ୩ ।

ସ୍ଥିତି ଉତପତ୍ତି ପ୍ରଳୟ, ନ ଥିବ କାହାକୁ ଭୟ
କଟିବ ଜନ୍ମ ମରଣ ସାକ୍ଷାତେ ଗୋ । ୪ ।

କଳି ଭାଙ୍ଗି ସତ୍ୟ ହେବ, ନିର୍ଣ୍ଣୟ ବଚନ ଧ୍ରୁବ,
ଦ୍ୱାଦଶ ବାରେ କୋଟି ଭଗତି ଗୋ । ୫ ।

ଭଣେ ଭୀମ ହୀନ କନ୍ଧ, ନ ଭଜିଲେ ପାଦ ବିନ୍ଦ,
କଦାଚିତ କ୍ଷମା ନାହିଁ ପଶ୍ଚାତେ ଗୋ । ୬ ।

|| ୯୯ ||

ନ ପଡ଼ ଚିହ୍ନା

ନ ପଡ଼ ଚିହ୍ନା, କରମୁ ଅଛି ଜଣା ।
ଅବନା ମନ୍ଦିରେ ଥାଇ ଦେଖ ଭାବନା । ଘୋଷା ।
ସତ୍ୟ ଧର୍ମ ବୋଲି ଜାଣି, କେହି କାହାକୁ ନ ମାନି
ହୋଇଲେ ବଣା
ଭଜିଥିଲା ଭକ୍ତମାନେ ମନ କଲେଣି ଉଣା । ୧ ।
ମହିମା ନାମ ମହୀରେ, ଏ ନବ ଜମ୍ବୁଦ୍ୱୀପରେ
ହୋଇଲା ବୁଣା ।
ଆୟ ବ୍ୟୟ କରି ନ ପାଇଲେ କଳଣା । ୨ ।
ଏକେ ଧର୍ମ ବେନି ଭାଗ, ବଢିଲାଣି ହିଂସା ମାର୍ଗ
କରି ବାରଣା ।
ନିଷ୍କାମର ପୂଣ୍ୟଫଳ ବୁଡ଼ିଲାଣି ଧାରଣା । ୩ ।
ଏଥର ଏଣିକି ପ୍ରଭୁ, ଉଦଯୋଗ ହେଲା ସବୁ
ନୂଆ ରଚନା ।
ଅଲେଖ ମଣ୍ଡଳୁ ଯାହା କରିଥିଲେ ପାଞ୍ଚନା । ୪ ।
ବହିବାରୁ ନରଦେହ, ହେଲାଣି ମହୀ ଦୁର୍ଣ୍ଣୟ
ପଡି ବନ୍ଦନା ।
ପଞ୍ଚଭୂତ ହୃଦୟରେ ଲାଗିଛି ହେଜ ଗୁଣା । ୫ ।
ଭଣେ ଭୀମ ଅରକ୍ଷିତ ଶ୍ରୀଗୁରୁ ଚରଣେ ଚିତ୍ତ
ହୋଇ ବିମନା ।
ପୂର୍ବ କଥାମାନ ସବୁ ମନେ ପଡୁଛି ସିନା । ୬ ।

॥ ୧୦୦ ॥

ଉଦୟ ନୁହ, ଗୁପତେ ରହିଥାଅ

ଉଦୟ ନୁହ, ଗୁପତେ ରହିଥାଅ।
ଏ ବ୍ରହ୍ମାଣ୍ଡ ବୁଝିବାକୁ ଶ୍ରୀମୁଖେ ଆଜ୍ଞା ଦିଅ । ଘୋଷା ।

ବାଳକ ପରାୟେ ହୋଇ, ଅବନା ମନ୍ଦିରେ ଥାଇ
ବାହାର ନୁହ।
ଝରି ଦିନ ହୋଇ ନାହିଁ ତେଜିଛି ପରା ଦେହ । ୧ ।

ଅନନ୍ତ ଗର୍ଭ ଭୁବନ, ମେରୁ ପୃଷ୍ଠରେ ଆସନ,
ଅଚିନ୍ତା ହୁଅ।
ଆଉ ଥରେ ଆସିବାକୁ ବେଳ ନୋହେ ସମୟ । ୨ ।

ଛପନାକୋଟି ଜୀବର, ଏକୋଇଶ ବ୍ରହ୍ମାଣ୍ଡର,
ହିସାବ ନିଅ।
ଗତି ମୁକ୍ତି ସମ୍ପତ୍ତିକି କୋଠ ଭଣ୍ଡାରେ ଥୁଅ । ୩ ।

ଏହିଠାରୁ ସତ୍ୟ ଧର୍ମ, ସବୁ ଗୁରୁ ଆଜ୍ଞା ମାନ
ନୋହିଲା ନ୍ୟାୟ।
ଧର୍ମ ବୁଡ଼ିଗଲା ବୋଲି ହୃଦୁ ଉଠୁଛି କୋହ । ୪ ।

ବୁଝାଇ କହିଲି ଯେତେ, କେହି ନ ଗଲେ ପରତେ
ମୁକ୍ତି ବିଷୟ।
ଗୁରୁପାଦେ ଶତେବାର ଆହୁରି କଲେ ଦ୍ରୋହ । ୫ ।

ଅନାଦି ଠାକୁର ସେହି, ହଜିଯିବ ଅବା ଏହି
ଜ୍ଞାନକୁ କଲେ ଭୟ।
ଭଣେ ଭୀମ ଅରକ୍ଷିତ ନେତ୍ରୁ ବହୁଛି ଲୁହ । ୬ ।

।। ୧୦୧ ।।

ଗୁରୁ ରୂପ ଜ୍ଞାନ ଦେଲେ ଆଣି

ଗୁରୁ ରୂପ ଗ୍ୟାନ ଦେଲେ ଆଣି।
ଜଗତ ଭଗତ ମନ ଜାଣି।
ଗତି ପତି ଦାତା, ବ୍ରହ୍ମାଣ୍ଡ କରତା,
ବିଜେ କରିଛନ୍ତି ଦେଖ ଦେଖ ହେ।
ପ୍ରିୟ ଲୋକ,
ଶୂନ୍ୟ ପୁରୁଷ ଅଲେଖ ହୋଇ ଲେଖ । ୧ ।

ସାଧୁ ସୁଜ୍ଞଜନ ଅଛ ଯେବେ,
ଜ୍ଞାନନେତ୍ରେ ଚିହ୍ନି ଧର ଏବେ,
ଅଶେଷ ବ୍ରହ୍ମାଣ୍ଡେ, ପୃଥ୍ୱୀ ନବଖଣ୍ଡେ,
ଭେଦିଛନ୍ତି ଚନ୍ଦ୍ର ସୂର୍ଯ୍ୟ ପ୍ରାୟେ ହେ।
ନର ଦେହେ।
ଜାଣି ଆଶ୍ରେ କଲେ ପିଣ୍ଡ ନୋହେ କ୍ଷଏ । ୨ ।

ସପ୍ତବ୍ରହ୍ମାଣ୍ଡକୁ ସାତ ବାର
ବତାଇ କହୁଛି ହେତୁ କର
କିମ୍ପାଇଁ ଅଗ୍ୟାନ, ହେଉଛ ସୁଜନ,
କାଳମାୟା ମୋହେ ପଡିଅଛ ହେ।
ନୁହେ ମିଛ।
ବୃଥା ସଂସାର ମତରେ ଭୁଲୁଅଛ । ୩ ।

ଅଭୟ ଚରଣ ଥାଉଁ ଥାଉଁ,
କାହାକୁ ଚିତ୍ତରେ ଭୟ ଆଉ,
ଧର ଦୃଢ଼ ବନ୍ଧେ, ଗୁରୁ ପାଦବିନ୍ଦେ,
ବ୍ରହ୍ମଗ୍ୟାନ ହେବ ପରାପତ ହେ।

ସାରସ୍ୱତ।
ବାକ୍ୟ ଶ୍ରୀଗୁରୁ ବଚନ ନୋହେ ମିଛ । ୪ ।

ଚାରିଯୁଗ ସଂଖ୍ୟା ଛିଡୁ ଅଛି,
ଆଦି ଅନ୍ତ କିଛି ନ ମିଳୁଛି,
ପରମ ପୁରୁଷ, ଗୋପ୍ୟାନେ ପ୍ରଚରି,
ଅଲେଖ ଶବଦ ଭିଆଇଛି ହେ।
କଳିକାଳେ।
ବୁଦ୍ଧ ପ୍ରବୁଦ୍ଧ ସ୍ୱରୂପ ରବିତଳେ । ୫ ।

ନିଷ୍କାମ ଧର୍ମକୁ ବୃକ୍ଷ ରୂପି,
ବ୍ରହ୍ମକର୍ମ ଧର୍ମ ଦେଲେ ସ୍ଥାପି,
ଏବେ ସେହି ଫଳ, ଦେଖ ହେ ସକଳ
ପ୍ରାପତ ହୋଇବ ସମସ୍ତଙ୍କୁ ସେ।
ଧର୍ମ ରୂପ।
ଗତି ମୁକତି ପାଇବେ ସର୍ବ ଲୋକ । ୬ ।

ପରମ ପୁରୁଷ କବି ରୂପ,
ପୁରାଣ ହୋଇଛି ବେଦ ବାକ୍ୟ,
ଆପ ବ୍ରହ୍ମାଣ୍ଡରେ ଆପେ ବିଜେ କରି,
ସମ୍ପାଦନ କରୁଛନ୍ତି ଆସି ହେ।
ଦାସ ଦାସୀ।
ଦେଖ ତିନିପୁର ଯାଉଥିଲା ଭାସି । ୭ ।

ନ ପାଇ ବ୍ରହ୍ମର ଆଦି ଅନ୍ତ,
ଭୁଲି ଯାଉଛନ୍ତି ସାଧୁସନ୍ଥ,
ଚାରିଯୁଗେ ବ୍ରହ୍ମ, ନରଅଙ୍ଗେ ଥାଇ,
ଭୁଲାଇ ମାରୁଛି ବେଦ ବାଦେ ହେ।
ତପ ସାଧେ
ବୋଲେ ମୁହିଁ ଅଛି ମୋହ ଶୂନ୍ୟ ମଧ୍ୟେ । ୮ ।

ବ୍ରହ୍ମର ମହିମା ବ୍ରହ୍ମ ଜାଣେ,
କେବା ସାମରଥ ତ୍ରିଭୁବନେ,
ଅବ୍ୟୟ ବ୍ରହ୍ମଙ୍କୁ କଳିବାକୁ ତାକୁ,
ଅଶେଷ ବ୍ରହ୍ମାଣ୍ଡେ ଯେତେ ଛନ୍ତି ହେ।
ନ ଦିଶନ୍ତି।
ସର୍ବ ବ୍ରହ୍ମାଣ୍ଡେ ବଡ଼ିମା କହୁଛନ୍ତି । ୯ ।

ନାମ ବ୍ରହ୍ମ ପଦ ଅନୁସର,
ଦିବା ନିଶି ହେଲା ନାହିଁ କର,
ଭଣେ ଭୀମହୀନ, ପାମର ଅଜ୍ଞାନ
ଡାକି କହୁଅଛି ଶତେବାର ହେ।
ସାଧୁଜନ।
ହୃଦେ ମହିମା ଅଲେଖ ନାମ ଗୁଣ । ୧୦ ।

॥ ୧୦୨ ॥

ପ୍ରତ୍ୟକ୍ଷରେ ଅନନ୍ତ ସ୍ୱରୂପ

ପ୍ରତ୍ୟକ୍ଷରେ ଅନନ୍ତ ସ୍ୱରୂପ ହେ ରହି ଦେଖ,
ଠୁଳ ଶୂନ୍ୟେ ହୋଇଛନ୍ତି ଗୋପ୍ୟ ହେ । ଘୋଷା ।
ପାତାଳେ ବାସୁକିଗଣ, ଅନନ୍ତ ସେ ନାରାୟଣ,
ଶିରେ ବହି ସପ୍ତସିନ୍ଧୁ ଦ୍ୱୀପ ।
ରଚନା ତିନି ବ୍ରହ୍ମାଣ୍ଡ, ଅଛି ପୃଥ୍ୱୀ ନବଖଣ୍ଡ,
ଅନନ୍ତ ବାସୁକି ଶିରେ ଗୋପ୍ୟ । ୧ ।
ସକଳ ଘଟରେ ହରି, ଅଛନ୍ତି ବିଜୟ କରି,
ରାଧା କୃଷ୍ଣ ନାମ କିମ୍ବା ଜପ ।
ବିଅର୍ଥେ ହେଉଛ ଧନ୍ଦି, କର୍ମ କାମ ପାଶେ ବନ୍ଦି
ଡୋଳା ମଧ୍ୟେ ରାଧାକୃଷ୍ଣ ରୂପ ହେ । ୨ ।
ଅର୍ଦ୍ଧନାସା ବେନି ପୂଡ଼ା, ଚନ୍ଦ୍ରସୂର୍ଯ୍ୟ ତହିଁ ଯୋଡା
ଉଜାଣି ବହୁଛି ତହିଁ ଦେଖ ।
ପରଚେ ହୋଇବ ଯେବେ, ନୟନେ ଦେଖିବ ତେବେ,
ଛଡ଼ ବେଦ ପରେ ବ୍ରହ୍ମ ରୂପ ହେ । ୩ ।
ଗୁମ୍ଫାକୁ ଫିଟିଛି ବାଟ, ତହୁଁ ଅନଳ ନିକଟ,
ହର ବ୍ରହ୍ମା ଗମ୍ୟ ନାହିଁ ଶକ୍ୟ ।
ଅଟିହିଁ ଅଗମ୍ୟ ଭୂମି, ଖୋଜି ନ ପାଆନ୍ତି ଗ୍ୟାନୀ
ଚନ୍ଦ୍ର ସୂର୍ଯ୍ୟ ତେଜ ନାହିଁ ଧାପ ହେ । ୪ ।
ଉଦେ ଅସ୍ତ ଭୂମି ଚିହ୍ନ, ଥୟ କର ପଞ୍ଚମନ
ନିରନ୍ତରେ ଅଣାକାର ଜପ ।
ମାରୁଛି ବହ୍ମ ଲହଡ଼ି, ଦେଖୁ ଦେଖୁ ଯିବ ଛାଡ଼ି,
ପବନକୁ ବାନ୍ଧି ଧୀରେ ରଖ ହେ । ୫ ।
ଜୟ ଜୟ ଶୂନ୍ୟ ହରି, ଅରୂପାନନ୍ଦ ବିହାରୀ,
ଅକୃପା କଲେ ହୋଇଲି ନିରେଖ ।
ଶ୍ରୀଗୁରୁ ପାଦପଦ୍ମରେ, ଚିତ୍ତ ଜନ୍ମ ଜନ୍ମାନ୍ତରେ,
ରଖି ଭଣେ ଭୀମଭୋଇ ରଖ । ୬ ।

॥ ୧୦୩ ॥

ଧ୍ୟାନ ଧଉର୍ଯ୍ୟେ ଗୁରୁ ପାଦ ସୁମର

ଧ୍ୟାନ ଧଉର୍ଯ୍ୟେ ଗୁରୁ ପାଦ ସୁମର।
ଦାରା ସୁତ ଚିତ୍ତ ନ ଯିବେଟି ସଙ୍ଗର । ଘୋଷା ।

ଯେତେ ଦିବସରୁ ପିଣ୍ଡ ରଚନା ହେଲା,
ତେତେ ଦିନଠାରୁ ମାୟା ମୋହ ଘୋଟିଲା,
ଆଦି ଗର୍ଭରେ ସିଦ୍ଧି, ରୋମ ଚର୍ମରେ ଭେଦି,
ପଶିଲା ମାୟାବୁଦ୍ଧି, ପ୍ରବୃତ୍ତିକି ସମ୍ପାଦି,
ବିକୃତି ଉଦ୍ଦୀପନ, ପ୍ରେମହାସ୍ୟକୁ ଭେଦି,
ପ୍ରେମ ହାସ୍ୟରୁ କାମ, କଞ୍ଚଣା ଘରେ ବନ୍ଦି,
ତେଣୁ ପଡ଼ିଲା ମାୟା ମୋହ ବନ୍ଦିର । ୧ ।

ଦୁର୍ଲ୍ଲଭ ଜନମ ପିଣ୍ଡ ନିଶ୍ଚିନ୍ତେ ଦେଲା,
ଉତ୍ପତ୍ତିରୁ ସ୍ଥିତି କରି ଫେରି ମାଇଲା
ଆଗେ ଖୁଆଇ ଖଣ୍ଡ, ବୁହାଇ ଦେଲା ଦଣ୍ଡ,
ଘୋଟିଲା କର୍ମ କାଣ୍ଡ, ଭୂମି ପଡ଼ିଲା ପିଣ୍ଡ,
ଛିଡ଼ିଲା ଗଣ୍ଠି ମୁଣ୍ଡ, ହୋଇଲା ଖଣ୍ଡ ଖଣ୍ଡ,
ଜଳେ ମୃତ୍ତିକା ଭାଣ୍ଡ, ପରାଏ ମସି ଗୁଣ୍ଡ,
ମଥା ପରେ ପିଟିଲା ବଜ୍ର ପାହାର । ୨ ।

ଜାଣି ଜାଣି ସବୁ ନ ଜାଣିବାର ହେଲା,
ବ୍ରହ୍ମଶାପ ପାଇ ତେଣୁ ଅଳପେ ମଲା,
ଜିଇଁବା ସୂଚିଥିଲା, ମରଣ ମୂଳ କଲା,
ସୁଖ ଭୋଗ ରହିଲା, ଯୋଗକୁ ନ ଧଇଲା,
ପାଇ ପ୍ରକୃତି ଲୀଳା, ସକଳ ପାସୋରିଲା,

ଆପଦକୁ ସେ ସତ୍ୟ, ବୋଲିଣ ଆଦରିଲା,
ନିତ୍ୟେ ଭାବେ ମଞ୍ଜିଲା ଭବ ଦୁଆର । ୩ ।

ଆଉ କଥାମାନ ସବୁ ଦୂରକୁ ଛାଡ,
ନିଶ୍ଚୟ ଅନ୍ତକାଳରେ ପାଇବୁ ମାଡ,
ଭାରିଯା ରୂପେ ଦେବୀ, ଜଗିଥିବ ବାଟରେ,
ପ୍ରକୃତି ପୁତ୍ରରୂପେ, ଜଗିଥିବେ ପାଶରେ,
କାଳ ଗଣେ କଟାଳ, କରିବେ ନିରନ୍ତରେ,
ପ୍ରହାର କରି ମାଡ଼ି ବସିବେ ଏ ଦେହରେ,
ଚଉଦିଗ ଦିଶିବ ସବୁ ଅନ୍ଧାର । ୪ ।

ଶୁଣ ସାଧୁ ସୁଜ୍ଞଜନେ ପ୍ରଳୟ କଥା
ମାଟି ପଥରକୁ ରଚିଅଛି ବିଧାତା,
ନବତନୁରେ ମହୀ, ଯିବ ପ୍ରଳୟ ହୋଇ,
ଉଲୁକା ପାତ ହୋଇ, ଶୂନ୍ୟ ଶବଦ ବାଇ,
ଚନ୍ଦ୍ର ସୂର୍ଯ୍ୟ ଲୁଚିବେ, ମେରୁ ତ୍ରିକୂଟେ ଯାଇ
ତ୍ରିପୁର ଅନ୍ଧକାର, ନକ୍ଷତ୍ରଗଣ ନାହିଁ,
ଶୂନ୍ୟ ଆକାଶେ ଘୋଟିଯିବ କୁହୁର । ୫ ।

କାରୁଣ୍ୟ ଜଳ ଘୋଟିବ ଯେବଣ ଦିନେ,
ଯୋଗୀମାନେ ଆସନ ବାନ୍ଧିଥିବେ ଶୂନ୍ୟେ,
ମନ ହୋଇ ଆସନ, ଉଡିବେ ସର୍ବଜନ,
ଉଜାଣି ଉଠି ଶୂନ୍ୟ, ବ୍ରହ୍ମରେ ହେବେ ଲୀନ,
ଭାଙ୍ଗିବ ମେରୁ ଦ୍ରୁମ, ବ୍ରହ୍ମାଣ୍ଡ ହେବ ଶୂନ୍ୟ
ସ୍ୱର୍ଗରେ ଦେବଗଣ, ହୋଇବେ ରଣ ଭଣ,
ତିନି ଭୁବନ ହେବ ଜଳବିମ୍ବର । ୬ ।

ବୁଦ୍ଧିଥିବା ଲୋକମାନେ ହେଲେଣି ବଣା,
ସାମର୍ଥକ ପଣ ଧନ ହେଲାଣି ଊଣା,

ବୁଦ୍ଧି ହେଲାଣି ବାମ, ଆଶ୍ରୟ ନାହିଁ ନାମ,
ହୋଇଲେଣି ଅଧମ, ମାୟା ମୋହରେ ଭ୍ରମ,
ନ କରି କ୍ରିୟା କର୍ମ, ଅଚେତାରେ ଅଜ୍ଞାନ,
ଛାଡ଼ିଣ ସତ୍ୟପଥ, ଅଧର୍ମ ଆଚରଣ,
ହେତୁ ଚେତା ମନେ ନାହିଁ କାହାର । ୭ ।

ଜନମ ଦିନରୁ ଯେତେ କରିଛି ଦୋଷ,
ସଂଖ୍ୟା କରି ଶାହାସ୍ତେ ମୁଁ କହିବି କିସ,
ଅନ୍ତର୍ଯ୍ୟାମୀ ପୁରୁଷ, ଜାଣୁଥିବେ ଅବଶ୍ୟ,
ଯୁଗ ହେଲାଣି ଶେଷ, ନ କରିବ ନିରାଶ,
କରିଣ ଦାସୀ ଦାସ, ରଖିଣ ଥିବ ପାଶ,
କୃପା କଲେ ଦହନ, ହେବ ପାପ କଲୁଷ,
ଅଣ ବୁଝାମଣା ହେଲାଣି ସଂସାର । ୮ ।

ଗୁରୁ ଲାତ ବାଜିବାରୁ ପାଇଲି ନିର୍ବେଦ,
ଅବନା ମନ୍ଦିରରୁ ବଖାଣିଲି ପଦ
ଯୋନି ଜନମ ପିଣ୍ଡ, ଲଭିଅଛି ବ୍ରହ୍ମାଣ୍ଡ
ଏ ଯୁଗ ପରଚଣ୍ଡ, ହେଲାଣି ନବଖଣ୍ଡ,
ନାଶଯିବ ବ୍ରହ୍ମାଣ୍ଡ, ଆଦିମାନବ ପିଣ୍ଡ,
କୁଢ଼ କୁଢ଼ ହୋଇଣ, ଛିଡିବ ଗଣ୍ଡି ମୁଣ୍ଡ,
ଦୋଷ ଅପରାଧ କ୍ଷମାକରି ଉଦ୍ଧର । ୯ ।

ଷୋଳ ବରଷ ଠାରୁ କଲି କବିତ୍ୱ,
ଏକା ରାଗେ ବାନ୍ଧିଲି ମୁଁ ଦି ଯୋଡା ଗୀତ,
ଭଣେ ଭୀମ ଅର୍କ୍ଷିତ, ଗୁରୁ ମୋ ସାମରଥ,
ଅଭୟ ବାନା ତଳେ, କରିଅଛି ଆଶ୍ରିତ,
ଏକାକ୍ଷର ପୟରୁ, ଆପ୍ୟାନ ସୁଧାମୃତ,
କରୁଣା କରିବାରୁ, ଅନାଦି ଅବଧୂତ,
ଗ୍ୟାନ ନେତ୍ରେ ଦେଖିଲି ବାହ୍ୟ ଭିତର । ୧୦ ।

॥ ୧୦୪ ॥

ଭାଗ୍ୟ ଥିଲେ ଧର ଧର ପଦ୍ମପାଦ ହେ

ଭାଗ୍ୟ ଥିଲେ ଧର ଧର ପଦ୍ମପାଦ ହେ
ଭାଗ୍ୟ ଥିଲେ ଧର ଧର
ଖଣ୍ଡିବ କାଳ ବିପତ୍ତି ପରମାଦ ହେ
ଭାଗ୍ୟ ଥିଲେ ଧର ଧର ।୧।

କରିଅଛ ଯେବେ ଦୋଷ ଜଣାଅ ଶ୍ରୀଗୁରୁ ପାଶ
ଛେଦି ହୋଇବ ଉଶ୍ୱାସ ଅପରାଧ ହେ ।
ଭାଗ୍ୟ ଥିଲେ ଧର ଧର ।୨।

ପାପ ପୋଡିବ ବ୍ରହ୍ମରେ ନାମ ଅଲେଖ ଧର୍ମରେ
ଭଜ ସାତ୍ତ୍ୱିକକର୍ମରେ ନିରିବେଦହେ ।
ଭାଗ୍ୟ ଥିଲେ ଧର ଧର ।୩।

ସତ୍ୟ ଅଟେ ଏ ଦୁଆର ମନେ ଅପ୍ରତେ ନକର
ପଶ୍ଚାତେ ହେବ ଅସାର ପରମାଦ ହେ ।
ଭାଗ୍ୟ ଥିଲେ ଧର ଧର ।୪।

ଓମ୍‌କାର ପରମ ପଦୁଁ ପିଅ ମକରନ୍ଦ ମଧୁ
କହେ ଭୀମ ଅରକ୍ଷିତ ଅତି ସ୍ୱାଦହେ ।
ଭାଗ୍ୟ ଥିଲେ ଧର ଧର ପଦ୍ମପାଦ ହେ
ଭାଗ୍ୟ ଥିଲେ ଧର ଧର ।୫।

॥ ୧୦୫ ॥

ଦେଖ ମୁଁ ଯାଉଛି ସରି

ଦେଖ ମୁଁ ଯାଉଛି ସରି କ୍ଷୀରୋଦ ସିନ୍ଧୁ ବେହାରୀ
ଏକ ପାଦ ବିନ୍ଦ ଧ୍ୟାୟୀ ଜୀବନ୍ତେ ଅଛି ନ ମରି ।୧।

ଏଡେ ବଡ ପ୍ରଭୁ ଥାଇ ନିରେଖ ହେଉଛି ମୁହିଁ
ଚାତକ ପରାଏ ଚାହିଁ ଶ୍ରୀଗୁରୁଙ୍କୁ ଅନୁସରି ।୨।

ସମୁଦ୍ର ପରାଏ ଆଶା ମନରେ କରି ଭରସା
ଫେଡ଼ ମୋ ଅଖିଳ ଦଶା ଅନ୍ତର୍ଗତେ ଦୟା କରି । ୩।

ଗଳାରେ ବାନ୍ଧି ବନ୍ଧନ ଦନ୍ତରେ ଧରି ତିରଣ
ପାଦେ ପଶୁଛି ଶରଣ ବେନି ହସ୍ତ ଯୋଡି କରି ।୪।

ଶ୍ରୀଗୁରୁ ଯେମନ୍ତେ ସତ ରଖିବ ମାନମହତ୍ତ୍ୱ
ଭଣେ ଭୀମ ଅରକ୍ଷିତ ନିଶ୍ଚୟେ ମୁଁ ଯିବି ତରି। ୫।

॥ ୧୦୬ ॥
ତାତ ମାତ କରୁଛନ୍ତି ରୋଦନ

ତାତ ମାତ କରୁଛନ୍ତି ରୋଦନ
ଚଉଦିଗେ ଘେରି ପଚାରି ପଚାରି
ଚଉଦିଗେ ଘେରି ପଚାରି ପଚାରି
କାହିଁ ଗଲେ ଏକ ନନ୍ଦନ । ୧ ।

ପିତା ବିଜାମୃତ ତୋଳି ନଦେଇ,
ମାତା ପ୍ରସବିଲେ ଦୁଃଖ ନପାଇ
ଗର୍ଭୁ ନପଡନ୍ତେ ଗଲେ କେଉଁ ପଥେ
ବୁଦ୍ଧି ନଶିଖୁଣୁ ହେଲେ ସିଆଣ । ୨ ।

ଜନ୍ମ ଦିନୁ କ୍ଷୁଧା ତୃଷା ନଥାଇ
ଉଦର ପୁରିଛି କିଛି ନ ଖାଇ
ତଇଳ କୁଙ୍କୁମ ଅଙ୍ଗେ ନ ଲାଗଇ
ଦେହ ଦିଶେ ଯେସନେକ ସୁବର୍ଣ୍ଣ । ୩ ।

ଅନୁମାନ କରୁଛନ୍ତି ସଂସାରେ
ବୁଦ୍ଧି ନାହିଁ ଅବିବେକ ବିଚାରେ
ଭଣେ ଭୀମଭୋଇ କାନ୍ଦ କାନ୍ଦ ହୋଇ
ନ ଚାହିଁ ପୁତ୍ରର ବଦନ । ୪ ।

॥ ୧୦୭ ॥

ସମର୍ପି ଦେଲି ପାଇଲ ସର୍ବ

ସମର୍ପି ଦେଲି ପାଇଲ ସର୍ବ
ବୁଝ ନ ବୁଝ ସ୍ୱାମୀଗୁରୁଦେବ
ସମର୍ପି ଦେଲି ପାଇଲ ସର୍ବ ।୧।
ଚିନ୍ତା ଅର୍ଥ ବାଡି ବୃତ୍ତି ସ୍ୱଭାବ
କର୍ମ ଧର୍ମ ସତ୍ୟ ସୁକୃତ ମାର୍ଗ
ପିଣ୍ଡ ପ୍ରାଣ ବାନା ପାଣି ଯେ ଭୋଗ
ଲଲାଟ ପଟେ ଯାହା ଲେଖା ଯୋଗ
ସମର୍ପି ଦେଲି ପାଇଲ ସର୍ବ ।୨।
ସଦା ଅପରାଧୀ ଅଟଇ ଜୀବ
ନାମ ଭଜିବାକୁ ନାହିଁ ମୋ ଭାଗ୍ୟ
ଭସୁଅଛି ମୁଁ ଜଳ ଭବାର୍ଣ୍ଣବ
ଗୁରୁ ପାଦବିନ୍ଦ ଅଟଇ ନାବ ।
ସମର୍ପି ଦେଲି ପାଇଲ ସର୍ବ ।୩।
ସ୍ଥିତି ବସ୍ତୁ ଯାହା ଦେଇଛ ଠାବ
ଧନ ଦାରା ସୁତ ସଂସାର ଭାବ
ଆୟ ଅଳଙ୍କାର ଶୋଭା ସୁଲଭ
ଦାନ ଦେଲି ନିଅ ଗୁରୁଦେବ ।
ସମର୍ପି ଦେଲି ପାଇଲ ସର୍ବ ।୪।
ଗୁରୁ ସ୍ୱାମୀଯେବେକୃପାନୋହିବ
ଏଠାରୁ ସର୍ବ ବିଭୂତି ସରିବ
ଜଗତରେ ଅପଖ୍ୟାତି ଶୁଭିବ
ଭଣେ ଭୀମ ଭୋଇ ବାନା ବୁଡିବ
ସମର୍ପି ଦେଲି ପାଇଲ ସର୍ବ
ସମର୍ପି ଦେଲି ପାଇଲ ସର୍ବ ।୫।

॥ ୧୦୮ ॥

ମୋ ଜୀବନ ପଛେ ନର୍କେ ପଡ଼ିଥାଉ

ବଖାଣି ମହିମା ଧୁନିକୁ ସ୍ଥାପିବା ଶ୍ରୀମୁଖରେ ଆଜ୍ଞା ଦେଲେ
ଦାସପଣେ କିଣି ଅର୍ଦ୍ଧବାଟେ ଆଣି କିମ୍ପା ଏତେ ସରି କଲେ । ୧ ।
ନାହିଁ ମୋ ଭରସା ଉଡୁଛି ସହସା କି ବୁଦ୍ଧି କରିବି କହ
ଜଗତ ସମ୍ଭାଳି ଭଗତଙ୍କୁ ପାଳି ତୁମ୍ଭ ଭାରା ତୁମ୍ଭେ ବହ । ୨ ।
ଭଗତଙ୍କ ଦୁଃଖ ନିରନ୍ତର ଦେଖ ଲାଗିଲାଟି ପଦାରବିନ୍ଦେ
ବାନ୍ଧିଥା ଯୋଗାଡ଼ି ଆଗପଛ କରି ବହିଥାଅ ନିଜ କାନ୍ଧେ । ୩ ।
ସମ୍ପତ୍ତି ବିପତ୍ତି ମୁକତି ଦୁର୍ଗତି ଭିଆଣ କରିଛ ଯୋଡ଼ି
ପାପ ଦୁଃଖଭାର କେ ତୁମ୍ଭ ବହିବ ପାଦତଳେ ଥାଉ ପଡ଼ି । ୪ ।
ବିଜେ କରିଅଛ କିମ୍ପା ନବୁଝୁଛ ପଳାଇ ପଶିବି କାହିଁ
ଅରଜି ପାପଭାରା କରିବି ପସରା ପାଦତଳେ ଦେବି ଥୋଇ ।୫ ।
ଶରଣ ବାଞ୍ଛିତ କାନ୍ଦି କାନ୍ଦି ଭକ୍ତ ଗଡ଼ିଗଲେଣି ସକଳ
ଦୋଷ ଅପରାଧ କ୍ଷମା କରି ଗୁରୁ ଜାଗ୍ରତରେ ପ୍ରତିପାଳ ।୬ ।
ପ୍ରାଣୀଙ୍କ ଆରତ ଦୁଃଖ ଅପ୍ରମିତ ଦେଖୁଦେଖୁ କେବା ସହୁ
ମୋ ଜୀବନ ପଛେ ନର୍କେ ପଡ଼ିଥାଉ ଜଗତ ଉଦ୍ଧାର ହେଉ । ୭ ।
ଜଣାଉଛି ମୁଁ ଯେ ଭକ୍ତି ଭାବରଞ୍ଜେ ଆହେ ଅଣିମା ଅନନ୍ତ
ତିନି ବ୍ରହ୍ମାଣ୍ଡରେ ଯେତେ ଜୀବଛନ୍ତି ସମସ୍ତେ ତୁମ୍ଭ ଭଗତ ।୮ ।
ନବଲକ୍ଷ ତାରା ସୁରାଟ ବିରାଟ ଧ୍ରୁବଲୋକ ଆଦି ଯେତେ
ସମସ୍ତେ ତୁମ୍ଭ ପାଦତଳେ ଆଶ୍ରିତ ଠୁଳ ଶୂନ୍ୟ ପରିଯନ୍ତେ ।୯ ।
ଠୁଳ ଶୂନ୍ୟଠାରୁ ତହିଁ ଉପରକୁ ଦେଖିଲଇଁ ନାହିଁ କିଛି
ଅବିକାର ବ୍ରହ୍ମ ଅନାମ ଅରୂପ ସିନ୍ଧୁ ପ୍ରାୟ ପୂରିଅଛି ।୧୦ ।
କିବା ଦୁଷ୍ଟ ସନ୍ଥ ସେବକ ସାମନ୍ତ କୀଟ ପତଙ୍ଗରେ ପୂରି
ତୁମ୍ଭେ ପୂରିଅଛ କାହିଁ ଊଣା ନାହିଁ ସର୍ବଘଟେ ସମସରି ।୧୧ ।
ମେଦିନୀ ପାଷାଣ କାଠ ତରୁ ତୃଣ ନିର୍ଜୀବରେ ଯେହୁ ଗଛି
ମୁଁ ଯେ ଜାଣୁଅଛି ମନର ଭିତରେ ଶବ୍ଦବ୍ରହ୍ମ ହେଲେ ଅଛି ।୧୨ ।

ମୁଁ ଯେ ମୂର୍ଖ କବି ଭେଦ ମାର୍ଗେ ଜଗି ତୁମ୍ଭ କରୁଣା ମାତର
ସମାନରେ ଦେଖି ସତ୍ୟ ଧର୍ମ ସାକ୍ଷୀ କରି ନପାରେ ଅନ୍ତର ।୧୩।
ତ୍ରିପୁର ଜଗତେ ଜୀବଛନ୍ତି ଯେତେ ଅଛି ନାମ କଳା ଚିହ୍ନ
ସମସ୍ତେ ସଙ୍ଗୁଳି ଏକ ଆତ୍ମା ବୋଲି ନକରି ହୋ ଆନ ଭିନ୍ନ ।୧୪।
କାଠର ଭିତରେ ସୁଢ଼ଳ ଧାତୁରେ ଜଳ ପୂରିଥାଇ ଯେତେ
ପ୍ରାଣୀଙ୍କ ଅଙ୍ଗରେ ଜୀବକର୍ମ ରୂପ ଫୁଟି ଦିଶୁଥାଇ ସତେ ।୧୫।
ଦୋଷକୃତ ହାନି ଲାଭ ଧରା ମରା ଗାଳି ଦ୍ୱନ୍ଦ୍ୱ ହୁଅନ୍ତି ଯହିଁ
ରୁମ ଚର୍ମ ଭେଦି କାଟେ ଜୀବନକୁ କାତର ମୁଁ ହେଉଥାଇ ।୧୬।
ଅଗ୍ନି ଚୁଲା ପରେ ତାରଣ ଭାଣ୍ଡରେ ଯେସନେ ଫୁଟଇ ଅନ୍ନ
ତେସନ ପରାଏ ହୃଦେ ଡେଉଁଥାଇ ପଞ୍ଚଭୂତ ଆଞ୍ଜାମାନ ।୧୭।
ଏକ ଖଣ୍ଡ ହାଡ଼ ବୁନ୍ଦାଏ ରୁଧିର ଫୁଟେ ମାଉଁସ ଜାଣଇ
ତେଣୁକରି ସିନା ପ୍ରାଣୀଙ୍କ ବିକଳ ସହି ନ ପାରିବି ମୁହିଁ ।୧୮।
ଏକା ଖଡ଼ଗରେ ଦଶ ପାଞ୍ଚ ମୁଣ୍ଡ ଛିଡ଼ଇ ଭାରତ ଯୁଦ୍ଧେ
ଆରେକ ଅଙ୍ଗକୁ ପାଦେ ପ୍ରହାରିଲେ ଏ ଅଙ୍ଗକୁ ମୋର ବାଧେ ।୧୯।
ଆତ୍ମା ଭଗତିରେ ଦୋଷାଦୋଷ ହେଲେ ବଜ୍ର ପଡୁ ମୋ ମୁଣ୍ଡକୁ
କହେ ଭୀମ ଭୋଇ ବ୍ରହ୍ମଶାପ ଦେଇ ଜାଳି ଦିଅ ମୋ ପିଣ୍ଡକୁ ।୨୦।

www.ingramcontent.com/pod-product-compliance
Lightning Source LLC
LaVergne TN
LVHW041636060526
838200LV00040B/1599
* 9 7 8 1 6 4 5 6 0 1 2 0 3 *